人道主义物流

于丽娜 ◎ 著

首都经济贸易大学出版社
Capital University of Economics and Business Press
·北京·

图书在版编目（CIP）数据

人道主义物流 / 于丽娜著. -- 北京：首都经济贸易大学出版社, 2021.11
ISBN 978-7-5638-3254-5

Ⅰ.①人… Ⅱ.①于… Ⅲ.①救灾-物资配送-物流管理-研究 Ⅳ.①F252.1

中国版本图书馆 CIP 数据核字（2021）第 151103 号

人道主义物流
RENDAO ZHUYI WULIU
于丽娜 著

责任编辑	晓　地
封面设计	砚祥志远·激光照排　TEL: 010-65976003
出版发行	首都经济贸易大学出版社
地　　址	北京市朝阳区红庙（邮编 100026）
电　　话	（010）65976483　65065761　65071505（传真）
网　　址	http://www.sjmcb.com
E－mail	publish@cueb.edu.cn
经　　销	全国新华书店
照　　排	北京砚祥志远激光照排技术有限公司
印　　刷	北京九州迅驰传媒文化有限公司
成品尺寸	170 毫米×240 毫米　1/16
字　　数	207 千字
印　　张	11.25
版　　次	2021 年 11 月第 1 版　2021 年 11 月第 1 次印刷
书　　号	ISBN 978-7-5638-3254-5
定　　价	45.00 元

图书印装若有质量问题，本社负责调换
版权所有　侵权必究

前　言

大自然是人类赖以生存的家园，人类已经在这个幸福温馨的家园里生息、繁衍了数百万年。但是，伴随人类生存成长的并不只是温暖的阳光、舒适的温度、清新的空气、美味的食物等美好的一面，还有各种频繁影响人类发展，甚至威胁人类生存的灾害一面，比如地震、海啸、干旱、洪水、台风、龙卷风、雷电、雪崩、冰雹、暴雨、酸雨、暴雪、高温、沙尘暴、泥石流、火山喷发、森林火灾、山体滑坡、山体崩塌、农作物病虫害、瘟疫等。如此多的自然灾害总是不请自来地"光顾"人类的生活，给人类带来巨大的灾难痛苦和难以抚平的心灵创伤。

我们无法细数这个让人欢喜让人忧的大自然究竟发生了多少次灾害，仅在1970年到2002年短短33年时间里，全世界发生的自然灾害数量就达到了8 774次之多，造成数以百万人死亡，带来的经济损失无法估量。而2020年初席卷全球的新型冠状病毒肺炎（Corona Virus Disease 2019，COVID-19）疫情（简称"新冠肺炎"），更是造成全球范围内累计确诊244 508 567人次，累计死亡人数高达4 963 841人（数据截至2021年10月29日），造成的经济损失难以估量。2020年3月25日，世贸组织总干事阿泽维多称："疫情将给全球经济带来巨大影响。近期的预测显示，（全球）将出现经济下滑和大规模失业，这会比12年前的金融危机更严重。"而目前，受新冠肺炎疫情影响，多国经济已出现严重下滑，失业人口聚增。

在中国，从1970年到2010年的40年时间里，仅重大自然灾害就有十余次：

（1）1970年1月5日，云南省通海县发生7.7级大地震，造成15 621人死亡，26 783人受伤，338 456间房屋倒塌。

（2）1975年8月，河南省驻马店地区遭受特大暴雨，致使多处水库溃坝，发生特大洪水，造成巨大损失。

（3）1976年，河北省唐山市发生7.8级大地震，造成24.2万人遇难，16.4万人重伤；97%的地面建筑、55%的生产设备毁坏，交通、供水、供电、通信全部中断，造成巨大的经济损失。

（4）1978年至1983年，北方多省遭遇连年大旱，累计受旱面积近13亿公顷，成灾面积6.21亿公顷，损失难以估量。

（5）1985年8月，辽河发生水灾，60个市县1 200万人受灾，400多万公顷农田受灾，230人死亡，直接经济损失47亿元，减产粮食50亿公斤。

（6）1991年，华东遭遇大水灾，波及十余个省市，安徽省受灾人口高达4 800多万人，占全省总人口近70%；农作物受灾面积430多万公顷，因灾死亡267人，各项直接经济损失近70亿元人民币。江苏省受灾人口达到4 200多万人，占全省总人口的62%；农作物受灾面积近300万公顷，因灾死亡164人，各项直接经济损失达90亿元人民币，有200万家园被毁的灾民在淮河大堤上搭起了临时帐篷。

（7）1998年发生的特大洪水灾害，全国共有29个省（区、市）受到影响，农田受灾面积2 229万公顷，倒塌房屋685万间，受灾人数2.23亿人，死亡4 150人，直接经济损失2 551亿元人民币。

（8）2002—2003年发生的"非典"疫情，据《环球工商》2003年第7期报道，"非典"使中国经济损失500亿元人民币。

（9）2008年5月12日，四川省汶川县发生7.9级大地震，造成69 227人遇难，17 923人失踪，374 643人受伤，直接经济损失8 451亿元人民币。

（10）2008年南方发生冰冻雪灾，给人们的生活造成了巨大的影响，直接经济损失逾千亿元。

（11）2010年4月14日，青海省玉树藏族自治州玉树县发生7.1级大地震，致使2 698余人遇难。

（12）2019年登陆中国的超强台风"利奇马"，据《新京报》2019年8月14日报道，"利奇马"给我国十多个省市造成不同程度的损失，截至2019年8月14日，"利奇马"共造成1 402.4万人受灾，56人死亡，14人失踪，1.5万间房屋倒塌，农作物受灾面积113.7万公顷，其中绝收面积9.35万公顷，直接经济损失515.3亿元人民币。

以上粗略地叙述了中国在40年间发生的严重影响人们生活和生命安全的自然灾害，这些特大灾难都属于中国近几十年突发性特别强、规模特别大、损失特别严重的自然灾害。这一组组令人触目惊心的数字，不能不引起人们的高度重视。

人类正是在与各种自然灾害的长期斗争中不断地由本能到科学、感性到理性、无知到有知、蒙昧到文明，一步步坚实稳健地走到今天的高度的文明发展阶段的。意识使人类变得觉醒，智慧使人类变得聪明，而精神则使人类变得高尚。本书所论述的人道主义物流既是一种觉醒和智慧，更是一种精神。

如前所述，自然灾害如此繁多，且非人类所能预知和掌控，因此，人道主义物流的命题势必更具现实和长远的意义。人道主义物流秉承以人为本的精神，重点思考在严重的自然灾害面前如何降低受灾人群的生命和财产损失，如何向受灾人群提供最大限度的人文关怀，如何向世界展示人类社会的温暖与大爱，让人类文明的硕果惠及人类社会中的每个生命。人类可以依靠人的主观能动性积极地、创造性地改变生活。面对频繁发生的自然灾害，尤其是重特大自然灾害，人类总是在自觉地、主动地、积极地探索应对和破解的方法，而人道主义物流的命题就是在一次次震撼人心的自然灾害事实面前、在一组组触目惊心的灾难损失数字面前，形成独特的认知体系，以使人类在面对灾害时能更有效地提高救护能力，最大程度降低灾害损失。可以说，人道主义物流的发展具有极为迫切的现实意义和极为高尚的人文意义。

大规模的灾害和灾难性突发事件往往造成受灾区域关键物资即基本生存必需品的匮乏。在时间紧迫和物资匮乏的情况下，进行救灾物资分配是一个困难而且复杂的决策过程，需要考虑实施的可行性、灾民的感受、经济成本等因素。本书主要围绕灾后人道主义物流救灾物资的分配问题进行研究，综合考虑了救灾效率、救灾有效性和公平性三个性能指标以度量救灾效果。基于最新的研究成果，本书采用可达性成本、剥夺成本以及由于分配不公平导致的惩罚成本分别刻画三个指标，显性地将灾民痛苦视为人道主义物流的有效性度量，直接纳入数学建模和算法设计之中，在体现效率的同时凸显了对受灾群众的人文关怀。

本书首先研究了单位容量下的救灾物资分配问题，构建了多周期、多目标的非线性整数规划模型及其等价动态规划模型，并采用动态规划算法进行直接求解，通过观察分析动态规划的最优解，总结归纳出一种最优的"循环配送策略"，并且给出了其适用条件。为了使模型更具实用性，本书还提出了一种分段线性化方法，用于求解"循环配送策略"不适用情况下的大规模问题。

其次，本书研究了多容量下的救灾物资分配问题，构建了一个多目标非线性整数规划模型和三个单目标模型，从模型的角度分析三个目标的必要性。为了解决动态规划维数灾问题，本书将近似动态规划算法，即基于贪婪算法的滚动算法，应用于救灾物资分配问题的研究中，不仅从理论上分析与论证了动态规划算法以及近似动态规划算法的计算复杂度，还通过数值实验检验了算法的有效性。

再次，本书研究了容量可后续共享下的救灾物资分配策略问题。根据本地响应中心的物资容量，本书提出了三种配送策略，即传统分配策略、灵活分配策略和容量可后续共享的分配策略。为了验证分配策略的适用性，本书采用汶川地震的数据作为案例，验证三种分配策略的可行性和有效性。

最后，本书研究了随机需求下的多容量救灾物资分配问题，提出了三种算法求解随机非线性整数规划模型：随机动态规划算法、近似动态规划算法、强化学习算法。以汶川地震的数据为基础，本书构建了不同情景产生的随机需求，并通过实际数据对三种算法的求解进行了比较。

目 录
CONTENTS

1 绪 论 ·· 1
   1.1 研究背景和意义 ··· 1
   1.2 研究现状 ·· 4
   1.3 研究内容及结构 ·· 20

2 单位容量下的救灾物资分配问题研究 ·························· 22
   2.1 引言 ··· 22
   2.2 数学建模 ·· 23
   2.3 动态规划算法 ··· 38
   2.4 基于"循环配送"的启发式方法 ······························· 43
   2.5 分段线性化处理方法 ··· 54
   2.6 小结 ··· 59
   附录 定理证明 ·· 59

3 多容量下的救灾物资分配问题研究 ····························· 67
   3.1 引言 ··· 67
   3.2 数学建模 ·· 67
   3.3 动态规划算法 ··· 79
   3.4 近似动态规划算法 ·· 83
   3.5 数值实验和算法比较 ··· 89
   3.6 小结 ··· 116

4 容量可后续共享下的救灾物资分配策略研究 ················ 117
   4.1 引言 ··· 117
   4.2 数学建模 ·· 118

4.3 分段线性化方法 …………………………………………………… 121
   4.4 数值实验 …………………………………………………………… 123
   4.5 案例分析 …………………………………………………………… 128
   4.6 小结 ………………………………………………………………… 141

5 随机需求下的多容量救灾物资分配问题研究 ……………………… 142
   5.1 引言 ………………………………………………………………… 142
   5.2 数学建模 …………………………………………………………… 142
   5.3 动态规划算法 ……………………………………………………… 144
   5.4 近似动态规划方法 ………………………………………………… 147
   5.5 强化学习算法 ……………………………………………………… 148
   5.6 数值实验 …………………………………………………………… 152
   5.7 小结 ………………………………………………………………… 165

6 结论与展望 ……………………………………………………………… 166
   6.1 总结 ………………………………………………………………… 166
   6.2 主要创新点 ………………………………………………………… 167
   6.3 研究展望 …………………………………………………………… 168

致谢 ………………………………………………………………………… 169

1 绪 论

1.1 研究背景和意义

近几十年来,全球频繁发生危害性极大的自然灾害。例如,2004年的印度洋海啸袭击了十多个国家,导致29.22万民众死亡或者失踪。2005年的"卡特里娜(Katrina)"飓风,是美国历史上破坏性最大的飓风,造成的财产损失高达1 080亿美元。2009年"莫拉克"台风造成上千万人受灾。2011年日本发生里氏9.0级地震并引发海啸,造成日本福岛第一核电站1~4号机组发生核泄漏事故。2013年英国南部遭受11年来最强风暴,造成大面积断电及交通系统瘫痪。2015年印度遭遇百年来最强洪灾,超过20万人流离失所。2015年,震级高达8.1级的地震袭击尼泊尔,造成8 786人死亡和22 303人受伤,并且引发珠穆朗玛峰发生雪崩,登山大本营被埋,多人遇难。Xiang和Zhuang指出,每年有多达25 500万民众遭受自然灾害的影响[①]。

中国也是一个受自然灾害影响十分严重的国家,每年因自然灾害造成的损失达上千亿元[②]。1976年7月28日,河北省唐山市发生7.8级地震,造成24.2万人死亡,16.4万人受重伤,直接经济损失高达54亿元。2008年5月12日,四川省汶川县发生8.0级强烈地震,造成69 227人遇难,374 643人受伤,17 923人失踪,237个市县受灾。2010年4月14日,青海省玉树县发生7.1级强震,造成2 698人遇难,上万人受伤。2013年4月20日,四川雅安市发生7.0级地震,造成196人死亡,21人失踪,11 470人受伤,受灾人口152万人,受灾面积达12 500平方公里[③]。2016年6月23日,江苏盐城特别重大龙卷风冰雹灾害共造成99人死亡,846人受伤。

---

① XIANG Y, ZHUANG J. A medical resource allocation model for serving emergency victims with deteriorating health conditions [J]. Annals of operations research, 2016, 236 (1): 177-196.
② 马超. 考虑灾民心理风险感知的应急物资优化配送及动态调度研究 [D]. 大连: 大连理工大学, 2012.
③ 叶永. 基于后续共享和信息更新的震后应急资源配置决策方法研究 [D]. 杭州: 浙江大学, 2013.

聚焦中国2014—2018年所发生的自然灾害而导致的损失：

2014年，各类自然灾害共造成全国24 353.7万人次受灾，1 583人死亡，235人失踪，601.7万人次紧急转移安置，298.3万人次需紧急生活救助，45万间房屋倒塌，354.2万间房屋不同程度损坏，农作物受灾面积24 890.7千公顷，其中绝收3 090.3千公顷，直接经济损失3 373.8亿元。

2015年，各类自然灾害共造成全国18 620.3万人次受灾，819人死亡，148人失踪，644.4万人次紧急转移安置，181.7万人次需紧急生活救助，24.8万间房屋倒塌，250.5万间房屋不同程度损坏，农作物受灾面积21 769.8千公顷，其中绝收2 232.7千公顷，直接经济损失2 704.1亿元。

2016年，全国各类自然灾害共造成近1.9亿人次受灾，1 432人死亡，274人失踪，1 608人因灾住院治疗，910.1万人次紧急转移安置，353.8万人次需要紧急生活救助，52.1万间房屋倒塌，334万间房屋不同程度损坏，农作物受灾面积26 220千公顷，其中绝收2 900千公顷，直接经济损失5 032.9亿元。

2017年，全国各类自然灾害共造成1.4亿人次受灾，881人死亡，98人失踪，525.3万人次紧急转移安置，170.2万人次需紧急生活救助，15.3万间房屋倒塌，31.2万间房屋严重损坏，126.7万间房屋一般损坏，农作物受灾面积18 478.1千公顷，其中绝收1 826.7千公顷，直接经济损失3 018.7亿元。

2018年，各种自然灾害共造成全国1.3亿人次受灾，589人死亡，46人失踪，524.5万人次紧急转移安置，9.7万间房屋倒塌，23.1万间房屋严重损坏，120.8万间房屋一般损坏，农作物受灾面积20 814.3千公顷，其中绝收2 585千公顷，直接经济损失2 644.6亿元。

综上对受灾人数进行统计，2014年到2018年，中国受灾人次达到了88 974万人。如此庞大的受灾人群，都需要在特定时间内得到救助，因此，人道主义物流的重要意义日益凸显。

据应急管理部微信公众号2019年7月4日消息，2019年上半年各种自然灾害共造成全国3 180.3万人次受灾，336人死亡，23人失踪，82.8万人次紧急转移安置；3.6万间房屋倒塌，9.6万间房屋严重损坏，45.1万间房屋一般损坏；农作物受灾面积3 947.4千公顷，其中绝收321.4千公顷；直接经济损失763.6亿元。2019年下半年一场灾难性的台风"利奇马"，造成的直接经济损失高达515.3亿元，多达1 402.4万人受灾。

这些灾害不仅造成成百上千甚至数以万计的人员伤亡，而且造成数量众多的灾民处于灾后恶劣的生存环境中。一方面，因为恶劣的灾后环境，灾民可能流离失所、无家可归，而且还要时刻担心可能发生次生灾害的危险；另一方面，灾民还要忍受食物短缺、医疗救助缺乏等困境带来的痛苦。灾民们不仅要忍受身体、心理的巨大痛苦，还要面临衣、食、住、行、用、医等方面的供给困难①。在这种情况下，灾民对救灾物资的需求会在短时间内剧增，需求迫切且前置期短。并且随着灾民健康状态的恶化，会进一步加剧灾民对救灾物资的急需程度。而在灾难发生后的初期阶段，物资通常都会极度匮乏。应急系统缺乏充足的资源，如物资供给、人员、技术、运输能力和资金等②③。导致这种局面的原因一方面是预置在受灾区的供应资源可能在灾害中被毁坏；另一方面由于道路拥挤或者道路损坏，外界的物资难以及时到达受灾区。初始物资供给量不能满足受灾区灾民的需求，而后续物资筹集调运耗时且不确定，这些因素都会导致灾难发生后的初期阶段供需十分不平衡。

在灾害发生后的响应阶段，快速有效地开展应急救援是灾民生命财产安全的保障，更是国家应急管理水平的体现。救灾物资分配作为应急救援的核心环节，是应急救援顺利有效开展的基础，包括生活类保障资源、医疗资源和救援器械资源等，需要根据各类资源分配的特点进行配送④。不合理的物资分配和调度，不仅会降低应急救援的效率，不利于灾情解救和重建工作，甚至会给地区的社会经济发展带来致命的影响。而及时有效的应急救济、物资补给，不仅能够使得灾民得到及时的救助和治疗，而且对于安抚灾民的情绪也有很大的帮助。因此，如何在最短的时间内对有限的物资进行合理地分配和调度，以保障幸存灾民的生命财产安全，在灾难发生后初期阶段显得至关重要⑤。

越来越多的学者意识到，在应急救援过程中，不仅应该关注救援方的物资水平、救援效率，同时也应该考虑灾民的心理感受和切身痛苦。2005年托马斯（Thomas）首先提出人道主义物流（Humanitarian Logistics）的概念："在救灾情况下，以满足灾民迫切要求、减轻灾民痛苦为目的，对商品、材料及相关信息从产出地到灾区之间实现高效率、有成本效益的流动和储存所进行的计划、执行和控制过程。"⑥ 国内学者冯春和张怡在托马斯所提概念的基

---

① 葛洪磊. 基于灾情信息特征的应急物资分配决策模型研究［D］. 杭州：浙江大学，2012.
② 陈达强，郑文创，丁夏，等. 带时变供求约束的应急物资分配模型［J］. 物流技术，2009，28（2）：90-92.
③ 陈达强. 基于应急系统特性分析的应急物资分配优化决策模型研究［D］. 杭州：浙江大学，2010.
④ 叶永. 基于后继共享和信息更新的震后应急资源配置决策方法研究［D］. 杭州：浙江大学，2013.
⑤ 宋明安. 紧急救灾物流配送系统模式构建［D］. 台湾：交通大学，2004.
⑥ THOMAS A. Humanitarian logistics：Enabling disaster response［M］. San Francisco：The Fritz Institute（Retrieved on Augustus），2003.

础上,提出了人道主义物流的定义:"人道主义物流是指在人道救援中,为了挽救生命,支持所有人的基本需求以及维护人的尊严,在救援物资、设备、人员、资金和信息从供应点到受灾地的公平、高效率、有成本效益的流动过程中,本着博爱、中立和公正三个准则,不以盈利为首要目标,将计划、准备、采购、运输、储存、装卸搬运、配送、信息处理等功能有机结合以满足受灾民众需求的过程。"[①] 2006年1月,国务院发布的《国家突发公共事件总体应急预案》提出了"以人为本,减少危害"的工作原则,突出强调把保障公共健康和生命财产安全作为首要任务,最大程度地减少突发公共事件及其造成的人员伤亡和危害。

因此,本着人道主义精神,坚持以人为本的原则,利用有限的救灾物资,制订合理的物资分配计划,为救灾指挥者提供必要的决策支持,在可控的成本范围内,在合适的时间给合适的人配送合适的物资,以救助更多生命和减轻伤者的痛苦,具有十分重要的意义。

1.2 研究现状

本节将从人道主义物流概念、性能、衡量指标以及救灾物资分配问题等方面进行论述,梳理人道主义物流研究的现状,同时总结已有研究的不足。

1.2.1 人道主义物流总述

目前,人道主义物流已经引起学术界的广泛关注。

1.2.1.1 人道主义物流的概念

Leiras 等定义人道主义物流为"有效且成本效益地计划、实施和控制从原点到消费点的货物流、信息流及储存的过程,以满足受益人的需求"[②]。由于人道主义物流的概念较为广泛,Holguín-Veras 等将其细化为更偏向于商业物流(commercial logistics, CL)的常规人道主义物流(regular humanitarian logistics, R-HL)和灾后人道主义物流(post-disaster humanitarian logistics, PD-HL)[③]。Day 等清楚地阐述了供应链管理(supply chain management, SCM)、物流(logistics)、人道主义/救灾供应链管理(humanitarian & disaster

---

① 冯春,张怡. 人道物流:理论与方法 [M]. 成都:西南交通大学出版社, 2015.
② LEIRAS A, BRITO Jr I, Queiroz Peres E, et al. Literature review of humanitarian logistics research: Trends and challenges [J]. Journal of humanitarian logistics and supply chain management, 2014, 4 (1): 95-130.
③ HOLGUÍN-VERAS J, JALLER M, VAN WASSENHOVE L N, et al. On the unique features of post-disaster humanitarian logistics [J]. Journal of operations management, 2012, 30 (7-8): 494-506.

relief supply chain management）和人道主义/救灾物流（humanitarian & disaster relief logistics）之间的关系①，如图1.1所示。

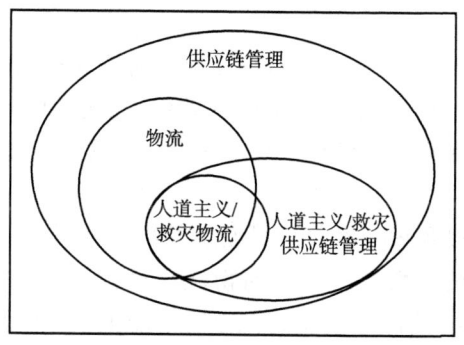

图1.1 供应链管理、物流、人道主义/救灾供应链管理、
人道主义/救灾物流的关系

从图1.1可以看出，人道主义/救灾供应链管理属于供应链管理的范畴。人道主义/救灾物流完全属于人道主义/救灾供应链管理范畴，但也并不仅是物流活动和人道主义/救灾供应链管理的交集。人道主义/救灾物流相较于常规的物流更复杂，相较于人道主义/救灾供应链管理研究范围更具体，针对的对象是各类救援物资，包括医用材料和人员、专业的救援设备和救援队、食品等②。

1.2.1.2 人道主义物流的四个阶段

人道主义物流一般可以分为四个阶段：减缓（mitigation）、准备（preparedness）、响应（response）和恢复（recovery）③，如图1.2所示。减缓和准备阶段发生在灾难发生前，而响应和恢复阶段发生在灾难发生后。具体来说，在减缓阶段，主要由政府部门主导进行政策的改善，这一阶段涉及的物流活动较少。准备阶段主要制订应急响应计划、进行救灾物资储备和避难场所的选址。响应阶段发生在灾难之后，包括搜救被困人员、疏散受灾群众、分配救灾物资等活动，还包括运输救灾设备、人力、医疗资源，提供医疗支

---

① DAY J M, MELNYK S A, LARSON P D, et al. Humanitarian and disaster relief supply chains: a matter of life and death [J]. Journal of supply chain management, 2012, 48 (2): 21-36.

② ÖZDAMAR L, EKINCI E, KÜÇÜKYAZICI B. Emergency logistics planning in natural disasters [J]. Annals of operations research, 2004, 129 (1-4): 217-245.

③ HOLGUÍN-VERAS J, PÉREZ-RODRÍGUEZ N, JALLER M, et al. On the appropriate objective function for post-disaster humanitarian logistics models [J]. Journal of operations management, 2013, 31 (5): 262-280.

持和救助等。此阶段为人道主义物流的关键阶段，往往关系到受灾区灾民的生命安全。恢复阶段主要包括受灾区废墟与物料处理、基础设施复建、提供临时避难所等，也有一部分响应阶段活动的延续，如分配救灾物资、捐赠物资的管理等。Holguín-Veras 等[1]将恢复阶段分为短期（short-term）和长期（long-term）两部分。短期恢复阶段介于响应阶段和长期恢复阶段之间，虽然只持续很短的时间，但进行的活动非常复杂，如志愿者和捐赠物资的管理、受灾区损坏程度和受灾影响评估、废墟清除、分配关键物资和关键基础设施的恢复等。

学者将响应阶段和短期恢复阶段发生的物流活动合并为灾后人道主义物流（PD-HL），将长期恢复期发生的物流活动称为常规人道主义物流（R-HL）。因此，人道主义物流根据时间节点，又可以分为灾前人道主义物流（pre-disaster humanitarian logistics），灾后人道主义物流和常规人道主义物流，如图1.2所示。

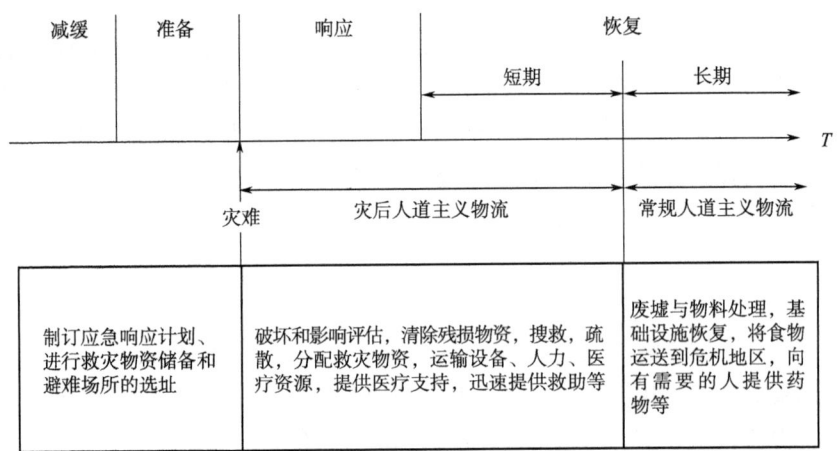

图1.2 人道主义物流阶段

分析可知，灾后人道主义物流，尤其是响应阶段的物流活动最为丰富且复杂。因此，本书以响应阶段，尤其是灾后"关键三天的黄金救援期"为时间范围进行研究[2]。

---

[1] HOLGUÍN-VERAS J, JALLER M, VAN WASSENHOVE L N, et al. On the unique features of post-disaster humanitarian logistics [J]. Journal of operations management, 2012, 30 (7-8): 494-506.

[2] SHEU J B. An emergency logistics distribution approach for quick response to urgent relief demand in disasters [J]. Transportation research part E: logistics and transportation review, 2007, 43 (6): 687-709.

1.2.1.3 人道主义物流响应阶段的流程

本书以地震为例,详细介绍灾难发生后的响应阶段各级相关部门的反应,涉及的物流活动有应急疏散、应急服务设施的选址、救灾物资分配与调运等①。

地震发生后,援助机构或者当地政府首先判断是否要启动应急响应。如果启动,当地有关部门开始收集这次灾难造成后果的相关信息,并派遣一队专家组奔赴受灾区。专家组到达受灾区后,需要完成一份最初的灾难评估报告,向当地有关部门报告此次地震的受灾程度、建筑损毁情况、当地群众的需求情况等,并通知当地有关部门组织开设合适位置的救灾点。基于专家组的评估报告,当地有关部门决定启动相应的本地配送中心。这时,中央仓库会向已启动的本地配送中心输送医疗队伍、车辆和志愿者。本地配送中心需要设计最初的配送方案,并将中央仓库运送来的物资进行综合调配,派遣车辆去相应的救灾点。当运送救灾物资的车辆按照本地配送中心拟定的分配方案进行配送时,如果遇上道路损毁,导致不能抵达原先既定的救灾点,应由当地相关部门重新生成一个替代路线,车辆继续向更新的救灾点送货。灾后人道主义物流流程如图 1.3 所示。

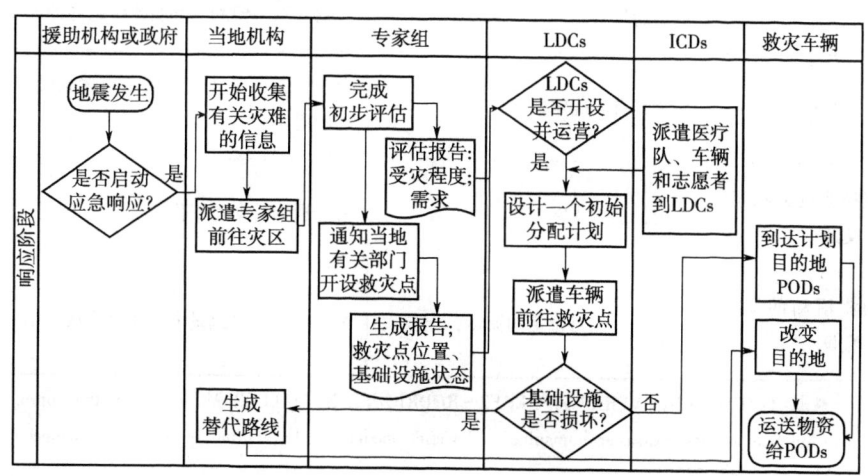

图 1.3　灾后人道主义物流流程

1.2.1.4 人道主义物流与商业物流的区别

人道主义物流和商业物流都是以将物资运送到需求点为目标的,但是二

---

① 林庆福,胡志华. 考虑心理代价的灾民疏散及救灾物资分派问题研究[J]. 计算机应用研究, 2015, 32 (5): 1339-1344.

者在关键方面有许多不同。最根本的区别是，商业物流的目的是使运营成本最小化，而人道主义物流最重要的目标是最小化灾民痛苦。企业可能会对优化其物流系统感兴趣，以此作为降低成本和使其与竞争对手区别开来的战略，其主要目标是提高利润。人道主义救援组织更关心如何将灾民的痛苦减到最小，而灾民的痛苦又与缺乏特定的救灾物资或者救助服务有关。因此，在目标上，商业物流旨在增加利润，而人道主义物流的目标是最大程度地减少灾民痛苦。除了目标不同之外，人道主义物流与商业物流还存在着其他重要区别，见表1.1。

表1.1 人道主义物流与商业物流的区别

特 征	商业物流	人道主义物流
目标	最小化总物流成本	最小化灾民痛苦
利益相关者	有限和预定的一组相关者	多个相关者，彼此之间没有明确的连接
稳定性和决策结构	在少数决策者控制下的结构化互动	非结构化的互动，有成千上万的决策者
供应管理	独立的货物流	货物流不可预测，并受物资趋同的影响
需求管理	通常具有不确定的需求	由于缺乏受灾区的信息而导致未知且动态的需求
支持系统的状态，如交通	稳定，功能正常	易受影响，动态变化
物流活动的周期和数量	周期性，相对稳定的流量，流量大	突发性，即时流量大，相对流量较小

资料来源：HOLGUÍN-VERAS J, PÉREZ-RODRÍGUEZ N, JALLER M, et al. On the appropriate objective function for post-disaster humanitarian logistics models [J]. Journal of operations management, 2013, 31 (5): 262-280.

1.2.2 人道主义物流性能指标研究综述

本节将从人道主义物流性能指标研究现状、灾民痛苦的刻画方法、多目标规划方法在人道主义物流性能指标研究中的应用等方面进行论述。

1.2.2.1 人道主义物流性能指标研究现状

如何评价人道主义物流的效果，学术界通常有三种维度的衡量指标：效率、有效性和公平性①。学者指出，人道主义物流是一个多目标决策问题，与传统的商业物流相比需要考虑更多的因素，因此这三个衡量指标应该同时考虑②。

（1）三个性能指标。

效率是人道主义物流中考虑最多的性能指标。Gralla 等认为，效率指标代表的是救灾成本，一般用救灾系统的经济成本体现，如运营或者物流成本①。Haghani 和 Oh 研究了应急响应中救灾物资的运输问题，目的是最小化运营成本，包括车辆流成本、物资流成本、结转成本以及转移成本③。类似的，在 Barbarosoğlu 和 Arda 的研究中，通过基于场景的随机规划模型最小化运营成本（即运输成本）④。

有效性是人道主义物流研究中第二个性能指标。Gralla 等认为：有效性指标应该是对人道主义物流服务质量的衡量。在传统的人道主义物流研究中，通常采取伤亡人数、需求的满足量、未满足需求量等来体现①。Fiedrich 等的研究以最小化死亡人数为优化目标⑤。Özdamar 等的目标是最小化整个规划期内的未满足需求量⑥。De Angelis 等研究了救援食品每个星期的分配问题，目标是最大化满足需求量⑦。Yi 和 Özdamar、Yi 和 Kumar 均以最小化加权未满足需求和最小化加权等待服务的伤员人数为目标⑧⑨。Orgut 等以最小化未分派

---

① GRALLA E, GOENTZEL J, FINE C. Assessing tradeoffs among multiple objectives for humanitarian aid delivery using expert preferences [J]. Production and operations management, 2014, 23 (6): 978-989.

② HUANG M, SMILOWITZ K, BALCIK B. Models for relief routing: Equity, efficiency and efficacy [J]. Transportation research part E: logistics and transportation review, 2012, 48 (1): 2-18.

③ HAGHANI A, Oh S C. Formulation and solution of a multi-commodity, multi-modal network flow model for disaster relief operations [J]. Transportation research part A: policy and practice, 1996, 30 (3): 231-250.

④ BARBAROSOLU Ğ, ARDA Y. A two-stage stochastic programming framework for transportation planning in disaster response [J]. Journal of the operational research society, 2004, 55 (1): 43-53.

⑤ FIEDRICH F, GEHBAUER F, RICKERS U. Optimized resource allocation for emergency response after earthquake disasters [J]. Safety science, 2000, 35 (1): 41-57.

⑥ ÖZDAMAR L, EKINCI E, KÜÇÜKYAZICI B. Emergency logistics planning in natural disasters [J]. Annals of operations research, 2004, 129 (1-4): 217-245.

⑦ DE ANGELIS V, MECOLI M, NIKOI C, et al. Multiperiod integrated routing and scheduling of World Food Programme cargo planes in Angola [J]. Computers & operations research, 2007, 34 (6): 1601-1615.

⑧ YI W, ÖZDAMAR L. A dynamic logistics coordination model for evacuation and support in disaster response activities [J]. European journal of operational research, 2007, 179 (3): 1177-1193.

⑨ YI W, KUMAR A. Ant colony optimization for disaster relief operations [J]. Transportation research part E: logistics and transportation review, 2007, 43 (6): 660-672.

食品的总量为目标①②。

公平性是人道主义物流研究中第三个性能指标。Gralla 等认为，公平性意味着没有受灾区因为应急响应操作的原因处于不利局面，也就是说，避免有些受灾区因不合理分配而成为弱势地区③。例如，为了保证所有灾民的公平，Campbell 等最小化人道主义救援物资的最大到达时间和平均到达时间，确保所有灾民受到同等的服务④。Lin 等最小化所有受灾区之间的不公平⑤。Yang 等最小化所有受灾区之间等待时间的差异⑥。

（2）考虑性能指标个数。在上述的分析中，大部分人道主义救援文献只考虑三个指标中的单一指标，也有一部分文献同时考虑两种指标。Barbarosoǧlu 等的目标是最小化运营成本以及响应时间⑦。Sheu 的目标是最小化分配成本以及最大化需求满足率⑧。Balcik 等的目标是最小化运营成本和未满足需求量⑨。Salmerón 和 Apte 同时最小化滞留人员的伤亡数量和未转移人员数量⑩。Hu 等最大化所有配置策略的效率和公平性⑪。Cao 等研究了动态救援配送问题，目标是最大化所有受害者感知满足感的最小值，以及最小化受

---

① ORGUT I S, IVY J, UZSOY R, et al. Modeling for the equitable and effective distribution of donated food under capacity constraints [J]. IIE transactions, 2016, 48 (3): 252-266.

② ORGUT IS, IVY J, UZSOY R. Modeling for the equitable and effective distribution of food donations under stochastic receiving capacities [J]. IISE transactions, 2017, 49 (6): 567-578.

③ GRALLA E, GOENTZEL J, FINE C. Assessing tradeoffs among multiple objectives for humanitarian aid delivery using expert preferences [J]. Production and operations management, 2014, 23 (6): 978-989.

④ CAMPBELL A M, VANDENBUSSCHE D, HERMANN W. Routing for relief efforts [J]. Transportation science, 2008, 42 (2): 127-145.

⑤ LIN Y H, BATTA R, ROGERSON P A, et al. Location of temporary depots to facilitate relief operations after an earthquake [J]. Socio-economic planning sciences, 2012, 46 (2): 112-123.

⑥ YANG M, ALLEN T T, FRY M J, et al. The call for equity: simulation optimization models to minimize the range of waiting times [J]. IIE transactions, 2013, 45 (7): 781-795.

⑦ BARBAROSOǦLU G, ÖZDAMAR L, CEVIK A. An interactive approach for hierarchical analysis of helicopter logistics in disaster relief operations [J]. European journal of operational research, 2002, 140 (1): 118-133.

⑧ SHEU J B. An emergency logistics distribution approach for quick response to urgent relief demand in disasters [J]. Transportation research part E: logistics and transportation review, 2007, 43 (6): 687-709.

⑨ BALCIK B, BEAMON B M, SMILOWITZ K. Last mile distribution in humanitarian relief [J]. Journal of intelligent transportation systems, 2008, 12 (2): 51-63.

⑩ SALMERÓN J, APTE A. Stochastic optimization for natural disaster asset prepositioning [J]. Production and operations management, 2010, 19 (5): 561-574.

⑪ HU C, LIU X, HUA Y. A bi-objective robust model for emergency resource allocation under uncertainty [J]. International journal of production research, 2016, 54 (24): 7421-7438.

害者满足感的感知偏差[1]。Rezaei-Malek 等提出了一个多目标规划模型，该模型主要平衡两个目标：加权响应时间的均值以及总的运营成本[2]。

近几年，同时考虑三种指标的研究逐渐出现。例如，Tzeng 等最小化总成本和总旅行时间，同时最大化规划期内的最小满足量[3]。Huang 等基于效率、有效性和公平性刻画了目标函数，采取满足需求程度表示有效性，公平性则由所有灾民接收到大致一样的服务来体现[4]。najafi 等考虑了三个目标：最小化伤者未收到服务的加权总等待时间、最小化需求的加权总提前期以及最小化响应中使用的总车辆数[5]。Sheu 和 Pan 设计了一个三级多目标的混合规划模型，目标是最小化运营成本、旅行距离以及心理成本[6]。Huang 等使用了加权和的方法用于权衡救生效用（lifesaving utility）、延迟成本和公平性[7]。Rezaei-Malek 等设计了同时考虑效率、有效性和公平性三个目标的灾害救援物流网络[8]。

（3）国内研究现状。对于性能指标的研究，国内早期研究主要集中于应急响应时间最早、参与出救点最少为优化目标，以刘春林、何建敏的研究为代表。

王旭坪等应用前景理论，建立了以时间满意度、需求满意度和效用满意

---

[1] CAO C, LI C, YANG Q, et al. A novel multi-objective programming model of relief distribution for sustainable disaster supply chain in large-scale natural disasters [J]. Journal of cleaner production, 2018 (174): 1422-1435.

[2] REZAEI-MALEK M, TAVAKKOLI-MOGHADDAM R, CHEIKHROUHOUN, et al. An approximation approach to a trade-off among efficiency, efficacy, and balance for relief pre-positioning in disaster management [J]. Transportation research part E: logistics and transportation review, 2016 (93): 485-509.

[3] TZENG G H, CHENG H J, HUANG T D. Multi-objective optimal planning for designing relief delivery systems [J]. Transportation research part E: logistics and transportation review, 2007, 43 (6): 673-686.

[4] HUANG M, SMILOWITZ K, BALCIK B. Models for relief routing: Equity, efficiency and efficacy [J]. Transportation research part E: logistics and transportation review, 2012, 48 (1): 2-18.

[5] NAJAFI M, ESHGHI K, DULLAERT W. A multi-objective robust optimization model for logistics planning in the earthquake response phase [J]. Transportation research part E: logistics and transportation review, 2013, 49 (1): 217-249.

[6] SHEU J B, PAN C. A method for designing centralized emergency supply network to respond to large-scale natural disasters [J]. Transportation research part B: methodological, 2014 (67): 284-305.

[7] HUANG K, JIANG Y, YUAN Y, et al. Modeling multiple humanitarian objectives in emergency response to large-scale disasters [J]. Transportation research part E: logistics and transportation review, 2015 (75): 1-17.

[8] REZAEI-MALEK M, TAVAKKOLI-MOGHADDAM R, ZAHIRI B, et al. An interactive approach for designing a robust disaster relief logistics network with perishable commodities [J]. Computers & industrial engineering, 2016 (94): 201-215.

度为目标的多目标非线性整数规划模型[①][②][③]。马超研究了以最小化未满足需求量为目标的应急物资调度问题[④]。石玉峰研究了以完成任务时限最短以及总费用最小为目标的应急物流分配问题[⑤]。马卫峰等研究了以加权物资分配总量最大、各灾区物资分配最小满足率最大为目标的应急物资配送问题[⑥]。陈明天研究了在应急救灾物资供给不足的情况下，以最小化应急物资从集散中心到需求点的最大延迟、最大化灾民满意度比率，最小化救援的总投入为目标的问题[⑦]。

1.2.2.2 灾民痛苦的刻画研究

（1）考虑灾民痛苦的意义。人道主义物流以减轻灾民痛苦为目的。Apte认为，人道主义物流的最终目标是"最小化死亡和降低灾民痛苦"，而人道意味着灾民的痛苦一旦被发现，就应该采取措施缓解[⑧]。进一步的，人们逐渐意识到在灾后人道主义物流中考虑灾民痛苦的必要性。Sheu指出，灾民在灾后救援中感受到的痛苦可能会使灾民接受到的人道主义物流的效率降低[⑨]。Holguín-Veras等类比"污染者付费原则（polluter pays principle，PPP）"认为，在灾后人道主义物流中考虑灾民痛苦可以使物资分配更加公平，并且可以非常有效地提升人道主义物流的效率[⑩]。"污染者付费原则"是指所有的污染者必须为其造成的污染直接或者间接地支付费用，即确立了环境资源"有价"的思想。同样的，灾民痛苦不仅受灾害程度的客观因素影响，也受救灾

---

① 王旭坪，董莉，陈明天. 考虑感知满意度的多受灾点应急资源分配模型［J］. 系统管理学报，2013，22（2）：251-256.

② 王旭坪，马超，阮俊虎. 考虑公众心理风险感知的应急物资优化调度［J］. 系统工程理论与实践，2013，33（7）：1735-1742.

③ 王旭坪，马超，阮俊虎. 运力受限的应急物资动态调度模型及算法［J］. 系统工程理论与实践，2013，33（6）：1492-1500.

④ 马超. 考虑灾民心理风险感知的应急物资优化配送及动态调度研究［D］. 大连：大连理工大学，2012.

⑤ 石玉峰，王金伟，徐军，等. 应急物流分配模型及算法研究［J］. 物流技术，2009（6），80-81.

⑥ 马卫峰，杨赛霓，潘耀忠. 面向救灾物资需求特征的自然灾害应急响应［J］. 中国安全科学学报，2010，20（10），171-176.

⑦ 陈明天. 突发自然灾害救灾物资分配优化决策研究［D］. 大连：大连理工大学，2012.

⑧ APTE A. Humanitarian logistics：A new field of research and action［M］. Now Publishers Inc，2010：1-120.

⑨ SHEU J B. Post-disaster relief-service centralized logistics distribution with survivor resilience maximization［J］. Transportation research part B：methodological，2014（68）：288-314.

⑩ HOLGUÍN-VERAS J，PÉREZ-RODRÍGUEZ N，JALLER M，et al. On the appropriate objective function for post-disaster humanitarian logistics models［J］. Journal of operations management，2013，31（5）：262-280.

物资短缺、医疗救助不及时等人为决策因素的影响。将灾民痛苦原先认为与物流活动无关的外部成本反映在救灾物流总成本中，决策者会为了降低救灾总成本而提高救灾效率，合理分配物资，用有限的物资达到最大的救援效果，实现救灾物资的有效配置[1]。正如 Holguín-Veras 指出的，灾民痛苦被认为是衡量人道主义物流绩效的重要指标之一，可以被认为是有效性指标的衡量[2]。

（2）传统研究对灾民痛苦的刻画。在人道主义物流中如何衡量灾民痛苦通常是一个难题。Apte 指出，在实际中灾民痛苦会因为缺乏及时的救助而急剧增加，这样的增加通常是非线性的，从而给衡量带来难度[3]。以往大部分文献采用间接替代方法对灾民痛苦进行刻画。一般可以把替代方法分为两类：基于惩罚的刻画方法（penalty-based formulations）和以未满足需求（unmet demand）为替代的刻画方法。其中，基于惩罚的刻画方法有最小化死亡人数、最小化缺货成本、最小化最晚到货时间、最小化延期交货的惩罚成本。而以未满足需求为替代的刻画方法一般为最小化未满足需求、最大化被满足需求、最大化需求满足率。但以上两种替代方法都不能很好地刻画灾民痛苦。虽然基于惩罚的刻画方法可以采用可变惩罚模型（Variable Penalty Models）、常数惩罚模型（Constant Penalty Models）和硬约束（Hard Constraints）三种方法替代灾民痛苦。但正如 Holguín-Veras 等阐述的，硬约束未考虑实施的可行性，常数惩罚未体现灾民痛苦的非线性，只有变量惩罚模型在一定条件下经过改动后可以很好地描述灾民痛苦。而以未满足需求简单替代灾民痛苦，因为未满足需求的可叠加性，会导致不能区分两个受灾点的受灾情况。例如，一个受灾轻微的区域可能因为受灾人口多而显得需求急迫，而一个受灾严重的区域可能因为人口少而被忽略，这样显然不合理。

（3）基于福利经济学的刻画方法。2012 年，Holguín-Veras 等将福利经济原则（Welfare Economic Policies）引入人道主义物流。采用剥夺成本（deprivation cost，DC）作为灾民痛苦的经济衡量，表示灾民由于缺乏物资或者服务所产生的成本。该成本随着剥夺时间（deprivation time，DT）指数增加，是从经济学的角度直接估计灾民痛苦的一种显性衡量方式。剥夺成本函数具有关于剥夺时间的单调性、非线性、凸性，关于需求的不可加性，并且

---

[1] HOLGUÍN-VERAS J, JALLER M, VAN WASSENHOVE L N, et al. On the unique features of post-disaster humanitarian logistics [J]. Journal of operations management, 2012, 30 (7-8): 494-506.

[2] HOLGUÍN-VERAS J, PÉREZ-RODRÍGUEZ N, JALLER M, et al. On the appropriate objective function for post-disaster humanitarian logistics models [J]. Journal of operations management, 2013, 31 (5): 262-280.

[3] APTE A. Humanitarian logistics: A new field of research and action [M]. Now Publishers Inc, 2010: 1-120.

可以分为有滞后性和无滞后性。直接刻画灾民痛苦的方法使得该研究和之前研究有了明显的区分，也引起了学术界越来越多的关注。在此基础上，一系列的研究致力于采用这种显性的方法（explicit way）刻画灾民痛苦。Pérez-Rodríguez 通过实验刻画了剥夺成本的函数形式①。Pérez-Rodríguez 和 Holguín-Veras 使用剥夺成本函数进行关键资源配送研究，构建了一个库存配送路径模型，并设计了几种启发式算法求得配送策略②。Pradhananga 等以最小化物流成本和剥夺成本为目标研究应急准备和响应阶段计划③。Holguín-Veras 等实验了一系列函数更好地描述剥夺成本函数④。剥夺成本函数基于被试对水资源的支付意愿（willingness-to-pay）的经济测量方法刻画灾民痛苦。Gutjahr 和 Nolz 认为，这种衡量方法可以用来刻画"由于关键物资（水、食品等）的短缺导致的消极后果"，即灾民痛苦⑤。Wang 等在此基础上使用数值量表（Numerical Rating Scale）的方法，提出剥夺水平（deprivation level，DL）函数衡量灾民痛苦。剥夺水平和剥夺成本对灾民痛苦的刻画在"较短的剥夺时间内基本是一样的"⑥。

（4）国内研究现状。国内学者也关注灾民的心理，但目前的研究还没有将灾民痛苦显性地考虑进来。马超采用前景理论研究应急物资调度问题，他们考虑了灾民的心理感知程度⑦。王旭坪等和张娜娜等研究了考虑灾民非理性攀比心理的应急物资优化分配问题⑧⑨。葛洪磊使用风险决策和灾害学中常用

---

① PÉREZ-RODRÍGUEZ N. Inventory allocation models for post-disaster humanitarian logistics with explicit consideration of deprivation costs [D]. Troy, NY: Rensselaer Polytechnic Institute, 2011.
② PÉREZ-RODRÍGUEZ N, HOLGUÍN-VERAS J. Inventory-allocation distribution models for post-disaster humanitarian logistics with explicit consideration of deprivation costs [J]. Transportation science, 2015, 50 (4): 1261-1285.
③ PRADHANANGA R, MUTLU F, POKHAREL S, et al. An integrated resource allocation and distribution model for pre-disaster planning [J]. Computers & industrial engineering, 2016 (91): 229-238.
④ HOLGUÍN-VERAS J, JALLER M, VAN WASSENHOVE L N, et al. Material convergence: Important and understudied disaster phenomenon [J]. Natural hazards review, 2012, 15 (1): 1-12.
⑤ GUTJAHR W J, NOLZ P C. Multicriteria optimization in humanitarian aid [J]. European journal of operational research, 2016, 252 (2): 351-366.
⑥ WANG X, WANG X, LIANG L, et al. Estimation of deprivation level functions using a numerical rating scale [J]. Production and operations management, 2017, 26 (11): 2137-2150.
⑦ 马超. 考虑灾民心理风险感知的应急物资优化配送及动态调度研究 [D]. 大连：大连理工大学，2012.
⑧ 王旭坪，张娜娜，詹红鑫. 考虑灾民非理性攀比心理的应急物资分配研究 [J]. 管理学报，2016, 13 (7): 1075-1080.
⑨ 张娜娜. 考虑灾民心理的应急物资分配方法研究 [D]. 大连：大连理工大学，2016.

的损失函数代替痛苦函数，并假设减少受灾人员损失等价于减少受灾人员痛苦①。

1.2.2.3　多目标规划方法在人道主义物流中的研究

正如学者所述，人道主义物流是一个多目标决策问题。因此，在求解该问题时，经常需要对多目标进行衡量。对于如何处理人道主义物流多目标的问题，已有研究提出了多种方式。

例如，Barbarosoǧlu 等设计了一套层级多标准的方法，用于完成直升机的指派任务②。Sheu 提出了混合模糊聚类方法，用来优化救灾物资分配③。Tzeng 等使用模糊多目标线性规划方法，建立多目标收益表（Pay - off Table）④。Najafi 等使用鲁棒方法（Robust Approach）求解多目标、多货物和多周期的随机模型⑤。Huang 等使用了加权和的方法（weighted sum method）处理多目标优化问题⑥。Hu 等构建了一个两阶段随机混合整数规划模型，用来最小化总的物流成本和基于多属性效用理论的风险诱导惩罚成本⑦。Üstün 和 Anagün 使用 ε -约束方法，建立了三个多目标模型，目标是最大化地震救援投资的净现值（net present value）、最小化伤亡人数以及最大化需要加固建筑物的重要程度⑧。Hu 等构建了一个双目标鲁棒应急资源配送模型，该模型同时最大化效率和配送策略的公平，同时他们设计了一个双目标粒子蚁群优

---

① 葛洪磊. 基于灾情信息特征的应急物资分配决策模型研究［D］. 杭州：浙江大学，2012.

② BARBAROSOǦLU G，ÖZDAMAR L，CEVIK A. An interactive approach for hierarchical analysis of helicopter logistics in disaster relief operations［J］. European journal of operational research，2002，140（1）：118-133.

③ SHEU J B. An emergency logistics distribution approach for quick response to urgent relief demand in disasters［J］. Transportation research part E：logistics and transportation review，2007，43（6）：687-709.

④ TZENG G H，CHENG H J，HUANG T D. Multi - objective optimal planning for designing relief delivery systems［J］. Transportation research part E：logistics and transportation review，2007，43（6）：673-686.

⑤ NAJAFI M，ESHGHI K，DULLAERT W. A multi-objective robust optimization model for logistics planning in the earthquake response phase［J］. Transportation research part E：logistics and transportation review，2013，49（1）：217-249.

⑥ HUANG K，JIANG Y，YUAN Y，et al. Modeling multiple humanitarian objectives in emergency response to large-scale disasters［J］. Transportation research part E：logistics and transportation review，2015（75）：1-17.

⑦ HU S L，HAN C F，MENG L P. A scenario planning approach for propositioning rescue centers for urban waterlog disasters［J］. Computers & industrial engineering，2015（87）：425-435.

⑧ ÜSTÜN A K，ANAGÜN A S. Multi - objective mitigation budget allocation problem and solution approaches：The case of istanbul［J］. Computers & industrial engineering，2015（81）：118-129.

化算法来搜索模型的帕累托前沿[1]。Yu 等采用加权和方法，同时考虑了效率、有效性和公平性三个目标，特别是直接描述了作为有效性指标的灾民痛苦[2][3]。

1.2.3 救灾物资分配问题的研究现状

救灾物资分配作为人道主义物流运作的核心，是人道主义物流决策过程中至关重要的问题。救灾物资分配的有效实施直接决定了整个应急救援工作的效果。物资分配问题（resource allocation problem，RAP）研究的是在物资有限或者匮乏的情况下，如何在多个竞争主体之间进行合理配置[4]。救灾物资分配问题是一种特殊的资源分配问题，是指突发事件即将发生前用于控制突发事件发生，或突发事件发生后用于疏散、抢险、抢救等应急救援的工具、物资、设备、器材、装备等相关物资的配置问题。Tzeng 等从救灾物资分配系统与一般物资分配系统在系统目标、系统构成、设施特性、方案规划、权衡算法效率与优化结果、配送模式等方面进行了分析，认为两者存在显著差异[5]。本书对救灾物资分配问题从确定性需求和随机需求两个方面进行文献综述。

1.2.3.1 确定需求下救灾物资分配问题的研究现状

Fiedrich 等构建动态组合模型用于分配执行救援任务的机械设备，该模型的目标是最小化救灾响应阶段的死亡总人数[6]。Özdamar 等研究了多种物资，多个出救点和需求点，多种运输方式（车辆、轮船、直升机）的分配问题，规划目标是最小化需求物资满足的时间延迟[7]。Sheu 等使用模糊规划方法求

---

[1] HU C, LIU X, HUA Y. A bi-objective robust model for emergency resource allocation under uncertainty [J]. International journal of production research, 2016, 54 (24): 7421-7438.

[2] LINA YU, CANRONG ZHANG, et al. Novel method for resource allocation in humanitarian logistics considering human suffering [J]. Computers & industrial engineering, 2018 (119): 1-20.

[3] LINA YU, HUASHENG YANG, LIXIN MIAO, et al. Rollout algorithms for resource allocation in humanitarian logistics [M]. IISE transactions, 2017, 1-23.

[4] LUSS H. A nonlinear minimax allocation problem with multiple knapsack constraints [J]. Operations research letters, 1991, 10 (4): 183-187.

[5] TZENG G H, CHENG H J, HUANG T D. Multi-objective optimal planning for designing relief delivery systems [J]. Transportation research part E: logistics and transportation review, 2007, 43 (6): 673-686.

[6] FIEDRICH F, GEHBAUER F, RICKERS U. Optimized resource allocation for emergency response after earthquake disasters [J]. Safety science, 2000, 35 (1): 41-57.

[7] ÖZDAMAR L, EKINCI E, KÜÇÜKYAZICI B. Emergency logistics planning in natural disasters [J]. Annals of operations research, 2004, 129 (1-4): 217-245.

解救灾物资配置问题①。Sheu 采用混合模糊聚类优化方法快速响应救灾物资的物流配送需求,即先用模糊聚类分析需求区域,然后用最优化方法求解资源调度问题,以需求满足的速率最大、运送时间最短和综合物流费用最低为规划目标②。Gong 和 Batta 研究救护车的分配和再分配问题,构建确定性模型,该模型刻画了发现营救伤员的过程③。Zhang 等使用整数规划方法研究多物资、多仓库的救援分配问题,研究同时考虑了二次灾害的因素④。Das 和 Hanaoka 提出基于代理的模型用于分析舰队分配的影响,该模型的目标是最大化社会效益(social benefit)⑤。Xiang 和 Zhuang 研究在考虑健康状况恶化的情况下药物资源的分配问题,提出最大化服务率(service rate)的排队网络模型⑥。

国内也有一部分学者致力于研究救灾物资分配问题。刘春林等针对应急资源连续供应的条件下,以应急开始时间最早为优化目标,研究了出救点选择的组合优化问题⑦⑧。陈达强等考虑了单需求点、单个救灾物资面对多个供应点的救援情形,且供应带有时变约束,建立了选择多出救点的多目标决策模型,规划目标为应急响应时间最小和出救点数目最少⑨⑩。

1.2.3.2 不确定需求下救灾物资分配问题研究现状

Barbarosoǧlu 和 Arda 针对大规模突发事件后,第一批救灾物资的分配运输

---

① SHEU J B, CHEN Y H, LAN L W, et al. A novel model for quick response to disaster relief distribution [J]. Proceedings of the eastern Asia society for transportation studies, 2005, 5 (1): 2454-2462.

② SHEU J B. An emergency logistics distribution approach for quick response to urgent relief demand in disasters [J]. Transportation research part E: logistics and transportation review, 2007, 43 (6): 687-709.

③ GONG Q, BATTA R. Allocation and reallocation of ambulances to casualty clusters in a disaster relief operation [J]. IIE transactions, 2007, 39 (1): 27-39.

④ ZHANG J H, LI J, LIU Z P. Multiple-resource and multiple-depot emergency response problem considering secondary disasters [J]. Expert systems with applications, 2012, 39 (12): 11066-11071.

⑤ DAS R, HANAOKA S. An agent-based model for resource allocation during relief distribution [J]. Journal of humanitarian logistics and supply chain management, 2014, 4 (2): 265-285.

⑥ XIANG Y, ZHUANG J. A medical resource allocation model for serving emergency victims with deteriorating health conditions [J]. Annals of operations research, 2016, 236 (1): 177-196.

⑦ 刘春林,盛昭瀚,何建敏. 基于连续消耗应急系统的多出救点选择问题 [J]. 管理工程学报,1999, 13 (3): 13-16.

⑧ 刘春林,何建敏,施建军. 一类应急物资调度的优化模型研究 [J]. 中国管理科学,2001, 9 (3): 29-36.

⑨ 陈达强,郑文创,丁夏,等. 带时变供求约束的应急物资分配模型 [J]. 物流技术,2009, 28 (2): 90-92.

⑩ 陈达强. 基于应急系统特性分析的应急物资分配优化决策模型研究 [D]. 杭州:浙江大学,2010.

制定两阶段的随机规划模型，通过救灾物资的供应及需求量定义灾害演化情景，在信息高度不确定及缺乏的情况下，制定实时运输分配决策[1]。Chang 等以台北突发洪水灾害为研究背景，使用可能的救援需求点和救援设备需求量作为情景要素，构建情景和情景发生概率，建立两阶段随机规划模型，以求解洪水灾害下的选址和救灾物资调运问题[2]。Balcik 等讨论了救灾物资分配运送过程中运输费用和缺货损失费用最小问题，建立的随机规划模型涉及多种物资、多个需求点[3]。Mete 和 Zabinsky 研究不同灾难类型和等级情况下的应急药品存储和调度问题，采用两阶段随机规划的方法：第一阶段的随机规划模型决策可能的药品存储位置和库存水平；第二阶段的混合整数规划模型决策药品调度数量和运输路径[4]。Rawls 和 Turnquist 使用 15 个飓风的历史数据构建了 51 个情景，建立两阶段随机混合整数规划模型求解应急资源配置和选址问题[5]。Sheu 构建考虑灾后信息不完全情况下，动态救灾物资需求管理模型，分析受灾点资源需求情况[6]。Jacobson 等对优先指派问题进行建模，用于研究在分配紧急物资中如何权衡需求的紧急性、救援奖励（rescue rewards）以及服务时间，通过使用样本路径（sample-path）以及随机动态规划的方法进行求解[7]。Hu 等研究了一个应急资源分配问题，该问题假设有多个互相有竞争关系的受灾区和一个救援中心，构建双目标鲁棒模型，该模型旨在同时最大化效率和公平性[8]。何建敏等采用模糊规划的方法研究多出救点车辆调度问题，以救灾物资调度的总时间最短和出救点最少为目标[9]。叶永应用贝叶斯

---

[1] BARBAROSOĞLU G, ARDA Y. A two-stage stochastic programming framework for transportation planning in disaster response [J]. Journal of the operational research society, 2004, 55 (1): 43-53.

[2] CHANG M S, TSENG Y L, CHEN J W. A scenario planning approach for the flood emergency logistics preparation problem under uncertainty [J]. Transportation research part E: logistics and transportation review, 2007, 43 (6): 737-754.

[3] BALCIK B, BEAMON B M, SMILOWITZ K. Last mile distribution in humanitarian relief [J]. Journal of intelligent transportation systems, 2008, 12 (2): 51-63.

[4] METE H O, ZABINSKY Z B. Stochastic optimization of medical supply location and distribution in disaster management [J]. International journal of production economics, 2010, 126 (1): 76-84.

[5] RAWLS C G, TURNQUIST M A. Pre-positioning of emergency supplies for disaster response [J]. Transportation reseach part B: methodological, 2010, 44 (4): 521-534.

[6] SHEU J B. Dynamic relief-demand management for emergency logistics operations under large-scale disasters [J]. Transportation research part E: logistics and transportation review, 2010, 46 (1): 1-17.

[7] JACOBSON E U, ARGON N T, ZIYA S. Priority assignment in emergency response [J]. Operations research, 2012, 60 (4): 813-832.

[8] HU C, LIU X, HUA Y. A bi-objective robust model for emergency resource allocation under uncertainty [J]. International journal of production research, 2016, 54 (24): 7421-7438.

[9] 何建敏, 刘春林, 尤海燕. 应急系统多出救点的选择问题 [J]. 系统工程理论与实践, 2001, (11): 89-93.

分析理论，考虑了应急救援物资需求激增、供给不确定等不确定因素下的救灾物资综合配置问题[①]。张玲等将灾害发生后的各受灾区的需求量表示为区间型数据，以资源配置的相关费用最小为目标，建立二阶段随机规划模型，利用可调整鲁棒优化方法进行求解[②]。

1.2.4 现有研究的不足

学术界越来越倾向于综合考虑人道主义物流的三个性能指标，但是各自采用不同的衡量方法来刻画。本书在进行救灾物资分配时，同时考虑人道主义物流的三个性能指标：效率、有效性和公平性。并且根据最新研究和实际情况，采用可达性成本、剥夺成本以及由于分配不公平导致的惩罚成本刻画三个指标。目前，将剥夺成本作为有效性衡量指标的研究不多。之前的研究很少考虑灾民痛苦，而本书显性地将灾民痛苦视为人道主义物流的有效性度量，作为人道主义物流的重要性能指标。

国内学者在救灾物资调度问题领域的研究起步相对较晚。1999 年，刘春林等人研究了应急系统调度问题的模糊规划方法，国内学者开始了对救灾物资调度理论与方法的系统研究。但在之后的八年时间里研究进展缓慢，直到 2008 年汶川地震后，救灾物资调度问题进一步引起学者的重视，并取得了较为丰富的研究成果。

目前，灾后应急资源配置研究成果已经颇为丰富，但是大部分文献为单阶段的规划问题。对于多阶段问题的文献少有考虑应急资源配置中前后阶段之间的协调配置关系。也就是说，现有物资是一次性全部分配出去，还是考虑到后续需求分批次分配，留存后用。叶永称其为"后续共享性"，Holguín-Veras 等称为"跨期外部性（inter-temporal externalities）"，现有研究还不够充分。本书综合考虑了人道主义物流中可能发生的情况，提出三种物资分配策略，即传统分配策略、灵活分配策略、容量可后续共享的分配策略。

在求解方法方面，现有研究大部分采用传统的运筹优化方法，如动态组合优化、混合整数规划模型、模糊聚类分析、随机规划、网络流模型。而本书首次将近似动态规划算法，即基于贪心启发式的滚动算法（rollout algorithm，RA）应用于人道主义物流中，并通过理论分析和综合数值研究验证了该算法的优越性。本书首次将强化学习方法应用于人道主义物流中，强

[①] 叶永. 基于后续共享和信息更新的震后应急资源配置决策方法研究 [D]. 杭州：浙江大学，2013.

[②] 张玲，王晶，黄钧. 不确定需求下应急资源配置的鲁棒优化方法 [J]. 系统科学与数学，2010（10）：1283–1292.

化学习算法的优势是可以实时为决策者提供有效解，给救灾物资分配研究开辟了新的思路。

1.3 研究内容及结构

本书主要围绕灾后人道主义物流救灾的物资分配问题进行研究。本书通过评价人道主义物流的救灾效果，针对灾后响应阶段关键三天的"黄金救援期"进行救灾物资分配规划。针对上文中提到的现有研究不足，本书将分别从四个方面展开深入研究：①单位容量下的救灾物资分配研究；②多容量下的救灾物资分配研究；③容量可后续共享下的救灾物资分配策略研究；④随机需求下的救灾物资分配研究。

在研究上述问题时，本书采用了多种求解方式：采用求解器直接求解，精确算法如动态规划算法，近似算法如滚动算法，分段线性化方法，强化学习算法，等等。本书共分六章，结构参见图1.4。

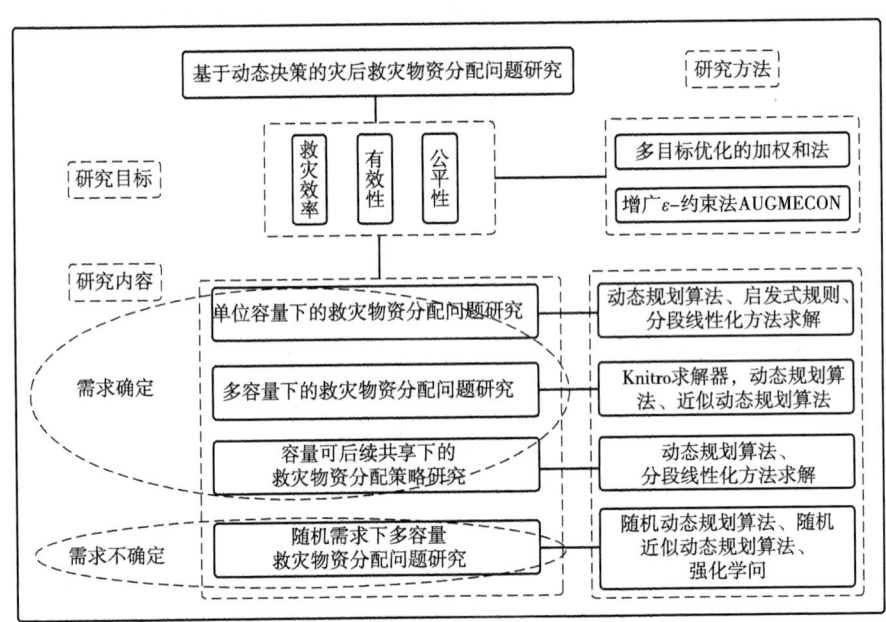

图1.4 总体研究方案

第1章绪论。首先介绍了本研究的背景、意义和人道主义物流的基本概念，救灾物资分配问题的研究现状，并分析了现有研究的不足，最后对本书的主要研究内容以及框架结构进行简要阐述。

第2章研究了单位容量下的救灾物资分配问题。详细介绍了人道主义物流中的三个性能指标：效率、有效性和公平性，并且采用可达性成本、基于起始状态的剥夺成本和期末惩罚成本分别刻画三个指标。然后，构建了多周期、多目标的非线性整数规划模型及其等价动态规划模型，并采用动态规划算法进行直接求解。通过观察所得最优解，本章识别出一种简单的分配模式，并且通过定理证明论证了这种简单启发式分配方式的适用条件。最后，为了使模型更具有实际应用性，还提出分段线性化方法近似求解非线性整数规划模型。

第3章研究了多容量下的救灾物资分配问题。综合考虑救灾效率、救灾有效性以及分配公平性三个性能指标。首先，构建了多目标非线性的整数模型和三个单目标模型，以模型角度分析三个目标的必要性。然后，为了解决动态规划维数灾问题，设计了基于贪婪算法的滚动算法的近似动态规划算法。从理论上分析与论证了动态规划算法以及近似动态规划算法的计算复杂度，还通过数值实验进行了验证。最后，针对模型中一些重要因素做了灵敏度分析。

第4章研究了容量可后续共享下的救灾物资分配策略。首先，针对本地响应中心容量的不同情况，提出了三种配送策略，即传统分配策略、灵活分配策略和容量可后续共享的分配策略。为了应对非线性整数规划模型，直接采用分段线性化方法对模型进行求解。为了验证分配策略的适用性，对模型的参数进行了灵敏度分析。最后，采用汶川地震的数据作为案例，验证三种分配策略的可行性和有效性。

第5章研究了随机需求下的多容量救灾物资分配问题。首先，本章针对受灾区灾民需求不确定的情况，构建了随机非线性整数规划模型、随机动态规划模型。然后，本章提出了三种算法：随机动态规划算法、近似动态规划算法、强化学习算法，对随机模型进行求解。最后，本章以汶川地震的数据为基础，构建了不同的情景产生随机需求，再分别采用以上三种算法进行求解。

第6章是总结与展望，对本书的主要研究内容进行总结，提炼本书的主要创新点，并指出接下来的研究方向。

2 单位容量下的救灾物资分配问题研究

2.1 引 言

本部分主要研究灾难发生后关键三天（灾后黄金救援期）的救灾物资分配问题。当灾难发生时，尤其是大灾难，大量的灾民会寻找学校、教堂、运动场等临时场所避难，等待救灾物资以及医疗救助。本书将这些避难所称为受灾区（affected areas，AAs）。在灾难发生初期，受灾区与外界的联系通常会被切断，因此很难评估各个受灾区的受灾情况。此时，当地政府会及时启动本地响应中心（Local Response Center，LRC），作为接收上级配送中心分配物资和收集社会各界捐赠物资的集散点。然后，这些物资将由本地响应中心分配给受灾区的灾民。但由于此时的救灾能力极度有限，人力和物力都极度匮乏，加上信息缺乏，本地响应中心通常只能将受灾区的灾民视为同质的，即认为各受灾区的需求相同，保证他们的基本需求。因此，本地响应中心此时面临的问题是受灾区服务的先后顺序，以期利用极为有限的物资发挥最大的效用。在这种情况下，本地响应中心做出的救灾部署、分配决策关乎到数千甚至数万人的性命。对于本地响应中心而言，制定合理的救灾物资分配策略尤其重要。

而评价一个分配策略的好坏，往往需要从多个角度进行衡量。本部分借鉴了人道主义物流中常用的三个维度的衡量指标：效率、有效性以及公平性，综合刻画救灾物资分配策略的优劣。特别地，本部分借鉴了最近的研究，将灾民痛苦的经济衡量直接作为救灾有效性指标考虑进模型，以构建公平、高效率、有成本效益的分配策略。

首先介绍了如何刻画三个维度的衡量指标，然后将研究问题构建为一个多周期、多目标的非线性整数规划模型。通过将这个模型转化为等价的动态规划模型，本章采用精确算法，即动态规划算法进行直接求解。通过中小规模最优解的观察分析，归纳总结出一种简单的启发式分配模式，并且通过定理证明论证了这种分配模式的适用条件。最后，为了使模型更具有实际应用性，提出了分段线性化方法近似求解非线性整数规划模型。

2.2 数学建模

本节从问题描述、符号定义、性能指标、数学模型和多目标规划方法等方面进行论述。

2.2.1 问题描述

本部分研究的救灾物资分配问题的计划周期为灾后关键三天的黄金救援期，即72小时。重点关注如何通过合理安排计划周期内的分配顺序，以减轻受灾区灾民心理承受的痛苦。救灾物资分配网络包括两层：一个本地响应中心和多个受灾区，如图2.1所示。由于道路受到破坏，从本地响应中心给各受灾区配送物资时需要采用不同的交通方式，如直升机、卡车、挖掘机等。不同的运输方式会对救灾效率带来不同的影响。

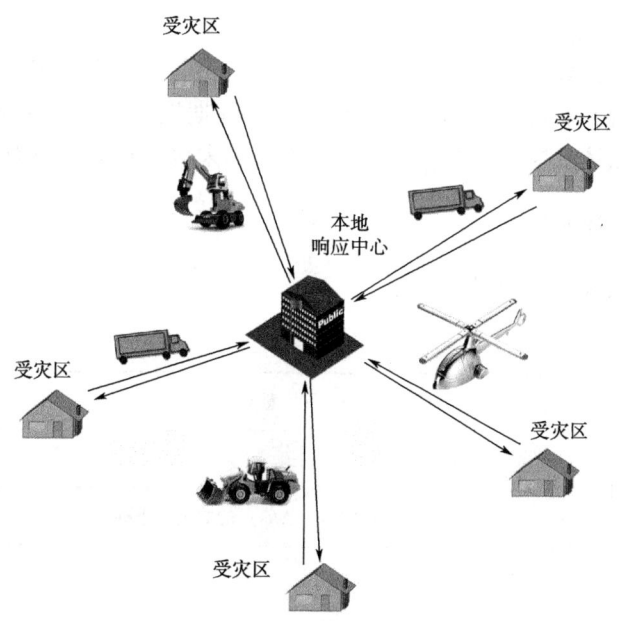

图2.1 人道主义物流供应链的结构

本部分的假设：

（1）计划周期设置为72个小时，并且将其划分成多个长度相等的时间周期。这些时间周期的长度可以根据实际进行设置。例如，可以将一个时间周期设为 4 小时①，则共需要做 18 个周期的决策；也可以将一个周期设为 6 小时，共需要做 12 个周期的决策。

(2) 灾难刚发生时物资通常会极度稀缺，因为预置的资源很有可能在灾害中被毁坏，外界供应的物资也很难在短时间内运输到本地响应中心，特别是在关键的 72 小时内。因此，假设本地响应中心每个时间周期内的资源容量为 1 个单位。也就是说，每个时间周期本地响应中心至多只能服务一个受灾区。这个假设对于灾难发生后的初期是合理的②。

(3) 参考假设（2），考虑到本地响应中心资源容量的限制，本部分假设每个受灾区在每个时间周期的需求为 1 个单位的物资。这个假设也是合理的，因为这与 Sphere 标准规定的灾民每日最少需求是一致的③，即灾民每个周期只需要最基本的需求。虽然这个假设的情况看似有些残酷，但是在灾害情况下是存在的，尤其是处于重大灾害的情况下。

(4) 本部分假设在计划周期开始时，所有受灾区还未感受到资源缺乏的痛苦。但受灾害的影响，受灾区已没有物资储备。

(5) 本部分假设受灾区的灾民一旦接收到物资，该地区灾民的痛苦就会消失，否则，痛苦会增加。

(6) 与 De Angelis 等②的研究类似，本章假设到货提前期为 1 个时间周期。也就是说，假设本地响应中心在某时间周期期初选择的服务对象是某个受灾区，那么该受灾区将会在该时间周期的期末接收到救灾物资。

2.2.2 符号定义

模型参数和变量符号见表 2.1。

表 2.1　模型参数和变量符号

符号	意义及说明
输入参数	
$|N|$	受灾区（AAs）的数量，下标为 i

---

① SHEU J B. An emergency logistics distribution approach for quick response to urgent relief demand in disasters [J]. Transportation research part E: logistics and transportation review, 2007, 43 (6): 687-709.

② DE ANGELIS V, MECOLI M, NIKOI C, et al. Multiperiod integrated routing and scheduling of world food programme cargo planes in angola [J]. Computers & operations research, 2007, 34 (6): 1601-1615.

③ SPHERE PROJECT. Humanitarian charter and minimum standards in disaster response [R]. Technical Report, Geneva: Sphere Association, 2011.

续表

符号	意义及说明
T	计划周期内的总时间周期数，下标为 t
L	每个时间周期的长度
D	每个时间周期一个受灾区的需求，根据假设（3），需求为1个单位物资
c_i	从本地响应中心到受灾区 i 运输1个单位物资的单位可达性成本
a	剥夺成本参数
b	剥夺成本参数
δ	剥夺时间
γ	剥夺成本函数
ξ_1	目标函数中可达性成本（AC）的权重
ξ_2	目标函数中基于起始状态的剥夺成本（SSDC）的权重
ξ_3	目标函数中期末惩罚成本（TPC）的权重
决策变量	
$Y_{i,t}$	二元变量，如果在周期 t 期初向受灾区 i 运送物资则等于1，否则等于0
$S_{i,t}$	受灾区 i 在周期 t 期初的起始状态
$S_{i,T+1}$	受灾区 i 在周期 $T+1$ 期初的起始状态，也是周期 T 的期末状态
Ω_i	计划周期内受灾区 i 的总可达性成本
$\Gamma(S_{i,t})$	受灾区 i 在周期 t 以 $S_{i,t}$ 作为起始状态的剥夺成本
$\Theta(S_{i,T+1})$	受灾区 i 在周期 T 期末以 $S_{i,T+1}$ 为期末状态的期末惩罚成本

2.2.3 性能指标

在介绍数学模型之前，先描述三个衡量分配策略绩效的指标，并从效率、有效性和公平性三个维度对物资的分配性能进行衡量。

2.2.3.1 效率指标：可达性成本

Gutjahr 和 Nolz 的研究指出：在现有研究中，效率指标通常是用运营成本计算的，例如，用运输成本、装卸成本、购买成本等表示[1]。在已有文献中，运输成本在传统研究中很大程度上是基于距离计算的。但是，这样的计算方法有一个明显的缺点，即无法考虑道路受损的程度、配送物资的难度。例如，有些受灾区只能通过小卡车才能到达，而有的受灾区在没有挖掘机等机械工具的帮助下则无法到达。基于这种考虑，本书使用可达性表征给受灾区配送物资的难易程度，用可达性成本替代运输成本[2]，表征救灾效率。在救灾情况下，这种替代方式比简单的用距离衡量运输成本显得更加合理。可达性成本是基于救灾专家的评估报告给出的。

本书用 c_i 表示从本地响应中心给受灾区 i 配送物资的可达性成本 AC。那么，计划周期内受灾区 i 的总可达性成本 Ω_i 为

$$\Omega_i = \sum_{t=1}^{T} c_i Y_{i,t} \tag{2-1}$$

其中，如果本地响应中心在周期 t 决定向受灾区 i 配送资源，则 $Y_{i,t} = 1$，否则 $Y_{i,t} = 0$。由此，可以计算出计划周期内所有受灾区的总可达性成本，记为 Z_1。

$$Z_1 = \sum_{i=1}^{|N|} \sum_{t=1}^{T} c_i Y_{i,t} \tag{2-2}$$

需要指出的是，算例的可达性成本 c_i 参考 Huang 等、Pérez-Rodríguez 和 Holguín-Veras 的研究设置。Huang 等的研究称，由于交通基础设施受到严重损坏，在救灾物资配送中，实际的运输时间要远多于平常的运输时间[3]。假设有 10 个受灾区等待服务，正常情况下这些受灾区到本地响应中心的运输时间分别为 {2, 2.5, 3, 3.5, 4, 4.5, 5, 5.5, 6, 6.5} 小时，那么在灾后救援中的实际运输时间可能会翻倍，即分别为 {4, 5, 6, 7, 8, 9, 10, 11, 12, 13} 小时。参考 Pérez-Rodríguez 和 Holguín-Veras 研究中的假设，救灾物资配送的单位运输成本为每小时 50 美元[4]。因此，这些受灾区的可达性成本分别

---

[1] GUTJAHR W J, NOLZ P C. Multicriteria optimization in humanitarian aid [J]. European journal of operational research, 2016, 252 (2): 351-366.

[2] PÉREZ-RODRÍGUEZ N, HOLGUÍN-VERAS J. Inventory-allocation distribution models for post-disaster humanitarian logistics with explicit consideration of deprivation costs [J]. Transportation science, 2015, 50 (4): 1261-1285.

[3] HUANG K, JIANG Y, YUAN Y, et al. Modeling multiple humanitarian objectives in emergency response to large-scale disasters [J]. Transportation research part E: logistics and transportation review, 2015 (75): 1-17.

[4] PÉREZ-RODRÍGUEZ N, HOLGUÍN-VERAS J. Inventory-allocation distribution models for post-disaster humanitarian logistics with explicit consideration of deprivation costs [J]. Transportation science, 2015, 50 (4): 1261-1285.

为{200, 250, 300, 350, 400, 450, 500, 550, 600, 650}美元。本部分的研究中用到的可达性成本均是基于以上设定。

2.2.3.2 有效性指标：基于起始状态的剥夺成本

Gralla 等在研究中指出，在人道主义物流中，有效性指标是衡量救灾服务质量的重要指标[①]。如上文所述，食物、药物或者医疗救援的缺乏会引起灾民的痛苦。一方面，越来越多的学者在人道主义物流的研究中引入这种痛苦衡量救灾服务的质量；另一方面，如何衡量这种痛苦是一件非常困难的事情。Holguín-Veras 等首次提出用剥夺成本（deprivation cost, DC）衡量灾民痛苦[②]。剥夺成本是灾民痛苦的一种经济评估，表示由于缺乏救灾物资或者救助而产生的痛苦，是 Holguín-Veras 等基于福利经济学，采用调查的方式得出的[③]。Holguín-Veras 等提出的公式（2-3）可以精确表达剥夺成本，并且后续研究发现这种表达方式能够很好地刻画灾民痛苦。Huang 等也指出，剥夺成本是可以用来衡量人道主义物流中救灾有效性的指标。

$$\gamma(\delta) = e^{a+b \cdot \delta} - e^{a} \quad (2-3)$$

其中 δ 表示剥夺时间，a 和 b 为剥夺成本参数。Holguín-Veras 等给出的剥夺成本函数是连续的，而本章研究的计划周期是离散的。为此，本书提出适用于本研究的修订剥夺成本作为救灾有效性指标，称为基于起始状态的剥夺成本（starting state-based deprivation cost, SSDC）。为了更好地描述基于起始状态的剥夺成本，本章先给出关于状态的定义。

定义1：假设计划周期被等分成相等的时间周期，每个时间周期长度设为 L 小时。那么定义 $S_{i,t}$ 为受灾区 i 在周期 t 的起始状态，表示截至周期 t 期初受灾区 i 的剥夺时间（仍未收到救灾物资的时长）所包含的周期个数。即 $S_{i,t} = \left\lceil \dfrac{\delta}{L} \right\rceil$，其中 δ 表示从上次补给耗尽到当前周期 t 期初的剥夺时间。特别的，定义 $S_{i,T+1}$ 为受灾区 i 在周期 T 的期末状态，表示从上次补给耗尽到计划周期期末的周期个数。

[①] GRALLA E, GOENTZEL J, FINE C. Assessing tradeoffs among multiple objectives for humanitarian aid delivery using expert preferences [J]. Production and operations management, 2014, 23 (6): 978-989.

[②] HOLGUÍN-VERAS J, JALLER M, VAN WASSENHOVE L N, et al. On the unique features of post-disaster humanitarian logistics [J]. Journal of operations management, 2012, 30 (7-8): 494-506.

[③] HOLGUÍN-VERAS J, PÉREZ-RODRÍGUEZ N, JALLER M, et al. On the appropriate objective function for post-disaster humanitarian logistics models [J]. Journal of operations management, 2013, 31 (5): 262-280.

根据定义1，状态 $S_{i,t}$ 的取值范围可以是 $\{0, 1, 2, \cdots\}$。例如，如果 $S_{i,t} = 0$，那么表示受灾区 i 刚好在周期 t 接收到补给；如果 $S_{i,t} = 2$，则表示从上一次补给消耗殆尽之后已经过去了两个时间周期。借鉴上述对状态的定义，基于起始状态的剥夺成本可以用等式（2-4）表示，刻画受灾区 i 的灾民在周期 t 将要承受的剥夺成本。

$$\Gamma(S_{i,t}) = \gamma(L \cdot (S_{i,t} + 1)) - \gamma(L \cdot S_{i,t}) \\ = (e^{b \cdot L} - 1) \cdot e^{a + b \cdot L \cdot S_{i,t}} \quad (2\text{-}4)$$

为了更直观地说明剥夺成本和基于起始状态的剥夺成本的关系，用图2.2（a）和（b）分别直观地将二者描绘出来。如图2.2（a）所示，剥夺成本随着剥夺时间的增加而指数增长。例如，$\gamma(36)$ 代表受灾区的灾民已经忍受了36小时剥夺时间的剥夺成本，意味着从上次补给消耗殆尽之后已经等待了36小时。以 $L=6$ 为例，将整个计划周期划分为13个相等的区间，那么基于起始状态的剥夺成本的函数如图2.2（b）所示，横坐标表示状态，例子中表示有13个状态。更具体的，用 Γ 表示基于起始状态的剥夺成本，$\Gamma(12) = \gamma(6 \times (12 + 1)) - \gamma(6 \times 12) = \gamma(78) - \gamma(72)$。因为 $a, b, L > 0$，$e^{b \cdot L} - 1 > 0$，所以基于起始状态的剥夺成本是单调、非线性的凸函数。因此，整个计划周期里所有受灾区的总基于起始状态的剥夺成本记为 Z_2，可以用等式（2-5）表示。

$$Z_2 = \sum_{i=1}^{|N|} \sum_{t=1}^{T} (e^{b \cdot L} - 1) \cdot e^{a + b \cdot L \cdot S_{i,t}} \quad (2\text{-}5)$$

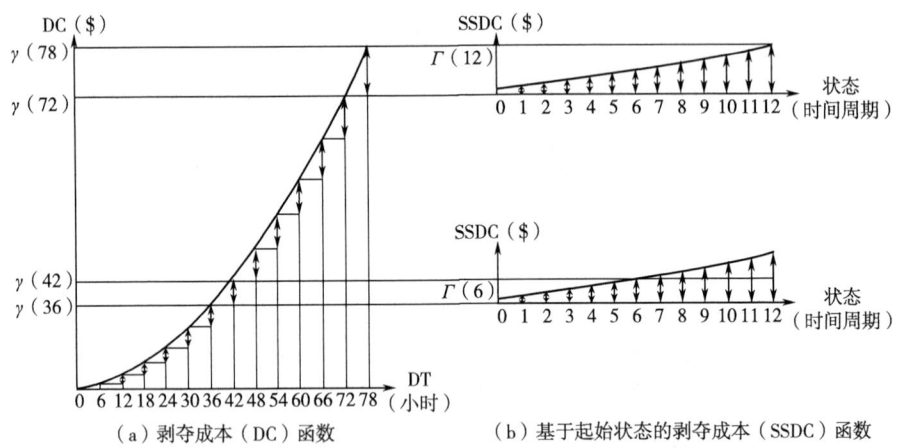

图 2.2 剥夺成本和基于起始状态的剥夺成本函数

2.2.3.3 公平性指标：期末惩罚成本

Gutjahr 和 Nolz 的研究指出，救灾物资分配的公平性体现在灾民之间的平等分配。在人道主义物流研究中，公平性指标有不同的表述和研究[①]。例如，可以用需求满足率或者需求满足率的方差表示公平性。基于对灾民在计划周期结束时生理和心理健康状况的考虑，本书采用期末状态表示灾民在计划周期末接受到的服务质量。进而，本书采用基于期末状态的期末惩罚成本（terminal penalty cost，TPC）刻画计划周期末灾民的痛苦程度，体现公平性指标。引入期末惩罚成本的目的，是为了避免在规划期末时，有灾民处于严重的不利地位，以保证所有灾民在计划周期结束之后面对未来挑战时都有相对合理和公平的状况。

图 2.3 通过具体例子解释考虑期末惩罚成本的必要性。假设灾害袭击了 A 和 B 两个地区，计划周期为 5 天，到货提前期为 1 天。计划周期设置为 5 天是因为参考 Holguín-Veras 等的研究，受灾区灾民缺水 5 天之后很可能会死亡。假设本地响应中心做出的决策是前 4 天都服务受灾区 A，那么在第 5 天开始时，受灾区 A 并没有缺水，而受灾区 B 已经忍受了 4 天缺水。这时本地响应中心需要做出第 5 个周期的分配决策。

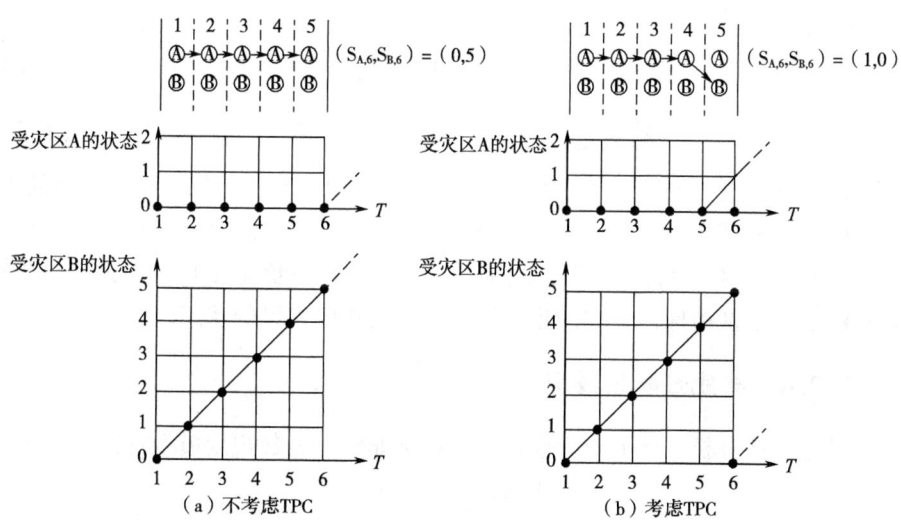

图 2.3 期末惩罚成本重要性

图 2.3（a）和（b）显示了以下两种情形：（a）不考虑期末惩罚成本；

---

① GUTJAHR W J, NOLZ P C. Multicriteria optimization in humanitarian aid [J]. European journal of operational research, 2016, 252 (2): 351-366.

（b）考虑期末惩罚成本。通过比较可以发现，最后一个周期本地响应中心无论服务受灾区 A 还是受灾区 B，前 5 天的总剥夺成本都是一样的，因为前 5 天受灾区 A 和 B 的状态变化是相同的。但是，在情形（a）中，本地响应中心在周期 5 的决策是服务受灾区 A，导致受灾区 A 和 B 的期末状态分别是 0 和 5。而情形（b）中，本地响应中心在周期 5 的决策是服务受灾区 B，导致受灾区 A 和 B 的期末状态分别为 1 和 0。相比较而言，情形（a）中受灾区 B 的灾民很有可能因为 5 天的长时间缺水而死亡，而情形（b）中受灾区 B 不缺水，而受灾区 A 仅缺水 1 天。因此，更为推荐情形（b）的决策方案，也说明本地响应中心在制定分配方案时，有必要考虑期末惩罚成本。

因此，期末惩罚成本可以用作公平性指标。根据 Holguín-Veras 等的研究，可以用两种函数形式刻画惩罚成本：可变惩罚函数（variable penalty function）和常值惩罚函数（constant penalty function）。这两种函数形式都是关于剥夺时间的函数。可变惩罚函数往往采用分段线性函数来近似惩罚对于剥夺时间的非线性。常值惩罚函数定义一个阈值，若剥夺时间超过这个阈值，则给一个常数值的惩罚。这两种刻画方式中，可变惩罚函数能够很好地体现期末惩罚成本的特征。因此，为了简单起见，本书采用等式（2-6）表示期末惩罚成本。整个计划周期内所有受灾区的总期末惩罚成本记为 Z_3，用等式（2-7）表示。

$$\Theta(S_{i,\,T+1}) = \Gamma(S_{i,\,T+1}) \tag{2-6}$$

$$Z_3 = \sum_{i=1}^{|N|} \sum_{t=1}^{T} (e^{b \cdot L} - 1) \cdot e^{a + b \cdot L \cdot S_{i,\,T+1}} \tag{2-7}$$

等式（2-5）和等式（2-7）虽然表达式相同，本质上都是剥夺时间的函数，但表示的指标和侧重点却不相同。等式（2-5）表示的是有效性指标，关注的是受灾区灾民在计划周期内、分配过程中的状态变化。等式（2-7）表示的是公平性指标，关注的是计划周期末受灾区灾民的状态。

2.2.4 非线性规划模型

基于上述分析，将研究问题构建为如下非线性整数规划模型（NLP）。

$$\min \xi_1 Z_1 + \xi_2 Z_2 + \xi_3 Z_3 \tag{2-8}$$

$$\text{s.t.} \quad \sum_{i=1}^{|N|} Y_{i,\,t} = 1, \quad \forall t = 1, 2, \cdots, T \tag{2-9}$$

$$S_{i,\,t+1} = (1 - Y_{i,\,t})(S_{i,\,t} + D), \quad \forall i = 1, 2, \cdots, |N|, \; t = 1, 2, \cdots, T \tag{2-10}$$

$$S_{i,\,1} = 0, \quad \forall i = 1, 2, \cdots, |N| \tag{2-11}$$

$$S_{i,\,t} \in \mathbb{N} \; \forall i = 1, 2, \cdots, |N|, \; t = 1, 2, \cdots, T+1 \tag{2-12}$$

$$Y_{i,t} \in \{0, 1\}, \quad \forall i = 1, 2, \cdots, |N|, \quad t = 1, 2, \cdots, T \qquad (2\text{-}13)$$

目标函数（2-8）最小化总成本，包含三部分：可达性成本（Z_1）、基于起始状态的剥夺成本（Z_2）、期末惩罚成本（Z_3）。约束（2-9）限定每个时间周期本地响应中心只能服务一个受灾区。约束（2-10）是状态转移方程，表示一旦受灾区 i 接受到了救灾物资，其状态变为 0，否则其状态在原来基础上增加 1 个单位。约束（2-11）设置所有受灾区在计划周期开始时的状态为 0。约束（2-12）和（2-13）定义了每个决策变量的范围。

上述模型中目标函数包含了指数部分，约束中含有二次项，使得直接求解该模型十分困难。为了较为容易地求解该问题，本章提出上述模型的等价动态规划模型。在引入等价动态规划模型之前，由于非线性整数规划模型为多目标规划模型，接下来先讨论针对多目标的处理。

2.2.5 多目标函数的讨论

目前，在多目标规划问题（multicriteria optimization problem，MOP）的研究中，主要有两种方式处理多目标函数：一是将多个目标组合成单一的复合函数，如加权求和方法（weighted sum method，WSM）；二是只优化一个目标，同时将其他目标作为约束，如 ε-约束方法[1]。本节将应用加权求和方法处理上文所述模型的三个指标的目标函数，然后用 Mavrotas、Mavrotas 和 Florios 提出的增广 ε-约束方法（the augmented ε-constraint Method，AUGMECON）寻找帕累托前沿（Pareto frontier）和有效解[2][3]。本节通过对比两种处理多目标的方法，说明采用加权求和法处理三个性能指标的合理性。

2.2.5.1 多目标优化的加权求和法

如 Gutjahr 和 Nolz 指出的，人道主义物流是一个多目标决策问题，比传统商业物流涉及更多需要权衡的目标[4]。为了研究救灾物资分配模型非线性整数规划里目标函数（2-8）中权重 ξ_1、ξ_2、ξ_3 的作用，本节将测试十组不同权重的算例，结果见表 2.2。10 个算例可以划分成三组：只考虑单一目标（算例 1，2，3），平等考虑两个目标（算例 4，5，6），同时考虑三个目标（算例

---

[1] EHRGOTT M. Multicritena optimization [M]. Spring Science & Business Media, 2005.

[2] MAVROTAS G. Effective implementation of the ε-constraint method in multi-objective mathematical programming problems [J]. Applied mathematics and computation, 2009, 213 (2): 455-465.

[3] MAVROTAS G, FLORIOS K. An improved version of the augmented ε-constraint method (augmecon2) for finding the exact pareto set in multi-objective integer programming problems [J]. Applied mathematics and computation, 2013, 219 (18): 9652-9669.

[4] GUTJAHR W J, NOLZ P C. Multicriteria optimization in humanitarian aid [J]. European journal of operational research, 2016, 252 (2): 351-366.

7, 8, 9, 10)。

对于第一组算例,算例 1 只考虑了目标 Z_1 而忽略了目标 Z_2 和 Z_3;算例 2 只考虑了目标 Z_2 而忽略目标 Z_1 和 Z_3;算例 3 只考虑了目标 Z_3 而忽略了目标 Z_1 和 Z_2。算例 1 的结果显示,如果只考虑可达性成本,则本地响应中心只会服务那些更容易到达的受灾区,而不会顾及其他受灾区灾民忍受的剥夺时间;算例 2 的结果显示,如果只有基于起始状态的剥夺成本被考虑,尽管受灾区 B 和 C 比 A 更难以到达,但这两个地区更有可能被服务;算例 3 的结果显示,如果只考虑期末惩罚成本,那么算例 3 中受灾区的期末状态要比算例 1 和算例 2 的都要好,但是受灾区 A 和 B 的最大状态(在计划周期过程中将要忍受最长剥夺时间)要比其他两个算例的结果差。

对于第二组算例,算例 4,5,6 分别只平等地考虑两个目标。算例 4 平等地考虑可达性成本和基于原始状态的剥夺成本,结果表明可达性成本更小的地区接受到的服务频率会更高;算例 5 平等地考虑可达性成本和期末惩罚成本,结果表明尽管该算例的期末状态相对更小,但物资并没有被公平分配;算例 6 平等地考虑基于原始状态的剥夺成本和期末惩罚成本,虽然得到的结果与算例 4 类似,但在实际中,不考虑可达性成本的人道主义物流是不实际的。

对于第三组算例,权重的设置参考了 Huang 等的研究中对权重的设置①。目标的权重不同代表了该目标受到的重视程度不同。

算例 7 平等地考虑了三个目标,而算例 8,9,10 分别给予其中一个目标更高的权重,同时保持其他两项相对较低的权重。当可达性成本被给予较高权重时(如算例 8),结果表明可达性成本更小的受灾区更有可能得到服务。如果基于原始状态的剥夺成本得到更多的重视(如算例 9),结果与算例 7 类似,唯一的区别在于解不同。当期末惩罚成本得到更多重视时(如算例 10),结果与算例 7 完全一致。第三组算例的结果表明,目标基于原始状态的剥夺成本和期末惩罚成本都倾向于更公平的分配。

综上可以看出,考虑可达性成本可以使模型更加符合实际,而考虑基于原始状态的剥夺成本和期末惩罚成本可以减轻灾后物资分配中的灾民痛苦。因此,在实际操作中,应该同时考虑三个目标以保证效率、有效性和公平性。

---

① HUANG K, JIANG Y, YUAN Y, et al. Modeling multiple humanitarian objectives in emergency response to large-scale disasters [J]. Transportation research part E: logistics and transportation review, 2015 (75): 1-17.

表 2.2 多目标加权求和法求解结果

算例	算例权重	目标值	可达性成本	基于原始状态的剥夺成本	期末惩罚成本	期末状态	决策	状态
1	{1, 0, 0}	1 600.00	1 600	33 378.27	53 673.01	(0, 8, 8)	A–A–A–A–A–A	A: 0-0-0-0-0-0-0-0 B: 0-1-2-3-4-5-6-7-8 C: 0-1-2-3-4-5-6-7-8
2	{0, 1, 0}	890.20	2 050	890.20	265.57	(3, 1, 0)	B–A–C–B–A–C–B–C	A: 0-1-0-1-2-0-1-2-3 B: 0-0-1-2-0-1-2-0-1 C: 0-1-2-0-1-2-0-1-0
3	{0, 0, 1}	129.31	2 100	2 251.33	129.31	(0, 2, 1)	C–C–C–A–C–B–B–C–A	A: 0-1-2-3-4-0-1-2-3-4-0 B: 0-1-2-3-4-0-0-1-2-0-1-2
4	{1/2, 1/2, 0}	1 420.10	1 950	890.20	129.31	(0, 1, 2)	B–A–C–B–A–C–B–A	A: 0-1-0-1-2-0-1-2-0 B: 0-0-1-2-0-1-2-0-1 C: 0-1-2-0-1-2-0-1-2
5	{1/2, 0, 1/2}	939.66	1 750	23 137.51	129.31	(2, 1, 0)	A–A–A–A–A–A–B–C	A: 0-1-2-3-4-5-6-0-1 B: 0-0-0-0-0-0-0-1-2 C: 0-1-2-3-4-5-6-7-0

33

续表

算例	算例权重	目标值	可达性成本	基于原始状态的剥夺成本	期末惩罚成本	期末状态	决策	状态
6	{0, 1/2, 1/2}	509.75	2 000	890.20	129.31	(0, 2, 1)	C-A-B-C-A-B-C-A	A: 0-1-0-1-2-0-1-2-0 B: 0-1-2-0-1-2-0-1-2 C: 0-0-1-2-0-1-2-0-1
7	{1/3, 1/3, 1/3}	989.84	1 950	890.20	129.31	(1, 0, 2)	A-B-C-A-B-C-A-B	A: 0-1-2-0-1-2-0-1 B: 0-0-1-2-0-1-2-0 C: 0-0-1-2-0-1-2-0-1
8	{2/3, 1/6, 1/6}	1 467.99	1 900	890.20	317.75	(0, 3, 2)	A-B-C-A-B-C-A-A	A: 0-1-0-1-2-0-1-2-3 B: 0-0-1-2-0-1-2-0-1 C: 0-0-1-2-0-1-2-0-1
9	{1/6, 2/3, 1/6}	940.02	1 950	890.20	129.31	(0, 1, 2)	B-A-C-B-A-C-B-A	A: 0-1-2-0-1-2-0-1 B: 0-1-0-1-2-0-1-2-0 C: 0-0-1-2-0-1-2-0-1
10	{1/6, 1/6, 2/3}	559.57	1 950	890.20	129.31	(1, 0, 2)	A-B-C-A-B-C-A-B	A: 0-0-1-2-0-1-2-0-1 B: 0-1-0-1-2-0-1-2-0 C: 0-1-2-0-1-2-0-1-2

2.2.5.2 增广 ε-约束法

Mavrotas 的研究指出，即使使用不同的权重，加权求和法也容易陷入相同的有效解，不能够找全所有有效解[①]。因此，本节将 Mavrotas 提出的增广 ε-约束方法（AUGMECON）应用到模型中权衡多个目标。

增广 ε-约束法的基本思想是首先以字典序优化每个单目标模型，以此构建收益表，然后通过引入非负松弛或剩余变量将非优先目标转化为等式约束，最后通过把这些优先目标和引入的松弛或剩余变量加权求和增广目标函数。通过该思想，首先把非线性整数规划模型中的目标 Z_1 作为优先项，可以改写成：

$$(\text{NLP1}) \quad \min Z_1 + eps \times \left(\frac{s_2}{r_2} + \frac{s_3}{r_3} \right) \tag{2-14}$$

$$\text{s.t.} \quad (2\text{-}9) \sim (2\text{-}13)$$

$$Z_2 + s_2 = e_2 \tag{2-15}$$

$$Z_3 + s_3 = e_3 \tag{2-16}$$

其中，eps 表示一个足够小的数（通常取值在 10^{-3} 和 10^{-6} 之间），r_2 和 r_3 分别表示目标 Z_2 和 Z_3 的范围，s_2 和 s_3 为非负松弛变量，e_2 和 e_3 分别为目标 Z_2 和 Z_3 的约束水平。特别的，$e_2 = ub_2 - \frac{r_2}{g_2}$，而 $e_3 = ub_3 - \frac{r_3}{g_3}$，其中 g_2 和 g_3 分别表示目标 Z_2 和 Z_3 范围内的网格点数量，ub_2 和 ub_3 分别为 Z_2 和 Z_3 的上界。

图 2.4 展示了增广 ε-约束法的流程图，其中 $neff$ 表示产生的有效解数目。如图所示，本节依次将 Z_1、Z_2、Z_3 中的一项作为优先项，同时将其他两个非优先项转化为约束。求解结果如表 2.3 所示。从表 2.3 中可以看出，对于算例 1，2，4，7，8，9，10，使用加权求和方法求解的结果全部都在增广 ε-约束法得到的帕累托前沿里。

总的来说，对于使用增广 ε-约束法可以相对更容易求得帕累托前沿，而加权求和方法可以很简单地求得帕累托前沿上的一个解。针对本书的研究，并不需要求得所有的有效解，因此加权求和对于本书的研究是有效的。此外，在实际应用中决策者往往并不需要找出所有的最优解，找到一个他们感兴趣的解往往更重要。从这个角度来说，决策者根据他们的经验选择权重是有意义的。此外，求解一个解通常要比获取整个帕累托前沿耗费更少的计算资源。因此，加权求和方法更适用于本书的问题。下文将权重设置为 $\left\{ \frac{1}{3}, \frac{1}{3}, \frac{1}{3} \right\}$。

[①] MAVROTAS G. Effective implementation of the ε-constraint method in multi-objective mathematical programming problems [J]. Applied mathematics and computation, 2009, 213 (2): 455-465.

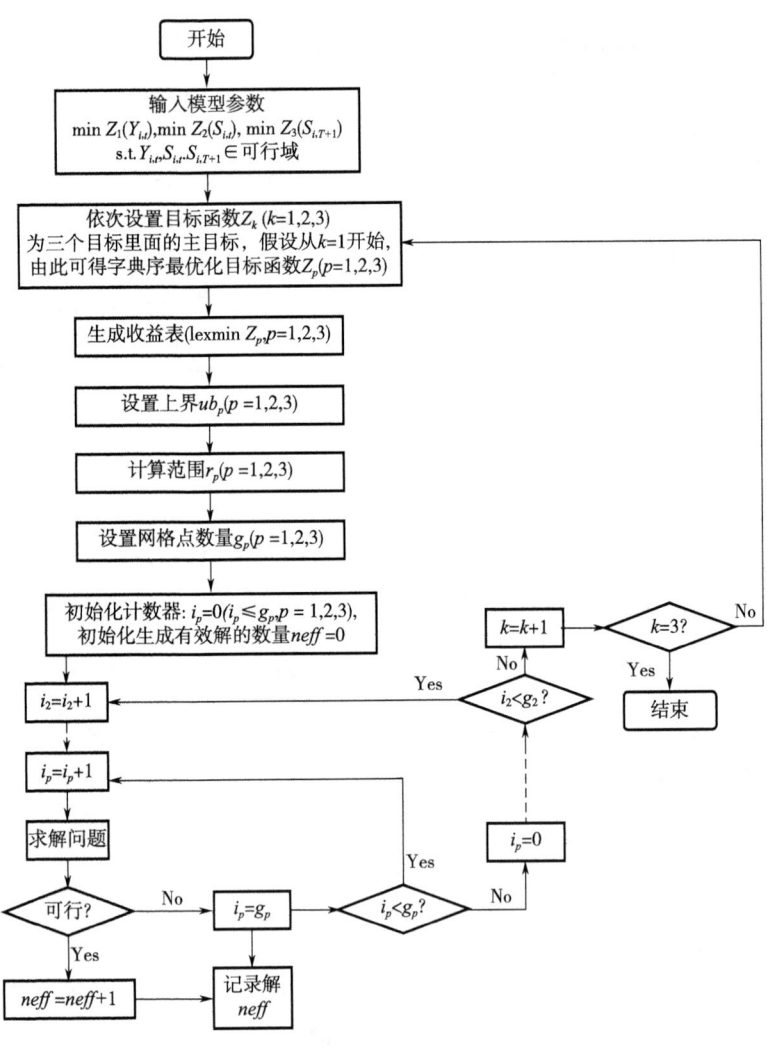

图 2.4 增广 ε -约束法流程图

表 2.3 增广 ε -约束法求解结果

算例	单目标 Z_1		单目标 Z_2		单目标 Z_3	
	目标值	决策	目标值	决策	目标值	决策
1	1 600.0000	A-A-A-A-A-A-A	890.1965	C-B-A-C-B-A-C-A	129.3109	C-C-B-C-C-B-A
2	1 599.9998	A-A-A-A-A-A-A	890.1962	B-C-A-B-C-A-B-C	129.3113	C-B-A-C-B-A-C-B
3	1 599.9996	A-A-A-A-A-A-A	890.1963	A-B-C-A-B-C-A-A	129.3111	C-B-B-A-C-B-A-C

续表

算例	单目标 Z_1		单目标 Z_2		单目标 Z_3	
	目标值	决策	目标值	决策	目标值	决策
4	1 599.9994	A-A-A-A-A-A-A-A	890.1959	B-A-C-B-A-C-B-B	129.3107	B-C-B-C-B-A-B-C
5	1 599.9992	A-A-A-A-A-A-A-A	890.1958	A-B-C-A-B-C-A-B	129.3109	C-C-B-C-C-C-B-A
6	1 599.9990	A-A-A-A-A-A-A-A	890.1956	B-A-C-B-A-C-B-A	129.3113	C-B-A-B-C-A-C-B
7	1 599.9998	A-A-A-A-A-A-A-A	890.1962	B-C-A-B-C-A-B-C	129.3111	C-B-B-A-C-B-A-C
8	1 599.9996	A-A-A-A-A-A-A-A	890.1960	C-A-B-C-A-B-C-B	129.3107	B-C-B-C-B-A-B-C
9	1 599.9994	A-A-A-A-A-A-A-A	890.1960	A-B-C-A-B-C-A-B	129.3109	C-C-B-C-C-C-B-A
10	1 599.9992	A-A-A-A-A-A-A-A	890.1955	C-B-A-C-B-A-C-C	129.3113	C-B-A-B-C-A-C-B
11	1 599.9990	A-A-A-A-A-A-A-A	890.1954	C-B-A-C-B-A-C-B	129.3111	C-B-B-A-C-B-A-C
12	1 599.9988	A-A-A-A-A-A-A-A	890.1953	A-B-C-A-B-C-A-C	129.3107	B-C-B-C-B-A-B-C
13	1 599.9996	A-A-A-A-A-A-A-A	890.1961	C-B-A-C-B-A-C-A	129.3118	B-C-C-B-C-C-B-A
14	1 599.9994	A-A-A-A-A-A-A-A	890.1959	B-C-A-B-C-A-B-B	129.3120	B-C-C-B-C-A-C-B
15	1 599.9992	A-A-A-A-A-A-A-A	890.1956	B-A-C-B-A-C-B-C	129.3113	C-B-A-B-C-A-C-B
16	1 599.9990	A-A-A-A-A-A-A-A	890.1955	C-B-A-C-B-A-C-A	129.3111	C-B-B-A-C-B-A-C
17	1 599.9988	A-A-A-A-A-A-A-A	890.1953	A-C-B-A-C-B-A-C	129.3107	B-C-B-C-B-A-B-C
18	1 599.9986	A-A-A-A-A-A-A-A	890.1950	B-A-C-B-A-C-B-C	129.3109	C-C-B-C-C-C-B-A
19	1 599.9994	A-A-A-A-A-A-A-A	890.1957	C-B-A-C-B-A-C-C	129.3113	C-B-A-B-C-A-C-B
20	1 599.9992	A-A-A-A-A-A-A-A	890.1959	A-C-B-A-C-B-A-A	129.3111	C-B-B-A-C-B-A-C
21	1 599.9990	A-A-A-A-A-A-A-A	890.1953	C-B-A-C-B-A-C-C	129.3107	B-C-B-C-B-A-B-C
22	1 599.9988	A-A-A-A-A-A-A-A	890.1954	B-C-A-B-C-A-B-A	129.3120	C-B-A-C-B-A-C-B
23	1 599.9986	A-A-A-A-A-A-A-A	890.1949	C-B-A-C-B-A-C-C	129.3112	B-C-C-B-C-C-B-A
24	1 599.9984	A-A-A-A-A-A-A-A	890.1948	C-A-B-C-A-B-C-B	129.3113	C-B-A-B-C-A-C-B
25	1 599.9992	A-A-A-A-A-A-A-A	890.1956	C-A-B-C-A-B-C-B	129.3111	C-B-B-A-C-B-A-C
26	1 599.9990	A-A-A-A-A-A-A-A	890.1953	C-B-A-C-B-A-C-B	129.3107	B-C-B-C-B-A-B-C
27	1 599.9988	A-A-A-A-A-A-A-A	890.1953	A-C-B-A-C-B-A-C	—	—
28	1 599.9986	A-A-A-A-A-A-A-A	890.1949	C-A-B-C-A-B-C-C	—	—

续表

算例	单目标 Z_1		单目标 Z_2		单目标 Z_3	
	目标值	决策	目标值	决策	目标值	决策
29	1 599.9984	A-A-A-A-A-A-A	890.1947	C-B-A-C-B-A-C-C	—	—
30	1 599.9982	A-A-A-A-A-A-A	890.1945	C-B-A-C-B-A-C-C	—	—
31	1 599.9990	A-A-A-A-A-A-A	890.1953	C-B-A-C-B-A-C-C	—	—
32	1 599.9988	A-A-A-A-A-A-A	890.1954	A-B-C-A-B-C-A-B	—	—
33	1 599.9986	A-A-A-A-A-A-A	890.1948	A-B-C-A-B-C-A-B	—	—
34	1 599.9984	A-A-A-A-A-A-A	890.1946	A-B-C-A-B-C-A-B	—	—
35	1 599.9982	A-A-A-A-A-A-A	890.1941	C-B-A-C-B-A-C-C	—	—
36	1 599.9980	A-A-A-A-A-A-A	—	—	—	—

2.3 动态规划算法

本节先将非线性规划模型转化为等价动态规划模型,然后通过一个演示算例展示动态规划算法的过程,最后对动态规划算法的计算时间和求解质量进行数值实验验证。

2.3.1 等价动态规划模型

为了有效地处理非线性整数规划模型中的非线性项带来的求解难度,本节将设计该模型的一个等价动态规划模型。该模型相关的定义如下:

阶段(stage):也叫时间周期,一个时间周期称为一个阶段,用 t 表示。在本书中,阶段和周期会根据需要交替使用,但表示的是相同的意义。

决策(decision):用 $Y_t = (Y_{1,t}, Y_{2,t}, \cdots, Y_{|N|,t})$ 表示,在周期 t 期初如果本地响应中心决定要给受灾区 i 配送物资,那么 $Y_{i,t} = 1$,否则 $Y_{i,t} = 0$。本书假设本地响应中心在每个周期期初做决策。

状态(state):用 $S_t = (S_{1,t}, S_{2,t}, \cdots, S_{|N|,t})$ 表示。$S_{i,t}$ 表示受灾区 i 从上一次补给耗尽到当前周期 t 期初连续忍受的时间周期数。如假设(4)所述,在周期1期初所有受灾区的初始状态都为"0"。本章假设受灾区一旦收到救灾物资,其状态变成"0",否则,其状态在原来基础上加1。

期末状态(final state):由 $S_{T+1} = (S_{1,T+1}, S_{2,T+1}, \cdots, S_{|N|,T+1})$ 表示。$S_{i,T+1}$ 表示受灾区 i 在时间周期 $T+1$ 期初的状态,同时也表示该受灾区在周期

T 的期末状态。

状态转移（State Transition）：状态转移方程为 $S_{i,t+1}=(1-Y_{i,t})(S_{i,t}+D)$，其中 D 表示受灾区 i 在周期 t 的需求。每个周期每个受灾区的需求假设为 1 个单位。

等价动态规划模型（DP）如下：

$$\begin{cases} f_t(S_{1,t}, S_{2,t}, \cdots, S_{|N|,t}) = \min_{Y_{i,t}} \left\{ \xi_1 \sum_{i=1}^{|N|} c_i Y_{i,t} + \xi_2 \sum_{i=1}^{|N|} \Gamma(S_{i,t}) + f_{t+1}(S_{1,t+1}, \cdots, S_{|N|,t+1}) \right\} \\ \text{s.t. } (2-9) \sim (2-13) \\ f_{T+1}(S_{1,T+1}, S_{2,T+1}, \cdots, S_{|N|,T+1}) = \xi_3 \sum_{i=1}^{|N|} \Gamma(S_{i,T+1}) \end{cases}$$

(2-17)

其中 f_{T+1} 是计划周期期末惩罚成本，f_t 是从周期 t 到计划周期 T 期末的最优成本。

2.3.2 演示算例

本节将展示动态规划模型的计算过程，演示算例包含一个本地响应中心和两个受灾区 A 和 B。受灾区 A 和 B 的可达性成本分别设为 200 美元和 250 美元。参考 Pradhananga 等，剥夺成本参数 a 和 b 分别设置为 2.04 和 0.24[①]。受灾区 A 和 B 的初始状态设置为 $(S_{A,1}, S_{B,1}) = (0, 0)$。为了清楚地演示计算过程，本算例的计划周期设置为 3 个时间周期。求解过程如下。

步骤 1：计算边界条件。经过 3 个时间周期后，计划周期（$t=4$）所有可能的期末状态为 $(S_{A,4}, S_{B,4}) \in \{(1,0), (0,1), (2,0), (0,2), (3,0), (0,3)\}$。期末惩罚成本（$f_4^*$）如表 2.4 第一部分所示。

步骤 2：时间周期 $t=3$ 的可能状态为 $(S_{A,3}, S_{B,3}) \in \{(1,0), (0,1), (2,0), (0,2)\}$，可选择决策为 $(Y_{A,3}, Y_{B,3}) \in \{(1,0), (0,1)\}$。然后从周期 $t=3$ 到规划期末的可能成本通过比较 $f_3(S_{A,3}, S_{B,3}) = \xi_1 \sum_{i=1}^{2} c_i Y_{i,3} + \xi_2 \sum_{i=1}^{2} \Gamma(S_{i,3}) + f_4$ 得到。

步骤 3：重复步骤 2，表 2.4 分别显示了周期 $t=2$ 和 $t=1$ 的最小总成本（f_2^*）和（f_1^*），目标函数的最小值为 $f_1^* = 776\,351.88$。

步骤 4：通过前向回溯的方式获得 Y_t 的最优解，本算例的最优分配策略

---

① PRADHANANGA R, MUTLU F, POKHAREL S, et al. An integrated resource allocation and distribution model for pre-disaster planning [J]. Computers & industrial engineering, 2016 (91): 229-238.

为{(1, 0), (0, 1), (1, 0)},即 A–B–A。

表 2.4 动态规划求解过程

步骤	S_t	S_{t+1}	$f_t = \xi_1 \sum_{i=1}^{2} c_i Y_{i,t} + \xi_2 \sum_{i=1}^{2} \Gamma(S_{i,t}) + f_{t+1}^*$	f_t^*	Y_t^*
1	(1, 0)		1/3 × (772 080.36 + 2 432.91)	258 171.09	
	(0, 1)		1/3 × (2 432.91 + 772 080.36)	**258 171.09**	
	(2, 0)		1/3 × (245 018 411.14 + 2 432.91)	81 673 614.68	
	(0, 2)		1/3 × (2 432.91 + 245 018 411.14)	81 673 614.68	
	……		……	……	
2	(0, 2)	(1, 0)	$\frac{1}{3}$×250+$\frac{1}{3}$ (2 432.91+245 018 411.14) +258 171.09	81 931 869.11	(0, 1)
	(1, 0)	(0, 1)	$\frac{1}{3}$×200+$\frac{1}{3}$ (772 080.36+2 432.91) +258 171.09	**516 408.85**	(1, 0)
	(1, 0)	(2, 0)	$\frac{1}{3}$×250+$\frac{1}{3}$ (772 080.36+2 432.91) +81 673 614.68	81 931 869.11	(0, 1)
	(0, 1)	(0, 2)	$\frac{1}{3}$×200+$\frac{1}{3}$ (2 432.91+772 080.36) +81 673 614.68	81 931 852.44	(1, 0)
	(0, 1)	(1, 0)	$\frac{1}{3}$×250+$\frac{1}{3}$ (2 432.91+772 080.36) +258 171.09	516 425.51	(0, 1)
	(2, 0)	(0, 1)	$\frac{1}{3}$×200+$\frac{1}{3}$ (245 018 411.14+2 432.91) +258 171.09	81 931 852.44	(1, 0)
	……	……	……	……	……
3	(0, 1)	(0, 2)	$\frac{1}{3}$×200+$\frac{1}{3}$ (2 432.91+772 080.36) +81 931 869.11	82 190 106.86	(1, 0)
	(0, 1)	(1, 0)	$\frac{1}{3}$×250+$\frac{1}{3}$ (2 432.91+772 080.36) +516 408.85	**774 663.27**	(0, 1)
	(1, 0)	(0, 1)	$\frac{1}{3}$×200+$\frac{1}{3}$ (772 080.36+2 432.91) +516 425.51	774 663.27	(1, 0)
	(1, 0)	(2, 0)	$\frac{1}{3}$×250+$\frac{1}{3}$ (772 080.36+2 432.91) +81 931 852.44	82 190 106.86	(0, 1)
4	**(0, 0)**	(0, 1)	1/3 ×200+1/3 × (2 432.91+2 432.91) +774 663.27	**776 351.88**	(1, 0)
	(0, 0)	(1, 0)	1/3 ×250+1/3 × (2 432.91+2 432.91) +774 663.27	776 368.54	(0, 1)

2.3.3 数值实验

本节通过大量的数值实验评估等价动态规划模型的有效性。使用 Matlab 8.6.0.267246（R2015b）进行求解，所有结果都是在配置为 3.1GHz CPU 和 16G 内存的计算机上完成的。

2.3.3.1 动态规划算法计算性能

本节从动态规划算法求解状态规模和计算时间对动态规划算法进行评估。首先，用 $S_t = (S_{1,t}, S_{2,t}, \cdots, S_{|N|,t})$ 表示时间周期 t 的状态集，那么动态规划算法基于周期的所有状态规模大小可以通过 $\sum_{t=1}^{T+1}|S_t|$ 精确计算得到，见表 2.5。其中，状态规模最大的为算例 P(5-15)，表示需要制定服务 5 个受灾区、共 15 个时间周期的分配计划，其状态规模为 553 636。从表 2.5 中看出，状态规模随着受灾区个数的增多而急剧增加。具体地说，当受灾区个数小于 5 时，状态规模随着周期变长增长并不明显，而当受灾区个数大于 5 时，尽管周期很短，状态规模也会急剧增大。

表 2.5 动态规划算法求解不同算例的状态规模

AAs	T					
	3	6	9	12	15	18
2	13	43	91	157	241	343
3	34	229	748	1 753	3 406	5 869
4	73	1 045	5 509	18 001	45 001	94 933
5	136	4 051	36 046	169 021	553 636	—
6	229	13 327	207 775	—	—	—
7	358	37 633	—	—	—	—
8	529	93 289	—	—	—	—
9	748	207 775	—	—	—	—
10	1 021	424 051	—	—	—	—

另外，表 2.6 给出了各算例的求解时间，其中耗时最长的为算例 P(10-6)，即要制定服务 10 个受灾区、共 6 个时间周期的分配计划，共耗费了 21 420.06 秒。表 2.6 表明，计算时间会随着受灾区数量的增加而急剧增大。具体而言，当受灾区小于 5 时，计算时间增长比较缓慢，而当受灾区大于 5

之后，求解时间急剧增加。如受灾区数量为 10 时，尽管时间周期只为 3，其求解时间已经达到 15 990.43 秒。综上，表 2.5 和表 2.6 的结果表明，动态规划方法可以较好地处理只有 5 个受灾区以内的情况。

表 2.6　动态规划算法求解不同算例的计算时间（秒）

AAs	T					
	3	6	9	12	15	18
2	0.32	0.51	0.73	1.56	0.18	0.30
3	0.92	1.32	2.50	3.94	2.94	4.94
4	3.35	5.06	13.38	29.48	4.19	114.56
5	20.44	25.39	83.79	877.49	6 253.38	—
6	172.45	187.66	1 807.49	—	—	—
7	1 808.62	1 853.06	—	—	—	—
8	8 768.71	9 053.49	—	—	—	—
9	14 712.48	15 988.96	—	—	—	—
10	15 990.43	21 420.06	—	—	—	—

2.3.3.2　动态规划算法求解质量

为了分析时间周期和受灾区数量对目标值的影响，本节将研究 5 组算例的成本组成。5 组算例的时间周期分别为 3，6，12，15，18。从表 2.7 可以看出，基于起始状态的剥夺成本和期末惩罚成本在总成本中的占比随着受灾区增加而增加，而可达性成本刚好相反。原因是一个本地响应中心需要覆盖的受灾区越多，则每个受灾区在两次收货之间需要等待的时间就越长。从表 2.7 可以看出，随着计划周期增加，基于起始状态的剥夺成本和期末惩罚成本增长得更加明显，而可达性成本增长比较缓慢。原因是随着时间的推移，基于起始状态的剥夺成本的支配地位会越发明显。

表 2.7　动态规划算法求解不同算例的求解质量

算例	L	目标值（$）	可达性成本（$）	基于起始状态的剥夺成本（$）	期末惩罚成本（$）	可达性成本（%）	基于起始状态的剥夺成本（%）	期末惩罚成本（%）
P (2-3)	24	776 351.88	650	1 553 892.36	774 513.27	0.03	66.72	33.25

续表

算例	L	目标值（$）	可达性成本（$）	基于起始状态的剥夺成本（$）	期末惩罚成本（$）	可达性成本（%）	基于起始状态的剥夺成本（%）	期末惩罚成本（%）
P（3-3）	24	164 380 163.73	750	247 346 816.77	245 792 924.41	0.00	50.16	49.84
P（4-3）	24	26 165 038 914.97	750	493 139 741.18	78 001 976 253.74	0.00	0.63	99.37
P（5-3）	24	52 165 697 666.22	750	738 932 665.58	155 758 159 583.07	0.00	0.47	99.53
P（2-6）	12	5 402.03	1 350	12 423.18	2 432.91	8.33	76.66	15.01
P（3-6）	12	74 657.92	1 500	179 003.89	43 469.86	0.67	79.92	19.41
P（4-6）	12	1 063 889.08	1 550	2 415 603.97	774 513.27	0.05	75.68	24.27
P（5-6）	12	14 345 117.16	1 700	29 236 131.22	13 797 520.26	0.00	67.94	32.06
P（2-12）	6	1 433.76	2 700	1 471.97	129.31	62.77	34.22	3.01
P（3-12）	6	3 194.76	3 000	6 013.72	570.56	31.30	62.75	5.95
P（4-12）	6	9 692.80	3 300	23 345.48	2 432.91	11.35	80.28	8.37
P（5-12）	6	34 135.08	3 450	88 661.88	10 293.35	3.37	86.58	10.05
P（2-15）	4.8	1 474.39	3 350	1 003.83	69.32	75.74	22.69	1.57
P（3-15）	4.8	2 408.76	3 750	3 240.26	236.02	51.89	44.84	3.27
P（4-15）	4.8	4 873.38	4 050	9 806.59	763.55	27.70	67.08	5.22
P（5-15）	4.8	11 955.34	4 500	28 933.12	2 432.91	12.55	80.67	6.78
P（2-18）	4	1 626.86	4 050	785.82	44.77	82.98	16.10	0.92
P（3-18）	4	2 270.88	4 500	2 183.32	129.31	66.05	32.05	1.90
P（4-18）	4	3 608.28	4 850	5 624.73	350.12	44.80	51.96	3.23
P（5-18）	4	—	—	—	—	—	—	—

注：%表示各成本占三个成本总和的百分比。

2.4 基于"循环配送"的启发式方法

本节将从算法描述、算法比较、算法适用条件等方面进行论述。

2.4.1 算法描述

为了检验动态规划算法的求解质量,引入另一个常用的方法——"循环配送方法"进行比较①,其求解过程如下。

步骤1:将所有受灾区,按照可达性成本从小到大顺序排列。

步骤2:计划周期开始的时候,将所有受灾区的初始状态设置为0。

步骤3:根据步骤1的顺序依次服务受灾区,当完成所有受灾区服务后再从第一个开始,重复该顺序。在每个周期只有一个受灾区可以被服务。

步骤4:记录每个时间周期所有受灾区的状态。

步骤5:根据每个时间周期的决策和状态,计算所有受灾区的目标值。

2.4.2 算法比较

本部分通过与动态规划算法的比较研究启发式方法的求解性能。

2.4.2.1 计算时间比较

表2.8展示了五组算例的计算时间,可以看出动态规划算法的计算时间随着$|N|$和T增大而快速增加。虽然动态规划算法可以有效求解小于5个受灾区的算例,但计算时间过长不可接受。例如,算例P(5-15)使用动态规划算法计算需要6 253.38秒。另外,所有算例使用启发式方法均可以在2秒内求解完成。从计算时间角度而言,启发式方法优于动态规划算法。

表2.8 动态规划算法和启发式方法求解时间对比

算例	动态规划算法		启发式方法	比例	算例	动态规划算法		启发式方法	比例
	Sta	秒	秒			Sta	秒	秒	
P (2-3)	13	0.32	0.74	2.30	P (6-12)	—	—	0.90	—
P (3-3)	34	0.92	0.76	0.82	P (7-12)			0.91	
P (4-3)	73	3.35	0.77	0.23	P (8-12)			0.91	
P (5-3)	136	20.44	0.78	0.04	P (9-12)			0.92	
P (6-3)	229	172.45	0.78	0.00	P (10-12)			0.93	
P (7-3)	358	1 808.62	0.79	0.00	P (2-15)	241	0.18	0.93	5.17

---

① HOLGUÍN-VERAS J, PÉREZ-RODRÍGUEZ N, JALLER M, et al. On the appropriate objective function for post-disaster humanitarian logistics models [J]. Journal of operations management, 2013, 31(5): 262-280.

续表

算例	动态规划算法 Sta	动态规划算法 秒	启发式方法 秒	比例	算例	动态规划算法 Sta	动态规划算法 秒	启发式方法 秒	比例
P (8-3)	529	8 768.71	0.79	0.00	P (3-15)	3 406	2.94	0.94	0.32
P (9-3)	748	14 712.48	0.79	0.00	P (4-15)	45 001	4.19	0.95	0.23
P (10-3)	1 021	15 990.43	0.80	0.00	P (5-15)	553 636	6 253.38	0.95	0.00
P (2-6)	43	0.51	0.80	1.58	P (6-15)	—	—	0.96	—
P (3-6)	229	1.32	0.81	0.61	P (7-15)	—	—	0.97	—
P (4-6)	1 045	5.06	0.82	0.16	P (8-15)	—	—	0.98	—
P (5-6)	4 051	25.39	0.82	0.03	P (9-15)	—	—	0.98	—
P (6-6)	13 327	187.66	0.83	0.00	P (10-15)	—	—	0.99	—
P (7-6)	37 633	1 853.06	0.83	0.00	P (2-18)	343	0.30	1.00	3.37
P (8-6)	93 289	9 053.49	0.84	0.00	P (3-18)	5 869	4.94	1.01	0.20
P (9-6)	207 775	15 988.96	0.85	0.00	P (4-18)	94 933	114.56	1.02	0.01
P (10-6)	424 051	21 420.06	0.85	0.00	P (5-18)	—	—	1.02	—
P (2-12)	157	1.56	0.86	0.55	P (6-18)	—	—	1.03	—
P (3-12)	1 753	3.94	0.87	0.22	P (7-18)	—	—	1.03	—
P (4-12)	18 001	29.48	0.88	0.03	P (8-18)	—	—	1.04	—
P (5-12)	169 021	877.49	0.89	0.00	P (9-18)	—	—	1.05	—

注：Sta：状态规模（State Sizes）。比例：启发式方法和动态规划算法的求解时间的对比。

2.4.2.2 求解质量比较

为了比较解的质量，以下进一步比较两种方法的目标值以及各自的单项成本，结果见表2.9。目标函数的成本包含可达性成本、基于起始状态的剥夺成本和期末惩罚成本，三者分别代表人道主义物流中的效率、有效性和公平性。

如表2.9所示，启发式方法求得的目标值和动态规划算法求得的结果完全一样，即两者的差值（Gap）是0。同样的，两种方法得到的各单项成本完全一样。该结果说明在当前的设置下，启发式方法可以得到最优解。

表2.9 动态规划算法和启发式方法求解质量对比

算例	动态规划算法				启发式方法				差值 Gap（%）			
	目标值	可达性成本	基于起始状态的剥夺成本	期末惩罚成本	目标值	可达性成本	基于起始状态的剥夺成本	期末惩罚成本	目标值	可达性成本	基于起始状态的剥夺成本	期末惩罚成本
P (2-3)	7.76E+05	650	1.55E+06	7.75E+05	7.76E+05	650	1.55E+06	7.75E+05	0.00	0.00	0.00	0.00
P (3-3)	1.64E+08	750	2.47E+08	2.46E+08	1.64E+08	750	2.47E+08	2.46E+08	0.00	0.00	0.00	0.00
P (4-3)	2.62E+10	750	4.93E+08	7.80E+10	2.62E+10	750	4.93E+08	7.80E+10	0.00	0.00	0.00	0.00
P (5-3)	5.22E+10	750	7.39E+08	1.56E+11	5.22E+10	750	7.39E+08	1.56E+11	0.00	0.00	0.00	0.00
P (2-6)	5.40E+03	1 350	1.24E+04	2.43E+03	5.40E+03	1 350	1.24E+04	2.43E+03	0.00	0.00	0.00	0.00
P (3-6)	7.47E+04	1 500	1.79E+05	4.35E+04	7.47E+04	1 500	1.79E+05	4.35E+04	0.00	0.00	0.00	0.00
P (4-6)	1.06E+06	1 550	2.42E+06	7.75E+05	1.06E+06	1 550	2.42E+06	7.75E+05	0.00	0.00	0.00	0.00
P (5-6)	1.43E+07	1 700	2.92E+07	1.38E+07	1.43E+07	1 700	2.92E+07	1.38E+07	0.00	0.00	0.00	0.00
P (2-12)	1.43E+03	2 700	1.47E+03	1.29E+02	1.43E+03	2 700	1.47E+03	1.29E+02	0.00	0.00	0.00	0.00
P (3-12)	3.19E+03	3 000	6.01E+03	5.71E+02	3.19E+03	3 000	6.01E+03	5.71E+02	0.00	0.00	0.00	0.00
P (4-12)	9.69E+03	3 300	2.33E+04	2.43E+03	9.69E+03	3 300	2.33E+04	2.43E+03	0.00	0.00	0.00	0.00

2 单位容量下的救灾物资分配问题研究

续表

算例	动态规划算法				启发式方法				差值 Gap（%）			
	目标值	可达性成本	基于起始状态的剥夺成本	期末惩罚成本	目标值	可达性成本	基于起始状态的剥夺成本	期末惩罚成本	目标值	可达性成本	基于起始状态的剥夺成本	期末惩罚成本
P(5-12)	3.41E+04	3 450	8.87E+04	1.03E+04	3.41E+04	3 450	8.87E+04	1.03E+04	0.00	0.00	0.00	0.00
P(2-15)	1.47E+03	3 350	1.00E+03	6.93E+01	1.47E+03	3 350	1.00E+03	6.93E+01	0.00	0.00	0.00	0.00
P(3-15)	2.41E+03	3 750	3.24E+03	2.36E+02	2.41E+03	3 750	3.24E+03	2.36E+02	0.00	0.00	0.00	0.00
P(4-15)	4.87E+03	4 050	9.81E+03	7.64E+02	4.87E+03	4 050	9.81E+03	7.64E+02	0.00	0.00	0.00	0.00
P(5-15)	1.20E+04	4 500	2.89E+04	2.43E+03	1.20E+04	4 500	2.89E+04	2.43E+03	0.00	0.00	0.00	0.00
P(2-18)	1.63E+03	4 050	7.86E+02	4.48E+01	1.63E+03	4 050	7.86E+02	4.48E+01	0.00	0.00	0.00	0.00
P(3-18)	2.27E+03	4 500	2.18E+03	1.29E+02	2.27E+03	4 500	2.18E+03	1.29E+02	0.00	0.00	0.00	0.00
P(4-18)	3.61E+03	4 850	5.62E+03	3.50E+02	3.61E+03	4 850	5.62E+03	3.50E+02	0.00	0.00	0.00	0.00
P(5-18)	—	—	—	—	6.74E+03	5 250	1.40E+04	9.27E+02	—	—	—	—

注：$Gap = \dfrac{启发式方法目标值 - 动态规划算法目标值}{动态规划算法目标值} \times 100\%$

2.4.2.3 参数 c_i 的影响

为了研究解结果对 c_i 的敏感性，本部分将 c_i 乘以 0.1 和 10，分别得到另外两组算例。令算例 P（$|N|$-T）中 $LC_m = \{c_1, c_2, \cdots, c_{|N|}\}$，其中 $m = 1$, 2, 3，即 c_i 分别取值为 $LC_1 = \{20, 25, 30, 35, 40\}$，$LC_2 = \{200, 250, 300, 350, 400\}$ 和 $LC_3 = \{2\ 000, 2\ 500, 3\ 000, 3\ 500, 4\ 000\}$，同时保持 LC_2 的值与之前章节一样。

从表 2.10 可以看出，使用 LC_1 和 LC_2 两种设置的所有算例 Gap 都是 0，说明启发式方法在这两种设置下都能得到最优解。当 c_i 增加到设置 LC_3 时，启发式方法得到的解和动态规划算法的解之间的 Gap 有增加的趋势。启发式方法希望能公平地兼顾所有受灾区，即使是可达性成本可能会更高，这意味着启发式方法不能很好地平衡可达性成本和剥夺成本。不同的可达性成本可能会影响到启发式方法的性能，因此下面将研究什么条件下启发式方法能获得与动态规划算法一样好的解，以及什么条件下启发式方法算法会失效。

表 2.10 不同参数 c_i 下动态规划算法和启发式方法求解质量对比（%）

算例	LC_1				LC_2				LC_3			
	目标值	AC	SSDC	TPC	目标值	AC	SSDC	TPC	目标值	AC	SSDC	TPC
P (2-3)	0.00	0.00	0.00	0.00	0.00	0.00	0.00	0.00	0.00	0.00	0.00	0.00
P (3-3)	0.00	0.00	0.00	0.00	0.00	0.00	0.00	0.00	0.00	0.00	0.00	0.00
P (4-3)	0.00	0.00	0.00	0.00	0.00	0.00	0.00	0.00	0.00	0.00	0.00	0.00
P (5-3)	0.00	0.00	0.00	0.00	0.00	0.00	0.00	0.00	0.00	0.00	0.00	0.00
P (2-6)	0.00	0.00	0.00	0.00	0.00	0.00	0.00	0.00	0.00	0.00	0.00	0.00
P (3-6)	0.00	0.00	0.00	0.00	0.00	0.00	0.00	0.00	0.00	0.00	0.00	0.00
P (4-6)	0.00	0.00	0.00	0.00	0.00	0.00	0.00	0.00	0.00	0.00	0.00	0.00
P (5-6)	0.00	0.00	0.00	0.00	0.00	0.00	0.00	0.00	0.00	0.00	0.00	0.00
P (2-12)	0.00	0.00	0.00	0.00	0.00	0.00	0.00	0.00	0.57	1.89	-18.62	0.00
P (3-12)	0.00	0.00	0.00	0.00	0.00	0.00	0.00	0.00	0.00	0.00	0.00	0.00
P (4-12)	0.00	0.00	0.00	0.00	0.00	0.00	0.00	0.00	0.00	0.00	0.00	0.00

续表

算例	LC_1				LC_2				LC_3			
	目标值	AC	SSDC	TPC	目标值	AC	SSDC	TPC	目标值	AC	SSDC	TPC
P(5-12)	0.00	0.00	0.00	0.00	0.00	0.00	0.00	0.00	0.00	0.00	0.00	0.00
P(2-15)	0.00	0.00	0.00	0.00	0.00	0.00	0.00	0.00	1.60	3.08	−31.24	0.00
P(3-15)	0.00	0.00	0.00	0.00	0.00	0.00	0.00	0.00	1.60	3.08	−25.42	−62.19
P(4-15)	0.00	0.00	0.00	0.00	0.00	0.00	0.00	0.00	1.58	2.74	−10.02	0.00
P(5-15)	—	—	—	—	0.00	0.00	0.00	0.00	1.58	2.74	0.00	−60.45
P(2-18)	0.00	0.00	0.00	0.00	0.00	0.00	0.00	0.00	0.00	0.00	0.00	0.00
P(3-18)	0.00	0.00	0.00	0.00	0.00	0.00	0.00	0.00	0.00	0.00	0.00	0.00
P(4-18)	0.00	0.00	0.00	0.00	0.00	0.00	0.00	0.00	3.76	5.19	−36.38	−53.82
P(5-18)	—	—	—	—	—	—	—	—	3.76	5.19	−28.49	−80.80

注：AC：可达性成本。SSDC：基于起始状态的剥夺成本。TPC：期末惩罚成本。

2.4.3 最优配送模式识别及充分条件分析

本部分将进一步分析算例结果，以识别某种最优配送模式及其充分条件。

2.4.3.1 结果分析

首先，表 2.7 最优解的模式和期末状态通过表 2.11 和表 2.12 归纳出来。从表 2.11 和表 2.12 可以分析得到：

（1）对于单一算例，可能会有多个解得到相同的最优目标值以及成本项，如算例 P(2-3)，P(3-15)，P(5-12) 等。

（2）在最优解中，受灾区是以某种合适的顺序依次接受服务的。所有算例表明，某受灾区可以忍受的最大剥夺时间为 $|N|-1$ 个时间周期，其中 $|N|$ 表示受灾区数量。

（3）最优解的模式与计划周期 T 的长度有关。假设有 $|N|$ 个受灾区，它们的可达性成本满足 $c_1 < c_2 < c_3 < \cdots < c_{|N|}$。如果 $T \leqslant |N|$，则本地响应中心只会服务前 T 个受灾区；如果 $T > |N|$，最优解显示可达性成本更小的受灾区会有更多的机会得到服务。即对于第一轮 $n|N|$ 时间周期，每个受灾区在某种模式下得到平等的服务，当 $n = \lfloor T/|N| \rfloor$ 时，在剩余的时间周期里，可达性成本更小的地区将会得到额外的一次服务机会。

表 2.11 动态规划算法求解所得最优解（小规模）

算例	#	期末状态	最优配送模式
P (2-3)	1	(0, 1)	A-B-A
P (3-3)	6	(0, 1, 2) (0, 2, 1) (1, 0, 2) (1, 2, 0) (2, 0, 1) (2, 1, 0)	A-B-C, A-C-B, B-A-C, B-C-A, C-A-B, C-B-A
P (4-3)	6	(0, 1, 2, 3) (0, 2, 1, 3) (1, 0, 2, 3) (1, 2, 0, 3) (2, 0, 1, 3) (2, 1, 0, 3)	A-B-C, A-C-B, B-A-C, B-C-A, C-A-B, C-B-A
P (5-3)	6	(0, 1, 2, 3, 3) (0, 2, 1, 3, 3) (1, 0, 2, 3, 3) (1, 2, 0, 3, 3) (2, 0, 1, 3, 3) (2, 1, 0, 3, 3)	A-B-C, A-C-B, B-A-C, B-C-A, C-A-B, C-B-A
P (2-6)	2	(0, 1) (1, 0)	A-B-A-B-A, B-A-B-A-B
P (3-6)	6	(0, 1, 2) (0, 2, 1) (1, 0, 2) (1, 2, 0) (2, 0, 1) (2, 1, 0)	A-B-C-A-B-C, A-C-B-A-C-B, B-A-C-B-A-C, B-C-A-B-C-A, C-A-B-C-A-B, C-B-A-C-B-A
P (4-6)	4	(1, 0, 3, 2) (1, 0, 2, 3) (0, 1, 2, 3) (0, 1, 3, 2)	A-B-C-D-A-B, A-B-D-C-A-B, B-A-C-D-B-A, B-A-D-C-B-A
P (5-6)	24	受灾区1的期末状态为0，其他受灾区状态为 (1, 2, 3, 4) 的全排列	A-B-C-D-E-A, A-B-C-E-D-A, A-B-D-C-E-A, A-B-D-E-C-A, A-B-E-C-D-A, A-B-E-D-C-A, A-C-B-D-E-A, A-C-B-E-D-A, A-C-D-B-E-A, A-C-D-E-B-A, A-C-E-B-D-A, A-C-E-D-B-A, A-D-B-C-E-A, A-D-B-E-C-A, A-D-C-B-E-A, A-D-C-E-B-A, A-D-E-B-C-A, A-D-E-C-B-A, A-E-B-C-D-A, A-E-B-D-C-A, A-E-C-B-D-A, A-E-C-D-B-A, A-E-D-B-C-A, A-E-D-C-B-A

2 单位容量下的救灾物资分配问题研究

续表

算例	#	期末状态	最优配送模式
P (2-12)	2	(0, 1) (1, 0)	A-B-A-B-A-B-A-B, B-A-B-A-B-A-B-A
P (3-12)	6	(0, 1, 2) (0, 2, 1) (1, 0, 2) (1, 2, 0) (2, 0, 1) (2, 1, 0)	A-B-C-A-B-C-A-B-C, A-C-B-A-C-B-A-C-B, B-A-C-B-A-C-B-A-C, B-C-A-B-C-A-B-C-A, C-A-B-C-A-B-C-A-B, C-B-A-C-B-A-C-B-A

注：#：最优解个数。

表 2.12 动态规划算法求解所得最优解（中规模）

算例	#	期末状态	最优配送模式
P (4-12)	24	(3, 2, 1, 0) (3, 2, 0, 1) (3, 1, 0, 2) (3, 1, 2, 0) (3, 0, 1, 2) (3, 0, 2, 1) (2, 1, 0, 3) (2, 1, 3, 0) (2, 0, 1, 3) (2, 0, 3, 1) (2, 3, 1, 0) (2, 3, 0, 1) (0, 1, 2, 3) (0, 1, 3, 2) (0, 2, 1, 3) (0, 2, 3, 1) (0, 3, 1, 2) (0, 3, 2, 1) (1, 0, 2, 3) (1, 0, 3, 2) (1, 2, 0, 3) (1, 2, 3, 0) (1, 3, 0, 2) (1, 3, 2, 0)	A-B-C-D-A-B-C-D-A-B-C-D, A-B-D-C-A-B-D-C-A-B-D-C, A-C-B-D-A-C-B-D-A-C-B-D, A-C-D-B-A-C-D-B-A-C-D-B, A-D-B-C-A-D-B-C-A-D-B-C, A-D-C-B-A-D-C-B-A-D-C-B, B-A-C-D-B-A-C-D-B-A-C-D, B-A-D-C-B-A-D-C-B-A-D-C, B-C-A-D-B-C-A-D-B-C-A-D, B-C-D-A-B-C-D-A-B-C-D-A, B-D-A-C-B-D-A-C-B-D-A-C, B-D-C-A-B-D-C-A-B-D-C-A, C-A-B-D-C-A-B-D-C-A-B-D, C-A-D-B-C-A-D-B-C-A-D-B, C-B-A-D-C-B-A-D-C-B-A-D, C-B-D-A-C-B-D-A-C-B-D-A, C-D-A-B-C-D-A-B-C-D-A-B, C-D-B-A-C-D-B-A-C-D-B-A, D-A-B-C-D-A-B-C-D-A-B-C, D-A-C-B-D-A-C-B-D-A-C-B, D-B-A-C-D-B-A-C-D-B-A-C, D-B-C-A-D-B-C-A-D-B-C-A, D-C-A-B-D-C-A-B-D-C-A-B, D-C-B-A-D-C-B-A-D-C-B-A

续表

算例	#	期末状态	最优配送模式
P (5-12)	12	(1, 0, 2, 3, 4) (1, 0, 2, 4, 3) (1, 0, 3, 2, 4) (1, 0, 3, 4, 2) (1, 0, 4, 2, 3) (1, 0, 4, 3, 2) (0, 1, 2, 3, 4) (0, 1, 3, 2, 4) (0, 1, 3, 4, 2) (0, 1, 4, 2, 3) (0, 1, 4, 3, 2)	A-B-C-D-E-A-B, A-B-C-E-D-A-B, A-B-D-C-E-A-B, A-B-D-E-C-A-B, A-B-E-C-D-A-B, A-B-E-D-C-A-B, B-A-C-D-E-B-A, B-A-C-E-D-B-A, B-A-D-C-E-B-A, B-A-D-E-C-B-A, B-A-E-C-D-B-A, B-A-E-D-C-B-A
P (2-15)	1	(0, 1)	A-B-A-B-A-B-A-B-A-B-A
P (3-15)	6	(0, 1, 2) (0, 2, 1) (1, 0, 2) (1, 2, 0) (2, 0, 1) (2, 1, 0)	A-B-C-A-B-C-A-B-C, A-C-B-A-C-B-A-C-B, B-A-C-B-A-C-B-A-C, B-C-A-B-C-A-B-C-A, C-A-B-C-A-B-C-A-B, C-B-A-C-B-A-C-B-A
P (4-15)	6	(2, 1, 0, 3) (2, 0, 1, 3) (1, 0, 2, 3) (0, 1, 2, 3) (0, 2, 1, 3)	A-B-C-A-B-C-D-A-B-C, A-C-B-A-C-B-D-A-C-B, C-A-B-D-C-A-B-C-A-B, C-B-A-D-C-B-A-C-B-A, B-C-A-D-B-C-A-D-C-B-A, B-A-C-D-B-A-C-D-C-B-A
P (5-15)	120	(0, 1, 2, 3, 4) 的全排列	所有 AAs 的全排列

在进一步研究之前，先给出下列关于循环配送模式的定义。

定义 2：假设有 $|N|$ 个受灾区 AA_1，AA_2，$\cdots$，$AA_{|N|}$，可达性成本满足为 $c_1 < c_2 < c_3 < \cdots < c_{|N|}$。循环配送模式被定义为带有以下特征的模式：①按照某种合适的顺序（模式）依次服务 $|N|$ 个受灾区；②该顺序是 $|N|$ 个受灾区的一种排列；③重复顺序直到计划周期结束。

循环配送模式在某种程度上保证了每个受灾区接受最大程度的服务公平。

2.4.3.2 最优循环配送模式

如表 2.11 和表 2.12 所示，并非所有的循环配送模式都是最优的。例如，算例 P(4-6) 有 24 种排列，但表 2.11 和表 2.12 显示最优的循环配送模式只有 4 种排列。原因是最优循环配送模式与计划周期 T 有关。在所有最优循环配送模式中，一定有一个可以满足所有算例。本章可以得到定理 2.1。

定理 2.1：假设有 $|N|$ 个受灾区 AA_1，AA_2，$\cdots$，$AA_{|N|}$，已经按可达性成本从小到大排序，即 $c_1 < c_2 < c_3 < \cdots < c_{|N|}$。那么，最优的循环配送模式是按照可达性成本从小到大排序，即 AA_1，AA_2，$\cdots$，$AA_{|N|}$。

定理 2.1 说明具有更小可达性成本的受灾区会有更多的机会接受服务。该最优循环配送模式不仅寻求最大的公平，而且寻求最小的总成本。定理 2.1 的详细证明过程见附录 A.1。

2.4.3.3 最优循环配送模式的充分条件

从前文可以发现，定理 2.1 给出的最优循环配送模式和循环配送方法是一样的。循环配送方法的数值实验表明，当可达性成本变化之后，循环配送方法会失效，即定理 2.1 给出的最优模式会失效。因此，该最优循环配送模式有其成立的条件，即定理 2.2。

定理 2.2：假设有 $|N|$ 个受灾区 AA_1，AA_2，$\cdots$，$AA_{|N|}$，已经按可达性成本从小到大排序，即 $c_1 < c_2 < c_3 < \cdots < c_{|N|}$。那么，最优循环配送模式成立的充分条件是 $c_{\max} - c_{\min} < \Gamma(|N|) - \Gamma(|N|-1)$。

定理 2.2 意味着不同的可达性成本如果满足条件 $c_{\max} - c_{\min} < \Gamma(|N|) - \Gamma(|N|-1)$，则不会有受灾区在 $|N|$ 个连续的时间周期里接受两次服务。如果充分条件满足，那么循环配送方法可以直接用于求解的问题。但如果充分条件不满足时，决策者就需要寻求别的方法对问题进行求解。定理 2.2 的详细证明过程见附录 A.2。

考虑到模型的维数灾问题，动态规划算法只能用于求解小规模的问题（算例结果显示小于 5 个受灾区的情况），而对于大规模问题循环配送方法只适用于满足定理 2.2 的问题。因此，下文将继续研究有效的算法用于求解不满足定理 2.2 的大规模问题。

2.5 分段线性化处理方法

本节将引入一种分段线性化方法近似求解非线性整数规划模型。

2.5.1 数学建模

由于引入剥夺成本，构建的模型目标函数是指数的，即非线性函数。由于计划周期被划分成相等的离散时间周期，决策变量 $S_{i,t}$ 在每个时间周期期末取整数值，如图 2.5 所示。

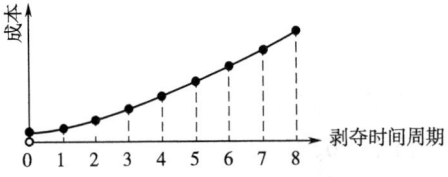

图 2.5 目标函数的分段线性函数

另外，约束（2-10）包含二次项，因此，在使用分段线性化方法（piecewise linear method, PW）前，先将该二次项进行线性化。因此，约束（2-10）可以用以下公式替代：

$$S_{i,t+1} - M \cdot (1 - Y_{i,t}) \leq 0, \ \forall i = 1, 2, \cdots, |N|, \ t = 1, 2, \cdots, T \tag{2-18}$$

$$S_{i,t} - S_{i,t+1} - M \cdot Y_{i,t} + 1 \leq 0, \ \forall i = 1, 2, \cdots, |N|, \ t = 1, 2, \cdots, T \tag{2-19}$$

$$S_{i,t+1} - S_{i,t} - M \cdot Y_{i,t} - 1 \leq 0, \ \forall i = 1, 2, \cdots, |N|, \ t = 1, 2, \cdots, T \tag{2-20}$$

约束（2-18）表示，当 $Y_{i,t}$ 等于 1，即受灾区 i 在时间周期 t 收到配送物资，$S_{i,t+1}$ 在时间周期 $t+1$ 直接变为 0。约束（2-19）和约束（2-20）共同表示，当 $Y_{i,t}$ 等于 0 时，即受灾区 i 在时间周期 t 没有收到物资，在时间周期 $t+1$ 时 $S_{i,t+1} = S_{i,t} + 1$。

2.5.2 分段线性化方法

模型重建之后，约束均为线性约束，但目标函数中仍然包含非线性项。这种情况适合应用分段线性化方法[①]。接下来引入一组线性约束和 0-1 变量将模型转成线性整数规划模型。

引入非负变量 $M_{i,t}$ 和 $M_{i,t+1}$，分别令 $M_{i,t} = \alpha^{S_{i,t}}$ 和 $M_{i,T+1} = \alpha^{S_{i,T+1}}$，其中 $\alpha = e^{b \cdot L}$。然后目标函数（2-8）变成：

---

① WINSTON W L, GOLDBERG J B. Operations research: applications and algorithms (Vol. 3) [R]. Thomson/Brooks/Cole, 2004.

$$\min \xi_1 \sum_{i=1}^{|N|} \sum_{t=1}^{T} c_i Y_{i,t} + \xi_2 \lambda \sum_{i=1}^{|N|} \sum_{t=1}^{T} M_{i,t} + \xi_3 \lambda \sum_{i=1}^{|N|} M_{i,T+1} \qquad (2\text{-}21)$$

其中，$\lambda = e^a \cdot (e^{b \cdot L} - 1)$。

假设 $M_{i,t}^{\min}$ 和 $M_{i,t}^{\max}$ 分别为 $M_{i,t}$ 最小值和最大值。将线性化区间长度固定为 L，可以发现无论 $S_{i,t}$ 取值如何，$M_{i,t}^{\min} = 0$，而 $M_{i,t}^{\max}$ 的取值与 $S_{i,t}$ 相关。$S_{i,t}$ 的最大值为 $(T+1)D$，对应的情况是受灾区一直没有从本地响应中心接收到服务，其中 T 为计划周期，D 表示受灾区在每个时间周期的资源需求量。因此，$M_{i,t}^{\max} = \alpha^{(T+1)D}$。类似的，$S_{i,t}$ 的最小值为 0，对应的情况是受灾区在每个时间周期都从本地响应中心接收到 C 单位资源。然后非负项 $M_{i,t}$ 可以替换成等式 (2-22)，而离散变量 $S_{i,t}$ 可以用等式（2-24）替代。同样的，$M_{i,T+1}^{\min}$ 和 $M_{i,T+1}^{\max}$ 分别表示 $M_{i,T+1}$ 的最小值和最大值。然后非负项 $M_{i,T+1}$ 可以替换成等式 (2-23)，而离散变量 $S_{i,T+1}$ 可以用等式（2-25）替代。约束（2-22）~（2-30）将非线性目标函数改变为线性函数。

$$M_{i,t} = \alpha^0 z_{i,t}^0 + \alpha^1 z_{i,t}^1 + \cdots + \alpha^{(T+1)D} z_{i,t}^{(T+1)D},$$
$$\forall i = 1, 2, \cdots, |N|, t = 1, 2, \cdots, T \qquad (2\text{-}22)$$

$$M_{i,T+1} = \alpha^0 z_{i,T+1}^0 + \alpha^1 z_{i,T+1}^1 + \cdots + \alpha^{(T+1)D} z_{i,T+1}^{(T+1)D},$$
$$\forall i = 1, 2, \cdots, |N| \qquad (2\text{-}23)$$

$$S_{i,t} = 0 \cdot z_{i,t}^0 + 1 \cdot z_{i,t}^1 + \cdots + (T+1)D \cdot z_{i,t}^{(T+1)D},$$
$$\forall i = 1, 2, \cdots, |N|, t = 1, 2, \cdots, T \qquad (2\text{-}24)$$

$$S_{i,T+1} = 0 \cdot z_{i,T+1}^0 + 1 \cdot z_{i,T+1}^1 + \cdots + (T+1)D \cdot z_{i,T+1}^{(T+1)D},$$
$$\forall i = 1, 2, \cdots, |N| \qquad (2\text{-}25)$$

$$z_{i,t}^0 \leq y_{i,t}^0,\; z_{i,t}^1 \leq y_{i,t}^0 + y_{i,t}^1, \cdots,\; z_{i,t}^{(T+1)D-1} \leq y_{i,t}^{(T+1)D-2} + y_{i,t}^{(T+1)D-1},\; z_{i,t}^{(T+1)D} \leq y_{i,t}^{(T+1)D-1}$$
$$\forall i = 1, 2, \cdots, |N|, t = 1, 2, \cdots, T+1 \qquad (2\text{-}26)$$

$$z_{i,t}^0 + z_{i,t}^1 + \cdots + z_{i,t}^{(T+1)D} = 1,\; \forall i = 1, 2, \cdots, |N|, t = 1, 2, \cdots, T+1 \qquad (2\text{-}27)$$

$$y_{i,t}^0 + y_{i,t}^1 + \cdots + y_{i,t}^{(T+1)D-1} = 1,\; \forall i = 1, 2, \cdots, |N|, t = 1, 2, \cdots, T+1 \qquad (2\text{-}28)$$

$$z_{i,t}^0, z_{i,t}^1, \cdots, z_{i,t}^{(T+1)D} \in \{0, 1\},\; \forall i = 1, 2, \cdots, |N|, t = 1, 2, \cdots, T+1 \qquad (2\text{-}29)$$

$$y_{i,t}^0, y_{i,t}^1, \cdots, y_{i,t}^{(T+1)D-1} \in \{0, 1\},\; \forall i = 1, 2, \cdots, |N|, t = 1, 2, \cdots, T+1 \qquad (2\text{-}30)$$

2.5.3 等价性验证

本部分将通过一系列算例 P($|N|$-T) 测试该方法，计算结果见表 2.13。

表 2.13 动态规划算法和分段线性化求解质量对比（小、中规模）

算例	动态规划算法				分段线性化				比例	Gap (DP-PW) (%)			
	秒	目标值	AC	SSDC	TPC	秒	目标值	AC	SSDC	TPC	秒	目标值	AC	SSDC	TPC
P (2-3)	0.32	7.76E+05	650	1.55E+06	7.75E+05	1.12	7.76E+05	650	1.55E+06	7.75E+05	3.49	0.00	0.00	0.00	0.00
P (3-3)	0.92	1.64E+08	750	2.47E+08	2.46E+08	0.90	1.64E+08	750	2.47E+08	2.46E+08	0.97	0.00	0.00	0.00	0.00
P (4-3)	3.35	2.62E+10	750	4.93E+08	7.80E+10	0.98	2.62E+10	750	4.93E+08	7.80E+10	0.29	0.00	0.00	0.00	0.00
P (5-3)	20.44	5.22E+10	750	7.39E+08	1.56E+11	0.95	5.22E+10	750	7.39E+08	1.56E+11	0.05	0.00	0.00	0.00	0.00
P (2-6)	0.51	5.40E+03	1,350	1.24E+04	2.43E+03	1.12	5.40E+03	1,350	1.24E+04	2.43E+03	2.19	0.00	0.00	0.00	0.00
P (3-6)	1.32	7.47E+04	1,500	1.79E+05	4.35E+04	1.93	7.47E+04	1,500	1.79E+05	4.35E+04	1.46	0.00	0.00	0.00	0.00
P (4-6)	5.06	1.06E+06	1,550	2.42E+06	7.75E+05	1.71	1.06E+06	1,550	2.42E+06	7.75E+05	0.34	0.00	0.00	0.00	0.00
P (5-6)	25.39	1.43E+07	1,700	2.92E+07	1.38E+07	3.35	1.43E+07	1,700	2.92E+07	1.38E+07	0.13	0.00	0.00	0.00	0.00
P (2-12)	1.56	1.43E+03	2,700	1.47E+03	1.29E+02	2.89	1.43E+03	2,700	1.47E+03	1.29E+02	1.86	0.00	0.00	0.00	0.00
P (3-12)	3.94	3.19E+03	3,000	6.01E+03	5.71E+02	3.94	3.19E+03	3,000	6.01E+03	5.71E+02	1.00	0.00	0.00	0.00	0.00

续表

算例	动态规划算法					分段线性化					比例	Gap（DP-PW）（%）			
	秒	目标值	AC	SSDC	TPC	秒	目标值	AC	SSDC	TPC	秒	目标值	AC	SSDC	TPC
P（4-12）	29.48	9.69E+03	3,300	2.33E+04	2.43E+03	6.96	9.69E+03	3,300	2.33E+04	2.43E+03	0.24	0.00	0.00	0.00	0.00
P（5-12）	877.49	3.41E+04	3,450	8.87E+04	1.03E+04	30.92	3.41E+04	3,450	8.87E+04	1.03E+04	0.04	0.00	0.00	0.00	0.00
P（2-15）	0.18	1.47E+03	3,350	1.00E+03	6.93E+01	2.60	1.47E+03	3,350	1.00E+03	6.93E+01	14.42	0.00	0.00	0.00	0.00
P（3-15）	2.94	2.41E+03	3,750	3.24E+03	2.36E+02	7.74	2.41E+03	3,750	3.24E+03	2.36E+02	2.63	0.00	0.00	0.00	0.00
P（4-15）	4.19	4.87E+03	4,050	9.81E+03	7.64E+02	17.52	4.87E+03	4,050	9.81E+03	7.64E+02	4.18	0.00	0.00	0.00	0.00
P（5-15）	6 253.38	1.20E+04	4,500	2.89E+04	2.43E+03	193.40	1.20E+04	4,500	2.89E+04	2.43E+03	0.03	0.00	0.00	0.00	0.00
P（2-18）	0.30	1.63E+03	4,050	7.86E+02	4.48E+01	3.20	1.63E+03	4,050	7.86E+02	4.48E+01	10.78	0.00	0.00	0.00	0.00
P（3-18）	4.94	2.27E+03	4,500	2.18E+03	1.29E+02	7.76	2.27E+03	4,500	2.18E+03	1.29E+02	1.57	0.00	0.00	0.00	0.00
P（4-18）	114.56	3.61E+03	4,850	5.62E+03	3.50E+02	59.13	3.61E+03	4,850	5.62E+03	3.50E+02	0.52	0.00	0.00	0.00	0.00
P（5-18）	—	—	—	—	—	313.41	6.74E+03	5,250	1.40E+04	9.27E+02	—	—	—	—	—

从表 2.13 中可以看出，所有算例都可以在非常短的时间内用分段线性化方法求解得到。而动态规划算法的求解时间随着状态规模的增大会急剧增加，并且有些算例已经无法在合理时间内求得可行解。例如，对于算例 P(5-18)，即在 18 个时间周期内每个周期向 5 个受灾区配送 1 单元物资，分段线性化方法可以在 313.41 秒求解，而动态规划算法已经无法在给定时间内算出结果。正如前面章节的分析，动态规划方法尽管可以得到最优解，但因为维数灾的问题无法应对大规模问题。另外，分段线性化方法得到的解与动态规划得到的解的差值均为 0。这表明相对于动态规划算法，分段线性化方法可以在较短的时间内得到最优解。因此，在计算时间方面，分段线性化方法要优于动态规划算法，可以应用于求解大规模问题以及实际问题。

为了进一步验证大规模算例的等价性，表 2.14 给出了更多大规模算例的结果。如表 2.14 所示，大部分的算例使用分段线性化方法可以在给定的 3 600 秒内得到解，而且得到相对较小的 Gap。因此，在求解大规模问题时推荐使用分段线性化方法。

表 2.14 动态规划算法和分段线性化求解质量对比（大规模）

算例	秒	目标值	AC	SSDC	TPC	Gap（%）
P（6-3）	0.99	7.82E+10	750	9.85E+08	2.34E+11	0.00
P（7-3）	1.12	1.04E+11	750	1.23E+09	3.11E+11	0.00
P（8-3）	1.15	1.30E+11	750	1.48E+09	3.89E+11	0.00
P（9-3）	1.31	1.56E+11	750	1.72E+09	4.67E+11	0.00
P（10-3）	1.42	1.82E+11	800	1.97E+09	5.45E+11	0.00
P（6-6）	4.57	1.74E+08	1 950	2.75E+08	2.46E+08	0.00
P（7-6）	5.62	1.63E+09	1 950	5.21E+08	4.38E+09	0.00
P（8-6）	9.40	3.09E+09	1 950	7.67E+08	8.51E+09	0.00
P（9-6）	8.42	4.55E+09	1 950	1.01E+09	1.26E+10	0.00
P（10-6）	9.45	6.01E+09	1 950	1.26E+09	1.68E+10	0.00
P（6-12）	48.37	1.26E+05	3 900	3.31E+05	4.35E+04	0.00
P（7-12）	244.33	4.67E+05	3 950	1.21E+06	1.83E+05	0.00
P（8-12）	861.92	1.71E+06	4 100	4.35E+06	7.75E+05	0.00
P（9-12）	7 904.06	6.13E+06	4 350	1.51E+07	3.27E+06	0.00
P（10-12）	10 010.92	2.13E+07	4 800	5.00E+07	1.38E+07	0.00
P（6-15）	204.96	3.22E+04	4 650	8.42E+04	7.72E+03	0.00

续表

算例	秒	目标值	AC	SSDC	TPC	Gap（%）
P（7-15）	1 300.36	9.06E+04	5 100	2.42E+05	2.44E+04	0.00
P（8-15）	4 734.59	2.58E+05	5 450	6.90E+05	7.73E+04	0.00
P（9-15）	13 723.10	7.30E+05	5 550	1.94E+06	2.45E+05	0.00
P（10-15）	—	—	—	—	—	—

2.6 小　结

本章研究了人道主义物流中考虑灾民痛苦的单位容量下的多周期、多目标的物资分配问题，其中灾民痛苦采用福利经济学的评估方式直接表示。为了刻画资源分配中的效率、有效性和公平性，分别采用可达性成本、基于起始状态的剥夺成本以及期末惩罚成本描述三个指标，并且分别采用加权和法以及 AUGMECON 方法权衡三个指标。本章提出了动态规划模型用于精确求解该问题。基于大量的数值实验，通过观察分析动态规划算法所得最优解，归纳总结出一种简单的分配模式——循环配送方法，并且通过定理证明论证了这种分配模式的适用条件。对于循环配送方法适用条件不成立的问题，提供了分段线性化方法，使模型更具有实际应用性。

归纳而言，本章给出了这类分配问题的求解方法：首先判断最优配送模式的适用条件是否存在，如果存在，则可以直接使用启发式方法循环配送方法进行求解。当适用条件不存在时，可以使用分段线性化方法直接求解大规模问题，该方法可以较好地近似最优解。而对于受灾区数量小于 5 的小规模问题，可以直接使用动态规划方法得到精确解。

附录　定理证明

A.1 定理 2.1 证明

假设有 $|N|$ 个受灾区 $AA_1, AA_2, \cdots, AA_{|N|}$，其可达性成本满足以下条件：$c_1 < c_2 < \cdots < c_{|N|}$。本地响应中心需要制订 M 个时间周期的分配计划。令 $M = a|N| + b (a, b \in \{0, 1, 2, 3, \cdots\})$。需要证明的是可达性成本满足该排序顺序的配送模式就是最优循环配送模式，即模式 $AA_1, AA_2, \cdots, AA_{|N|}$，见表 A.1。

表 A.1 模式 1 和模式 2 的状态（定理 2.1）

T	S	Y^1	AA_1	AA_2	$\cdots$	AA_i	$\cdots$	AA_j	$\cdots$	$AA_{|N|}$	T	S	Y^2	AA_1	AA_2	$\cdots$	AA_i	$\cdots$	AA_j	$\cdots$	$AA_{|N|}$
1	S_1	AA_1	0	0	$\cdots$ 0	$\cdots$ 0	$\cdots$ 0	$\cdots$ 0	$\cdots$ 0	$\cdots$ 0	1	S_1	AA_1	0	0	$\cdots$ 0	$\cdots$ 0	$\cdots$ 0	$\cdots$ 0	$\cdots$ 0	$\cdots$ 0
2	S_2	AA_2	0	1	$\cdots$ 1	$\cdots$ 1	$\cdots$ 1	$\cdots$ 1	$\cdots$ 1	$\cdots$ 1	2	S_2	AA_2	0	1	$\cdots$ 1	$\cdots$ 1	$\cdots$ 1	$\cdots$ 1	$\cdots$ 1	$\cdots$ 1
3	S_3	AA_3	1	0	$\cdots$ 2	$\cdots$ 2	$\cdots$ 2	$\cdots$ 2	$\cdots$ 2	$\cdots$ 2	3	S_3	AA_3	1	0	$\cdots$ 2	$\cdots$ 2	$\cdots$ 2	$\cdots$ 2	$\cdots$ 2	$\cdots$ 2
$\vdots$	$\vdots$	$\vdots$	$\vdots$	$\vdots$	$\vdots$	$\vdots$	$\vdots$	$\vdots$	$\vdots$	$\vdots$	$\vdots$	$\vdots$	$\vdots$	$\vdots$	$\vdots$	$\vdots$	$\vdots$	$\vdots$	$\vdots$	$\vdots$	$\vdots$
i	S_i	AA_i	$i-2$	$i-3$	$\cdots$ $i-1$	$\cdots$ 0	$\cdots$ $i-1$	$\cdots$ $i-1$	$\cdots$ $i-1$	$\cdots$ $i-1$	i	S_i	AA_i	$i-2$	$i-3$	$\cdots$ $i-1$	$\cdots$ 0	$\cdots$ $i-1$	$\cdots$ $i-1$	$\cdots$ $i-1$	$\cdots$ $i-1$
$i+1$	S_{i+1}	AA_{i+1}	$i-1$	$i-2$	$\cdots$ 0	$\cdots$ i	$\cdots$ i	$\cdots$ i	$\cdots$ i	$\cdots$ i	$i+1$	S_{i+1}	AA_{i+1}	$i-1$	$i-2$	$\cdots$ 0	$\cdots$ i	$\cdots$ i	$\cdots$ i	$\cdots$ i	$\cdots$ i
$\vdots$	$\vdots$	$\vdots$	$\vdots$	$\vdots$	$\vdots$	$\vdots$	$\vdots$	$\vdots$	$\vdots$	$\vdots$	$\vdots$	$\vdots$	$\vdots$	$\vdots$	$\vdots$	$\vdots$	$\vdots$	$\vdots$	$\vdots$	$\vdots$	$\vdots$
j	S_j	AA_j	$j-2$	$j-3$	$\cdots$ $j-i-1$	$\cdots$ $j-1$	$\cdots$ $j-1$	$\cdots$ 0	$\cdots$ $j-1$	$\cdots$ $j-1$	j	S_j	AA_j	$j-2$	$j-3$	$\cdots$ $j-i-1$	$\cdots$ $j-1$	$\cdots$ $j-1$	$\cdots$ 0	$\cdots$ $j-1$	$\cdots$ $j-1$
$j+1$	S_{j+1}	AA_{j+1}	$j-1$	$j-2$	$\cdots$ $j-i$	$\cdots$ 0	$\cdots$ j	$\cdots$ $j-i$	$\cdots$ j	$\cdots$ j	$j+1$	S_{j+1}	AA_{j+1}	$j-1$	$j-2$	$\cdots$ $j-i$	$\cdots$ 0	$\cdots$ j	$\cdots$ $j-i$	$\cdots$ j	$\cdots$ j
$\vdots$	$\vdots$	$\vdots$	$\vdots$	$\vdots$	$\vdots$	$\vdots$	$\vdots$	$\vdots$	$\vdots$	$\vdots$	$\vdots$	$\vdots$	$\vdots$	$\vdots$	$\vdots$	$\vdots$	$\vdots$	$\vdots$	$\vdots$	$\vdots$	$\vdots$
$|N|$	$S_{|N|}$	$AA_{|N|}$	$|N|-2$	$|N|-3$	$\cdots$ $|N|-i-1$	$\cdots$ $|N|-1$	$\cdots$ $|N|-j-1$	$\cdots$ $|N|-1$	$\cdots$ 0	$\cdots$ $|N|-1$	$|N|$	$S_{|N|}$	$AA_{|N|}$	$|N|-2$	$|N|-3$	$\cdots$ $|N|-i-1$	$\cdots$ $|N|-1$	$\cdots$ $|N|-j-1$	$\cdots$ $|N|-1$	$\cdots$ 0	$\cdots$ $|N|-1$
$|N|+1$	$S_{|N|+1}$	AA_1	$|N|-1$	$|N|-2$	$\cdots$ $|N|-i$	$\cdots$ $|N|-j$	$\cdots$ $|N|-j$	$\cdots$ $|N|-j$	$\cdots$ $|N|-1$	$\cdots$ 0	$|N|+1$	$S_{|N|+1}$	AA_1	$|N|-1$	$|N|-2$	$\cdots$ $|N|-i$	$\cdots$ $|N|-j$	$\cdots$ $|N|-j$	$\cdots$ $|N|-j$	$\cdots$ $|N|-1$	$\cdots$ 0
$|N|+2$	$S_{|N|+2}$	AA_2	0	$|N|-1$	$\cdots$ $|N|-i+1$	$\cdots$ $|N|-j+1$	$\cdots$ $|N|-j+1$	$\cdots$ $|N|-j+1$	$\cdots$ $|N|-1$	$\cdots$ 1	$|N|+2$	$S_{|N|+2}$	AA_2	0	$|N|-1$	$\cdots$ $|N|-i+1$	$\cdots$ $|N|-j+1$	$\cdots$ $|N|-j+1$	$\cdots$ $|N|-j+1$	$\cdots$ $|N|-1$	$\cdots$ 1
$\vdots$	$\vdots$	$\vdots$	$\vdots$	$\vdots$	$\vdots$	$\vdots$	$\vdots$	$\vdots$	$\vdots$	$\vdots$	$\vdots$	$\vdots$	$\vdots$	$\vdots$	$\vdots$	$\vdots$	$\vdots$	$\vdots$	$\vdots$	$\vdots$	$\vdots$

模式1：按照可达性成本从低到高排序（也称原始顺序）的运送模式，即 $Y^1 = \{AA_1, \cdots, AA_i, \cdots, AA_j, \cdots, AA_{|N|}\}$。

模式2：对模式1任意两个受灾区的顺序进行调换得到的模式。不失一般性，我们交换时间周期 i 和 j 的决策。这时时间周期 $\{i, j, 2i, 2j, \cdots\}$ 的决策也相应需要调整，即 $Y^2 = \{AA_1, \cdots, AA_j, \cdots, AA_i, \cdots, AA_{|N|}\}$。因此得到一个新的可达性成本序列，即 $c_1, c_2, \cdots, c'_i, \cdots, c'_j, \cdots, c_{|N|}$。注意到 AA_1, $AA_2, \cdots, AA_{|N|}$ 的任意模式都可以通过迭代交换任意两个策略得到，因此上述给出的模式2可以代表任意一种循环配送模式。

假设所有受灾区在规划周期开始时的状态均为0。因此，通过状态转移过程可以获得如表 A.1 所示的各受灾区状态。

模式1的总成本（Ψ_{Y1}）可以通过公式（A-1）计算得到：

$$\Psi_{Y1} = a\sum_{k=1}^{|N|} c_k + \sum_{k=1}^{b} c_k + \sum_{t=1}^{M+1}\sum_{k=1}^{|N|-2} \Gamma_{t,k} + \sum_{t=1}^{M+1} \Gamma_{t,i} + \sum_{t=1}^{M+1} \Gamma_{t,j} \quad (A-1)$$

其中第一项表示从时间周期1到 $a|N|$ 服务受灾区 $1 \sim |N|$ 的可达成本总和；第二项表示剩余 b 个时间周期内服务前 $1 \sim b$ 个（按照原始顺序）受灾区的可达性成本总和；第三项表示其他 $|N|-2$ 个受灾区的 SSDC 和 TPC 之和；第四项和最后一项分别表示受灾区 AA_i 和 AA_j 的 SSDC 和 TPC 之和。

模式2的总成本（Ψ_{Y2}）可以通过以下公式计算得到：

$$\Psi_{Y2} = a\sum_{k=1}^{|N|} c'_k + \sum_{k=1}^{b} c'_k + \sum_{t=1}^{M+1}\sum_{k=1}^{|N|-2} \Gamma'_{t,k} + \sum_{t=1}^{M+1} \Gamma'_{t,i} + \sum_{t=1}^{M+1} \Gamma'_{t,j} \quad (A-2)$$

其中，该可达性成本序列是新得到的序列。

表 A.1 显示，交换任意两个决策对其他 $|N|-2$ 个受灾区没有任何影响。受灾区 AA_i 和 AA_j 从时间周期 $i+1$ 到 M 进行交换，因此，

$$\sum_{t=1}^{M+1}\sum_{k=1}^{|N|-2} \Gamma_{t,k} = \sum_{t=1}^{M+1}\sum_{k=1}^{|N|-2} \Gamma'_{t,k} \quad (A-3)$$

$$\sum_{t=1}^{M+1} \Gamma_{t,i} + \sum_{t=1}^{M+1} \Gamma_{t,j} = \sum_{t=1}^{M+1} \Gamma'_{t,i} + \sum_{t=1}^{M+1} \Gamma'_{t,j} \quad (A-4)$$

对两种模式从时间周期1到 $a|N|$ 的总可达性成本是一样的，因此，

$$\Psi_{Y1} - \Psi_{Y2} = a\sum_{k=1}^{|N|} c_k + \sum_{k=1}^{b} c_k - a\sum_{k=1}^{|N|} c'_k - \sum_{k=1}^{b} c'_k \quad (A-5)$$

$$= \sum_{k=1}^{b} c_k - \sum_{k=1}^{b} c'_k \quad (A-6)$$

显然，如果 $b = 0$，$\sum_{k=1}^{b} c_k = \sum_{k=1}^{b} c'_k$；否则，$\sum_{k=1}^{b} c_k \leq \sum_{k=1}^{b} c'_k$。因此 $\Psi_{Y1} \leq \Psi_{Y2}$。

证毕。

A.2 定理2.2证明

假设有 $|N|$ 个受灾区 $AA_1, AA_2, \cdots, AA_{|N|}$，其可达性成本满足从低到高的排列顺序，即 $c_1 < c_2 < \cdots < c_{|N|}$。本地响应中心需要制订 T 个时间周期的分配计划。需要证明 $c_{max} - c_{min} < \Gamma(|N|) - \Gamma(|N|-1)$ 是最优循环配送模式成立的充分条件。

下面将通过数学归纳法证明该定理。首先，证明前 $|N|$ 个时间周期 $(1, 2, \cdots, |N|)$ 定理2.2成立；然后假设任意 $|N|$ 个连续时间周期 $(i_1, i_2, \cdots, i_{|N|})$ 定理都成立，其中 $i_{|N|} = |N| + \text{mod}_{|N|}(i_1)$；最后证明对于时间周期 $(i_2, i_3, \cdots, i_{|N|+1})$ 定理2.2也成立。

步骤1：在时间周期 $(1, 2, \cdots, |N|)$，定理2.2说明当满足 $c_{max} - c_{min} < \Gamma(|N|) - \Gamma(|N|-1)$ 时，在 $|N|$ 个连续时间周期内不会有受灾区可以接受到两次服务。

模式1：受灾区顺序按照其可达性成本递增的方式排列，即 $Y^1 = \{AA_1, \cdots, AA_i, \cdots, AA_j, \cdots, AA_{|N|}\}$。

模式2：在模式1的基础上，改变任意一个决策。例如，按照模式1的方式在时间周期 j 服务对象为受灾区 AA_j，而在模式2中在该时间周期服务对象改为 AA_i，即 $Y^2 = \{AA_1, \cdots, AA_i, \cdots, AA_i, \cdots, AA_{|N|}\}$。

假设规划周期开始时所有受灾区的状态均为0。那么，根据状态转移方程可以得到所有受灾区的可能状态，见表A.2。

模式1的总成本 (Ψ_{Y1}) 可以通过式（A-7）计算得到：

$$\Psi_{Y1} = (c_1 + \cdots + c_i + \cdots + c_j + \cdots + c_{|N|}) + \sum_{t=1}^{|N|+1} \sum_{k=1}^{|N|-2} \Gamma_{t,k} + \sum_{t=1}^{|N|+1} \Gamma_{t,i} + \sum_{t=1}^{|N|+1} \Gamma_{t,j}$$

（A-7）

其中第一项表示从时间周期1到 T 服务受灾区 $1 \sim |N|$ 总的可达性成本；第二项表示其他 $|N|-2$ 个受灾区的 SSDC 和 TPC 之和；第三项和最后一项分别表示受灾区 AA_i 和 AA_j 的 SSDC 和 TPC 之和。

同样，模式2的总成本 (Ψ_{Y2}) 可以通过式（A-8）计算得到：

$$\Psi_{Y2} = (c_1 + \cdots + c_i + \cdots + c_i + \cdots + c_{|N|}) + \sum_{t=1}^{|N|+1} \sum_{k=1}^{|N|-2} \Gamma'_{t,k} + \sum_{t=1}^{|N|+1} \Gamma'_{t,i} + \sum_{t=1}^{|N|+1} \Gamma'_{t,j}$$

（A-8）

表A.2显示，改变任意一个决策对其他 $|N|-2$ 个受灾区不会有任何影响。从时间周期 $j+1$ 到 T 受灾区 AA_i 和 AA_j 的状态会发生变化。

表 A.2 模式 1 和模式 2 的状态（定理 2.2）

T	S	Y^1	AA_1	AA_2	$\cdots AA_i$	$\cdots AA_j$	$\cdots AA_{|N|}$	T	S	Y^2	AA_1	AA_2	$\cdots AA_i$	$\cdots AA_j$	$\cdots AA_{|N|}$
1	S_1	AA_1	0	0	$\cdots 0$	$\cdots 0$	$\cdots 0$	1	S_1	AA_1	0	0	$\cdots 0$	$\cdots 0$	$\cdots 0$
2	S_2	AA_2	0	1	$\cdots 1$	$\cdots 1$	$\cdots 1$	2	S_2	AA_2	0	1	$\cdots 1$	$\cdots 1$	$\cdots 1$
3	S_3	AA_3	1	0	$\cdots 2$	$\cdots 2$	$\cdots 2$	3	S_3	AA_3	1	0	$\cdots 2$	$\cdots 2$	$\cdots 2$
$\vdots$	$\vdots$	$\vdots$	$\vdots$	$\vdots$	$\vdots$	$\vdots$	$\vdots$	$\vdots$	$\vdots$	$\vdots$	$\vdots$	$\vdots$	$\vdots$	$\vdots$	$\vdots$
i	S_i	AA_i	$i-2$	$i-3$	$\cdots i-1$	$\cdots i-1$	$\cdots i-1$	i	S_i	AA_i	$i-2$	$i-3$	$\cdots i-1$	$\cdots i-1$	$\cdots i-1$
$i+1$	S_{i+1}	AA_{i+1}	$i-1$	$i-2$	$\cdots 0$	$\cdots i$	$\cdots i$	$i+1$	S_{i+1}	AA_{i+1}	$i-1$	$i-2$	$\cdots 0$	$\cdots i$	$\cdots i$
$\vdots$	$\vdots$	$\vdots$	$\vdots$	$\vdots$	$\vdots$	$\vdots$	$\vdots$	$\vdots$	$\vdots$	$\vdots$	$\vdots$	$\vdots$	$\vdots$	$\vdots$	$\vdots$
j	S_j	AA_j	$j-2$	$j-3$	$\cdots j-i-1$	$\cdots j-1$	$\cdots j-1$	j	S_j	AA_j	$j-2$	$j-3$	$\cdots j-i-1$	$\cdots j-1$	$\cdots j-1$
$j+1$	S_{j+1}	AA_{j+1}	$j-1$	$j-2$	$\cdots j-i$	$\cdots 0$	$\cdots j$	$j+1$	S_{j+1}	AA_{j+1}	$j-1$	$j-2$	$\cdots j-i$	$\cdots 0$	$\cdots j$
$\vdots$	$\vdots$	$\vdots$	$\vdots$	$\vdots$	$\vdots$	$\vdots$	$\vdots$	$\vdots$	$\vdots$	$\vdots$	$\vdots$	$\vdots$	$\vdots$	$\vdots$	$\vdots$
$|N|$	$S_{|N|}$	$AA_{|N|}$	$|N|-2$	$|N|-3$	$\cdots |N|-i-1$	$\cdots |N|-j-1$	$\cdots 0$	$|N|$	$S_{|N|}$	$AA_{|N|}$	$|N|-2$	$|N|-3$	$\cdots |N|-i-1$	$\cdots |N|-j-1$	$\cdots 0$
$|N|+1$	$S_{|N|+1}$	—	$|N|-1$	$|N|-2$	$\cdots |N|-i$	$\cdots |N|-j$	$\cdots |N|-1$	$|N|+1$	$S_{|N|+1}$	—	$|N|-1$	$|N|-2$	$\cdots |N|-i$	$\cdots |N|-j$	$\cdots |N|-1$

$$\sum_{t=1}^{|N|+1}\sum_{k=1}^{|N|-2} \Gamma_{t,k} = \sum_{t=1}^{|N|+1}\sum_{k=1}^{|N|-2} \Gamma'_{t,k} \qquad (A\text{-}9)$$

$$\sum_{t=1}^{j} \Gamma_{t,i} = \sum_{t=1}^{j} \Gamma'_{t,i}, \quad \sum_{t=1}^{j} \Gamma_{t,j} = \sum_{t=1}^{j} \Gamma'_{t,j} \qquad (A\text{-}10)$$

$$\sum_{t=j+1}^{|N|+1} \Gamma_{t,j} = \sum_{t=j+1}^{|N|+1} \Gamma'_{t,i} \qquad (A\text{-}11)$$

因此，模式1和模式2之差如式（A-12）所示：

$$\Psi_{Y1} - \Psi_{Y2} = c_j - c_i + \sum_{t=j+1}^{|N|+1} \Gamma_{t,i} - \sum_{t=j+1}^{|N|+1} \Gamma'_{t,j} \qquad (A\text{-}12)$$

$$= (c_j - c_i) + \Gamma(j-i) + \cdots + \Gamma(|N|-i) - \Gamma(j) - \cdots - \Gamma(|N|) \qquad (A\text{-}13)$$

如果 $|N| - i = j$，

$$\Psi_{Y1} - \Psi_{Y2} = (c_j - c_i) + \Gamma(j-i) + \cdots + \Gamma(|N|-i) - \Gamma(j) - \cdots - \Gamma(|N|) \qquad (A\text{-}14)$$

$$< (c_j - c_i) + \Gamma(j-i) - \Gamma(|N|) \qquad (A\text{-}15)$$

$$< (c_j - c_i) + \Gamma(|N|-1) - \Gamma(|N|) \qquad (A\text{-}16)$$

$$< (c_{|N|} - c_1) + \Gamma(|N|-1) - \Gamma(|N|) \qquad (A\text{-}17)$$

由于SSDC是离散的凸函数，不等式（A-15）和（A-16）依然成立。不等式（A-17）显示如果可达性成本满足 $(c_{|N|} - c_1) \leq \Gamma(|N|) - \Gamma(|N|-1)$，那么 $\Psi_{Y1} < \Psi_{Y2}$，即 $\{AA_1, AA_2, \cdots, AA_{|N|}\}$ 是最优循环配送模式。

如果 $|N| - i > j$，

$$\Psi_{Y1} - \Psi_{Y2} = (c_j - c_i) + \Gamma(j-i) + \cdots + \Gamma(|N|-i) - \Gamma(j) - \cdots - \Gamma(|N|) \qquad (A\text{-}18)$$

$$= (c_j - c_i) + \Gamma(j-i) + \cdots + \Gamma(j-1) - \Gamma(|N|-i+1) - \cdots - \Gamma(|N|) \qquad (A\text{-}19)$$

$$< (c_j - c_i) + \Gamma(j-1) - \Gamma(|N|) \qquad (A\text{-}20)$$

$$< (c_j - c_i) + \Gamma(|N|-1) - \Gamma(|N|) \qquad (A\text{-}21)$$

$$< (c_{|N|} - c_1) + \Gamma(|N|-1) - \Gamma(|N|) \qquad (A\text{-}22)$$

由于SSDC是离散的凸函数，不等式（A-20）和（A-21）依然成立。不等式（A-22）显示如果可达性成本满足 $(c_{|N|} - c_1) \leq \Gamma(|N|) - \Gamma(|N|-1)$，那么 $\Psi_{Y1} < \Psi_{Y2}$，即 $\{AA_1, AA_2, \cdots, AA_{|N|}\}$ 是最优循环配送模式。

如果 $|N| - i < j$，

$$\Psi_{Y1} - \Psi_{Y2} = (c_j - c_i) + \Gamma(j-i) + \cdots + \Gamma(|N|-i) - \Gamma(j) - \cdots - \Gamma(|N|) \qquad (A\text{-}23)$$

$$< (c_j - c_i) + \Gamma(|N| - i) - \Gamma(|N|) \quad (A-24)$$

$$< (c_j - c_i) + \Gamma(|N| - 1) - \Gamma(|N|) \quad (A-25)$$

$$< (c_{|N|} - c_1) + \Gamma(|N| - 1) - \Gamma(|N|) \quad (A-26)$$

由于 SSDC 是离散的凸函数，不等式（A-24）和（A-25）依然成立。不等式（A-26）显示如果可达性成本满足 $(c_{|N|} - c_1) \leq \Gamma(|N|) - \Gamma(|N| - 1)$，那么 $\Psi_{Y1} < \Psi_{Y2}$，即 $\{AA_1, AA_2, \cdots, AA_{|N|}\}$ 是最优循环配送模式。

步骤 2：假设对于任意 $|N|$ 个连续的时间周期 $(i_1, i_2, \cdots, i_{|N|})$，定理 2.2 都成立，意味着如果可达性成本满足 $(c_{|N|} - c_1) \leq \Gamma(|N|) - \Gamma(|N| - 1)$，则在 $(i_1, i_2, \cdots, i_{|N|})$ 内不会有受灾区会受到两次服务。

步骤 3：定理在时间周期 $(i_2, i_3, \cdots, i_{|N|+1})$ 内成立。根据步骤 2 的假设，在时间周期 $(i_1, i_2, \cdots, i_{|N|})$ 内的策略是按照可达性成本递增的顺序依次服务 $|N|$ 个受灾区。我们接下来证明时间周期 $i_{|N|+1}$ 的决策和 i_1 是一样的，以确保在时间周期 $(i_2, i_3, \cdots, i_{|N|+1})$ 不会有受灾区受到两次服务。

模式 1：时间周期 $i_{|N|+1}$ 的决策是服务 AA_1，即时间周期 $(i_1, i_2, \cdots, i_{|N|+1})$ 的决策为 $Y^1 = \{AA_1, \cdots, AA_{|N|}, AA_1\}$。

模式 2：假设时间周期 $i_{|N|+1}$ 的决策是服务除了 AA_1 的其他任意一个受灾区。不失一般性，假设被服务的地区为 AA_2。因此，时间周期 $(i_1, i_2, \cdots, i_{|N|+1})$ 的决策为 $Y^2 = \{AA_1, \cdots, AA_{|N|}, AA_2\}$。

根据状态转移方程得到所有受灾区的可能状态见表 A.3 和表 A.4。

表 A.3 模式 1 的状态

T	S	Y^1	AA_1	AA_2	...	$AA_{|N|-1}$	$AA_{|N|}$
i_1	S_{i_1}	AA_1	S_{AA_1, i_1}	S_{AA_2, i_1}	...	$S_{AA_{|N|-1}, i_1}$	$S_{AA_{|N|}, i_1}$
i_2	S_{i_2}	AA_2	0	$S_{AA_2, i_1}+1$	...	$S_{AA_{|N|-1}, i_1}+1$	$S_{AA_{|N|}, i_1}+1$
i_3	S_{i_3}	AA_3	1	0	...	$S_{AA_{|N|-1}, i_1}+2$	$S_{AA_{|N|}, i_1}+2$
...	...	...	...	...	...	...	...
$i_{|N|-1}$	$S_{i_{|N|-1}}$	$AA_{|N|-1}$	$|N|-3$	$|N|-4$	...	$S_{AA_{|N|-1}, i_1}+|N|-2$	$S_{AA_{|N|}, i_1}+|N|-2$
$i_{|N|}$	$S_{i_{|N|}}$	$AA_{|N|}$	$|N|-2$	$|N|-3$	...	0	$S_{AA_{|N|}, i_1}+|N|-1$

续表

T	S	Y^1	AA_1	AA_2	...	$AA_{|N|-1}$	$AA_{|N|}$
$i_{|N|+1}$	$S_{i_{|N|+1}}$	AA_1	$|N|-1$	$|N|-2$	...	1	0
$i_{|N|+2}$	$S_{i_{|N|+2}}$	—	0	$|N|-1$	...	2	1

表 A.4 模式 2 的状态

T	S	Y^2	AA_1	AA_2	...	$AA_{|N|-1}$	$AA_{|N|}$
i_1	S_{i_1}	AA_1	S_{AA_1,i_1}	S_{AA_2,i_1}	...	$S_{AA_{|N|-1},i_1}$	$S_{AA_{|N|},i_1}$
i_2	S_{i_2}	AA_2	0	$S_{AA_2,i_1}+1$	...	$S_{AA_{|N|-1},i_1}+1$	$S_{AA_{|N|},i_1}+1$
i_3	S_{i_3}	AA_3	1	0	...	$S_{AA_{|N|-1},i_1}+2$	$S_{AA_{|N|},i_1}+2$
...	...	...	...	...	...	...	...
$i_{|N|-1}$	$S_{i_{|N|-1}}$	$AA_{|N|-1}$	$|N|-3$	$|N|-4$	...	$S_{AA_{|N|-1},i_1}+|N|-2$	$S_{AA_{|N|},i_1}+|N|-2$
$i_{|N|}$	$S_{i_{|N|}}$	$AA_{|N|}$	$|N|-2$	$|N|-3$	...	0	$S_{AA_{|N|},i_1}+|N|-1$
$i_{|N|+1}$	$S_{i_{|N|+1}}$	AA_2	$|N|-1$	$|N|-2$	...	1	0
$i_{|N|+2}$	$S_{i_{|N|+2}}$	—	$|N|$	0	...	2	1

表 A.3 和表 A.4 显示，改变时间周期 j 的决策对其他 $|N|-2$ 个受灾区不会有影响。AA_1 和 AA_2 的状态在时间周期 $i_{|N|+2}$ 将会有变化。

因此，模式 1 和模式 2 如下所示：

$$\Psi_{Y^1} - \Psi_{Y^2} = (c_2 - c_1) + \Gamma_{AA_1}(0) + \Gamma_{AA_2}(|N|-1) - \Gamma_{AA_1}(|N|) - \Gamma_{AA_2}(0) \quad (\text{A-27})$$

$$= (c_2 - c_1) + \Gamma(|N|-1) - \Gamma(|N|) \quad (\text{A-28})$$

$$< (c_{|N|} - c_1) + \Gamma(|N|-1) - \Gamma(|N|) \quad (\text{A-29})$$

因为 $c_1 < c_2 < \cdots < c_{|N|}$，不等式（A-29）成立。因此，如果条件 $(c_{|N|} - c_1) \leqslant \Gamma(|N|) - \Gamma(|N|-1)$ 成立，有 $\Psi_{Y^1} < \Psi_{Y^2}$。

证毕。

3 多容量下的救灾物资分配问题研究

3.1 引 言

上一章研究的单位容量救灾物资分配问题是在假设救灾物资极端匮乏的条件下,本地响应中心的物资容量只有 1 个单位。这意味着每个时间周期本地响应中心只能服务一个受灾区。而随着救灾计划的展开,从上级配送中心调配的物资和社会各界捐助的物资,会逐渐聚集在本地响应中心。此时,本地响应中心可以分配的物资容量不再是单位容量。由于物资容量的增加,会使得救灾物资分配问题变得更加复杂。而多容量下的分配策略也会相较于单位容量的分配策略有所不同。因此,多容量下的救灾物资分配问题有待进一步的研究。

本章综合考虑人道主义物流中的三个性能指标:效率、有效性和公平性,并且采用可达性成本、基于起始状态的剥夺成本和期末惩罚成本分别刻画这三个指标。针对上述问题,首先构建一个多目标、多周期非线性整数规划模型,以及三个单目标模型,以探讨同时考虑三个目标的必要性。然后通过动态规划模型处理由于引入剥夺成本带来的非线性项。因为本地响应中心可以分配的物资容量增多了,因此可采取的决策也相应变多,相应的状态转移方程也会随之改变。面对动态规划算法的维数灾问题(curse of dimensionality),采用了更有效的近似动态规划算法(approximate dynamic programming,ADP)求解该问题。本章不仅从理论上分析与论证了动态规划算法以及近似动态规划算法的计算复杂度,还通过数值实验进行了验证。最后,针对模型中重要的因素做了灵敏度分析,并从中得出一些有意思的管理学观点。

3.2 数学建模

本部分从问题描述、符号定义、数学模型、三个性能指标必要性讨论和期末惩罚成本表达形式讨论等方面进行论述。

3.2.1 问题描述

救灾网络（图 3.1）包含两层：本地响应中心和多个受灾区。涉及的假设有五点。

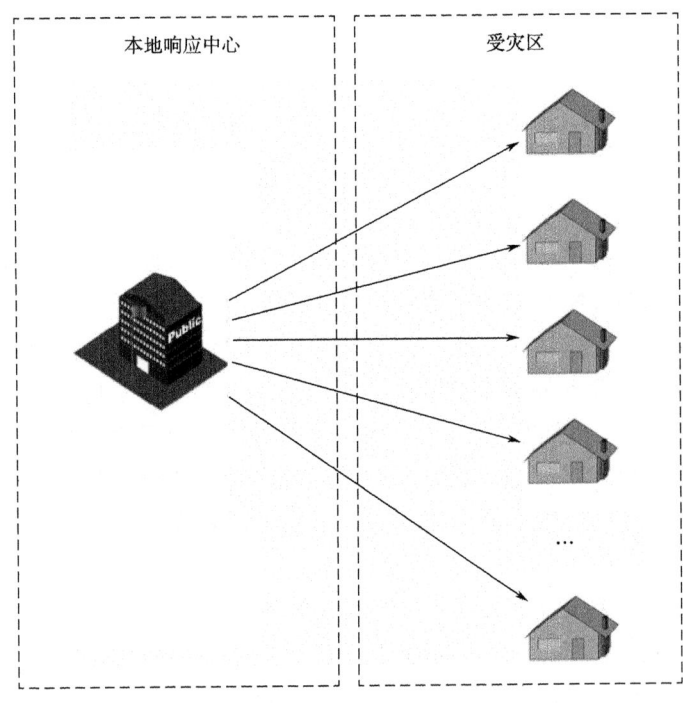

图 3.1　人道主义物流供应链的理论框架

（1）计划周期设置为 72 个小时，并且将其划分成多个长度相等的时间周期。这些时间周期的长度可以根据实际情况设置成需要的数值。例如，可以将一个周期设为 4 小时，需要做 18 个周期的决策；也可以将一个周期设为 6 小时，需要做 12 个周期的决策[①]。

（2）借鉴以上分析，本部分依然采用可达性而不是距离衡量运输成本。灾害发生之后，本地响应中心到受灾区的道路一般都会受到不同程度的损坏，因此简单地采用距离衡量运输成本并不合适。相反，运输成本应该考虑道路受损程度和进行道路修复的设备可得性等因素决定运输的困难程度。所以采用可达性成本衡量运输成本更加合理。

---

① SHEU J B. An emergency logistics distribution approach for quick response to urgent relief demand in disasters [J]. Transportation research part E: logistics and transportation review, 2007, 43 (6): 687-709.

（3）借鉴上一章的分析，本部分依然假设每个受灾区在每个时间周期的需求为 1 个单位的物资。这个假设也是合理的，因为这与 Sphere 标准规定的灾民每日最少需求是一致的[①]。这条假设显得有些残酷，但也是有意义的，特别是在毁灭性灾难发生的情况下。在一个时间周期里，灾民如果收到多于 1 个单位的物资，则假设多出来的物资可以保存下来以备后用。

（4）假设在计划周期开始时，所有受灾区的灾民还未遭受到物资缺乏的痛苦。但受灾害的影响，受灾区也没有物资储备。

（5）如上文所述，本章研究多容量下的救灾物资分配问题。假设本地响应中心的容量在每个时间周期为 C 单位，通常 $C \leq |N| - 1$，其中 $|N|$ 表示受灾区的数量。在每个周期期初，部分或者全部 C 单位的物资从本地响应中心配送出去，将在本周期期末到达目标受灾区。考虑运输能力（如车辆不足）或者物资种类（如易腐物资）的限制，假设本地响应中心上个周期剩余的物资在本周期不能再使用。即每个时间周期从本地响应中心可以分配出去的总物资量最多只有 C 单位。

3.2.2 符号定义

模型参数和变量符号见表 3.1。

表 3.1 模型参数和变量符号

符号	意义及说明
输入参数	
$|N|$	受灾区（AAs）的数量，下标为 i
T	计划周期内的总时间周期数，下标为 t
L	每个时间周期的长度
C	每个时间周期本地响应中心的物资容量
D	每个时间周期各受灾区的需求，根据假设（3），需求为一个单位物资
c_i	从本地响应中心到受灾区 i 运输 1 个单位物资的单位可达性成本
a	剥夺成本参数
b	剥夺成本参数
δ	剥夺时间

---

① SPHERE PROJECT. Humanitarian charter and minimum standards in disaster response [R]. Geneva: Sphere Association, 2011.

续表

符号	意义及说明
γ	剥夺成本函数
ξ_1	目标函数中可达性成本（AC）的权重
ξ_2	目标函数中基于起始状态的剥夺成本（SSDC）的权重
ξ_3	目标函数中期末惩罚成本（TPC）的权重
决策变量	
$Y_{i,t}$	在周期 t 期初向受灾区 i 运送物资的数量
$S_{i,t}$	受灾区 i 在周期 t 期初的起始状态
$S_{i,T+1}$	受灾区 i 在周期 $T+1$ 起初的起始状态，也是周期 T 的期末状态
$\Gamma(S_{i,t})$	受灾区 i 在周期 t 以 $S_{i,t}$ 作为起始状态的剥夺成本
$\Theta(S_{i,T+1})$	受灾区 i 在周期 T 期末以 $S_{i,T+1}$ 为期末状态的期末惩罚成本

3.2.3 非线性规划模型

在构建模型之前，先介绍与模型相关的定义。

阶段（stage）：时间周期，一个时间周期称为一个阶段，用 t 表示。在本书中，阶段和周期会根据需要交替使用，但表示的是相同的意义。

决策（decision）：用 $Y_t = (Y_{1,t}, Y_{2,t}, \cdots, Y_{|N|,t})$ 表示，其中 $Y_{i,t}$ 表示在阶段 t 期初分配给受灾区 i 的物资量。如上文所述，本地响应中心的物资容量为 C，所有 $Y_{i,t}$ 需要满足 $\sum_{i=1}^{|N|} Y_{i,t} \leq C$，其中 $Y_{i,t}$ 取 0 到 C 的整数值。即每个周期本地响应中心可以选择不服务任何受灾区，也可选择服务一个或多个受灾区。相应的，决策空间为 Y_C，由 C 和 $|N|$ 确定。可以发现，随着 C 和 $|N|$ 的增加 $|Y_C|$ 会变得非常大。后文会给出 Y_C 的详细分析。

状态（state）：用 $S_t = (S_{1,t}, S_{2,t}, \cdots, S_{|N|,t})$ 表示。当 $S_{i,t}$ 的值为负数时，其绝对值表示的意思是受灾区 i 目前拥有的物资能够支撑的未来周期数。如果 $S_{i,t}$ 的值为非负数时，表示的意思是受灾区 i 从上一次补给耗尽之后已经连续忍受 $|S_{i,t}|$ 个周期的物资匮乏。

期末状态（final state）：由 $S_{T+1} = (S_{1,T+1}, S_{2,T+1}, \cdots, S_{|N|,T+1})$ 表示。$S_{i,T+1}$ 表示受灾区 i 在时间周期 $T+1$ 期初时刻的状态，同时也表示该受灾区在周期 T 期末的状态。如果 $S_{i,T+1}$ 的值是足够大的正数，则表示受灾区 i 从上一次补给耗尽之后，已经承受了 $S_{i,T+1}$ 个没有物资的周期。期末状态 $S_{i,T+1}$ 从某

种程度上反映了计划周期之后,受灾区 i 的灾民所受痛苦的恶化程度,也体现了他们面对即将到来的下一个规划期时的状态。

状态转移(state transition):状态转移方程可以表示为 $S_{i,\,t+1} = S_{i,\,t} - Y_{i,\,t} + D$,其中 D 表示受灾区 i 在周期 t 的需求。相应的,受灾区的状态值可以取 $\{\cdots, -3, -2, -1, 0, 1, 2, 3, \cdots\}$,图 3.2 直观地刻画了状态转移过程。从图 3.2 中可以看出,由于增大了本地响应中心的物资容量,因此每个周期本地响应中心的决策变多,相应的每个阶段的状态也急剧增加。

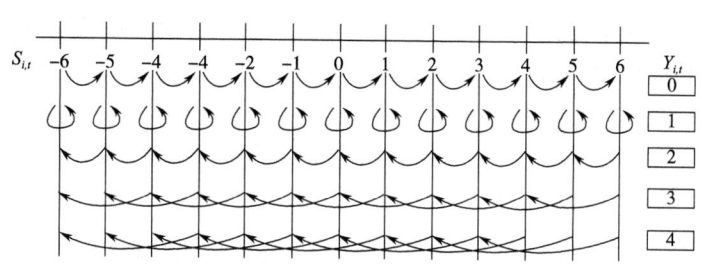

图 3.2 状态转移

本部分构建了非线性整数规划模型(NLP0):

$$(\text{NLP0}) \min \xi_1 \sum_{i=1}^{|N|} \sum_{t=1}^{T} c_i Y_{i,\,t} + \xi_2 \sum_{i=1}^{|N|} \sum_{t=1}^{T} \Gamma(S_{i,\,t}) + \xi_3 \sum_{i=1}^{|N|} \Theta(S_{i,\,T+1}) \tag{3-1}$$

$$\text{s.t.} \sum_{i=1}^{|N|} Y_{i,\,t} \leq C, \quad \forall t = 1, 2, \cdots, T \tag{3-2}$$

$$S_{i,\,t+1} = S_{i,\,t} - Y_{i,\,t} + D, \quad \forall i = 1, 2, \cdots, |N|, \ t = 1, 2, \cdots, T \tag{3-3}$$

$$S_{i,\,1} = 0, \quad \forall i = 1, 2, \cdots, |N| \tag{3-4}$$

$$S_{i,\,t} \in \mathbb{Z} \ \forall i = 1, 2, \cdots, |N|, \ t = 1, 2, \cdots, T+1 \tag{3-5}$$

$$Y_{i,\,t} \in \{0, 1, 2, \cdots\}, \quad \forall i = 1, 2, \cdots, |N|, \ t = 1, 2, \cdots, T \tag{3-6}$$

目标函数(3-1)最小化加权总成本,包含三部分:可达性成本、基于起始状态的剥夺成本和期末惩罚成本。三部分的成本通过权重的方式组合起来,与上一章相同,本章将权重值设置为 $\{\xi_1, \xi_2, \xi_3\} = \{1/3, 1/3, 1/3\}$,且在 3.5.5 节具体研究不同的权重给模型带来的影响。约束(3-2)表示每个时间周期的分配物资总量不能超过本地响应中心的物资容量。约束(3-3)定义了状态转移方程。约束(3-4)将所有受灾区在计划周期的初始状态设置为 0。约束(3-5)和(3-6)定义了每个决策变量的范围。

下面详述目标函数中的基于起始状态的剥夺成本和期末惩罚成本。首先,基于起始状态的剥夺成本作为衡量人道主义物流的有效性指标,聚焦于救灾

物资分配的服务质量。Gralla 等指出，有效性指标定义为服务质量，通常聚焦于需求满足量[1]。而 Holguín-Veras 等认为，未满足的需求量只是量化受灾区灾民痛苦的间接测量方法，提出可以用于直接测量受灾区灾民痛苦的剥夺成本方法[2]。综合两篇文献，本书认为剥夺成本属于有效性指标。本书将其进行一定的修改以适应计划周期范围的离散性质。特别的，当 $S_{i,t} \geq 0$ 时，表示到目前为止受灾区 i 已经承受了 $|S_{i,t}|$ 个时间周期的物资缺乏，此时需要在目标函数里考虑剥夺成本。当 $S_{i,t} < 0$ 时，则表示受灾区 i 还有物资剩余，并且可以支撑接下来的 $|S_{i,t}|$ 个周期，这种情况下，剥夺成本则为 0。因此，基于起始状态的剥夺成本可以用等式（3-7）代替，其中 a 和 b 是剥夺成本参数，L 是一个时间周期的长度。参考 Pradhananga 等的已有研究[3]，a 和 b 分别设置为 2.04 和 0.24。

$$\Gamma(S_{i,t}) = \begin{cases} e^a \cdot (e^{b \cdot L} - 1) \cdot (e^{b \cdot L})^{S_{i,t}}, & S_{i,t} \geq 0 \\ 0, & S_{i,t} < 0 \end{cases} \quad (3-7)$$

令 $\lambda = e^a \cdot (e^{b \cdot L} - 1)$，$\alpha = e^{b \cdot L}$。基于起始状态的剥夺成本可以简化为等式（3-8）。

$$\Gamma(S_{i,t}) = \begin{cases} \lambda \alpha^{S_{i,t}}, & S_{i,t} \geq 0 \\ 0, & S_{i,t} < 0 \end{cases} \quad (3-8)$$

期末惩罚成本作为公平性指标，主要目的是保障在计划周期结束时所有受灾区灾民接受的服务是公平的。期末惩罚成本的作用是保障受灾区灾民在计划周期内经过一系列物资分配决策之后，依然能够有相对公平的状态。即本书关注计划周期结束时候的状态，期望不会有受灾区在计划周期结束后，面对未来挑战时会处于特别不利的境地。

期末惩罚成本作为一种惩罚成本，可以有多种表达方式，例如，固定值方式或者动态值方式。如 Holguín-Veras 等所说，固定值方式是指：当相关变量的期末状态超过一个预置的阈值后，会产生固定值的惩罚成本（常值）[4]。

---

[1] GRALLA E, GOENTZEL J, FINE C. Assessing tradeoffs among multiple objectives for humanitarian aid delivery using expert preferences [J]. Production and operations management, 2014, 23 (6): 978-989.

[2] HOLGUÍN-VERAS J, PÉREZ-RODRÍGUEZ N, JALLER M, et al. On the appropriate objective function for post-disaster humanitarian logistics models [J]. Journal of operations management, 2013, 31 (5): 262-280.

[3] PRADHANANGA R, MUTLU F, POKHAREL S, et al. An integrated resource allocation and distribution model for pre-disaster planning [J]. Computers & industrial engineering, 2016 (91): 229-238.

[4] HOLGUÍN-VERAS J, PÉREZ-RODRÍGUEZ N, JALLER M, et al. On the appropriate objective function for post-disaster humanitarian logistics models [J]. Journal of operations management, 2013, 31 (5): 262-280.

例如，如果预置阈值是 5 天，当灾民等待救援时间超过 5 天，目标函数中将产生一个固定的惩罚成本。固定值方式有明显的缺陷，当把预置阈值设为 1 天，那么缺水 1 天和缺水 4 天的惩罚成本在这种情况下是一样的。但很明显，缺水 1 天和缺水 4 天两种情况给灾民健康状况带来的影响显然是不一样的，固定值方式却无法体现这种差异。固定值方式还有另一个难点，即如何设置合适的阈值。因此本章的研究采用动态值方式，以体现期末惩罚成本的非线性。为了简单起见，本书采用等式（3-8）表现期末惩罚成本，具体如等式（3-9）所示。期末惩罚成本的其他形式将会在后文进行详细讨论。

$$\Theta(S_{i,\,T+1}) = \begin{cases} \lambda\,\alpha^{S_{i,\,T+1}}, & S_{i,\,T+1} \geq 0 \\ 0, & S_{i,\,T+1} < 0 \end{cases} \quad (3\text{-}9)$$

尽管基于起始状态的剥夺成本和期末惩罚成本的表达式是一样的，但有着不同的含义，并且关注点也不一样。进一步地说，基于原始状态的剥夺成本聚焦于在计划周期范围内，每个受灾区的剥夺成本的累积过程。而期末惩罚成本则是聚焦于每个受灾区在计划周期外的最终结果，目标是尽量让每个受灾区在面对未来挑战时能够有一个好的起始状态。图 3.3 为基于原始状态的剥夺成本和期末惩罚成本的图解。

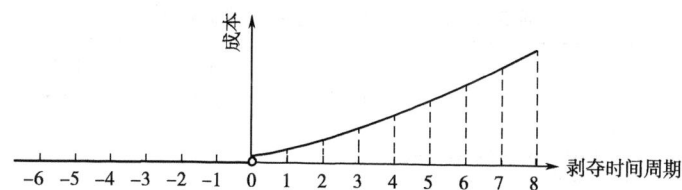

图 3.3　基于起始状态的剥夺成本和期末惩罚成本函数

3.2.4　三个性能指标的必要性探讨

本节主要分析目标函数中可达性成本、基于起始状态的剥夺成本和期末惩罚成本的独特含义。本章在研究人道主义救援中，也同时考虑了三种衡量指标。第一，可达性成本作为效率指标被用来表示服务受灾区的运输成本。该成本与受灾区的可达性相关，因此该成本根据不同受灾区会有所差异。第二，基于起始状态的剥夺成本作为有效性指标，聚焦于计划周期内物资分配过程中的受灾区灾民的痛苦。第三，期末惩罚成本作为公平性指标，聚焦于计划周期之后灾民的痛苦状态。引入期末惩罚成本的目的是为了保证不会有灾民处于严重的劣势，以保证在计划周期之后所有灾民有相对合理并且公平的状态面对未来的挑战。

为了单独观察和比较三种指标，本章首先构建了三个单目标函数构建模型，分别用 SO1，SO2，SO3 表示。

$$(\text{SO1}) \quad \min \sum_{i=1}^{|N|} \sum_{t=1}^{T} c_i Y_{i,t} \tag{3-10}$$

s. t. （3-2）~（3-6）

$$(\text{SO2}) \quad \min \sum_{i=1}^{|N|} \sum_{t=1}^{T} \Gamma(S_{i,t}) \tag{3-11}$$

s. t. （3-2）~（3-6）

$$(\text{SO3}) \quad \min \sum_{i=1}^{|N|} \Theta(S_{i,T+1}) \tag{3-12}$$

s. t. （3-2）~（3-6）

本节以算例 $\{|N|, C, T\} = \{3, 1, 7\}$ 为例，表示本地响应中心制定服务 3 个受灾区，每个周期有 1 个单位物资、共 7 个时间周期的分配计划。通过非线性优化求解器分别对三个模型进行求解。表 3.2 展示了三个模型求得的各受灾区的最优决策、状态变化过程和期末状态。表 3.2 的最后三列分别展示了从最优决策和最优状态路径求得的相应可达性成本、基于起始状态的剥夺成本和期末惩罚成本。

表 3.2 三个单目标模型求解结果对比

模型	决策	状态	期末状态	可达性成本	基于起始状态的剥夺成本	期末惩罚成本
SO1	A: 0-0-0-0-0-0-0	0-1-2-3-4-5-6-7	(7, 7, 7)	0.00	19 099.26	30 819.40
	B: 0-0-0-0-0-0-0	0-1-2-3-4-5-6-7				
	C: 0-0-0-0-0-0-0	0-1-2-3-4-5-6-7				
SO2	A: 0-1-0-0-0-1-0	0-1-1-2-3-4-4-5	(5, 5, 5)	1 500.00	3 791.74	4 518.34
	B: 0-0-1-0-1-0-0	0-1-2-2-3-3-4-5				
	C: 1-0-0-1-0-0-0	0-0-1-2-2-3-4-5				
SO3	A: 0-1-0-0-0-0-1	0-1-1-2-3-4-5-5	(5, 5, 4)	1 800.00	4 584.91	3 588.91
	B: 0-0-1-0-0-1-0	0-1-2-2-3-4-4-5				
	C: 1-0-0-1-1-0-0	0-0-1-2-2-2-3-4				

如表 3.2 所示，如果像 SO1 模型仅考虑可达性成本，那么可达性成本等于 0。即没有受灾区会被服务，而在所有模型中这个模型的基于起始状态的剥夺成本和期末惩罚成本的值是最高的，所有受灾区的期末状态都等于 7。如果

像 SO2 模型仅考虑基于起始状态的剥夺成本，与其他两个模型相比虽然基于起始状态的剥夺成本是最小的，而可达性成本和期末惩罚成本相对非常高。如果像 SO3 模型仅考虑期末惩罚成本，与其他两个模型相比虽然期末惩罚成本是最小的，而可达性成本和基于起始状态的剥夺成本是三者中最差的。

为了提供更直观的对比，图 3.4 展示了所有受灾区每个时间周期的状态变化。从以上分析发现，这个算例结果表明每项指标都有自己独特的作用。例如，基于起始状态的剥夺成本聚焦于计划周期范围内剥夺成本的累积过程，期末惩罚成本则聚焦于每个受灾区规划期外的最终结果。而在现实中，越来越有必要同时考虑这三个指标，以便同时兼顾人道主义物流的效率、有效性和公平性。因此，本章在目标函数（3-1）中通过加权和的方法同时考虑三个目标。进一步，不同权重的作用会在下文通过数值实验进行分析。

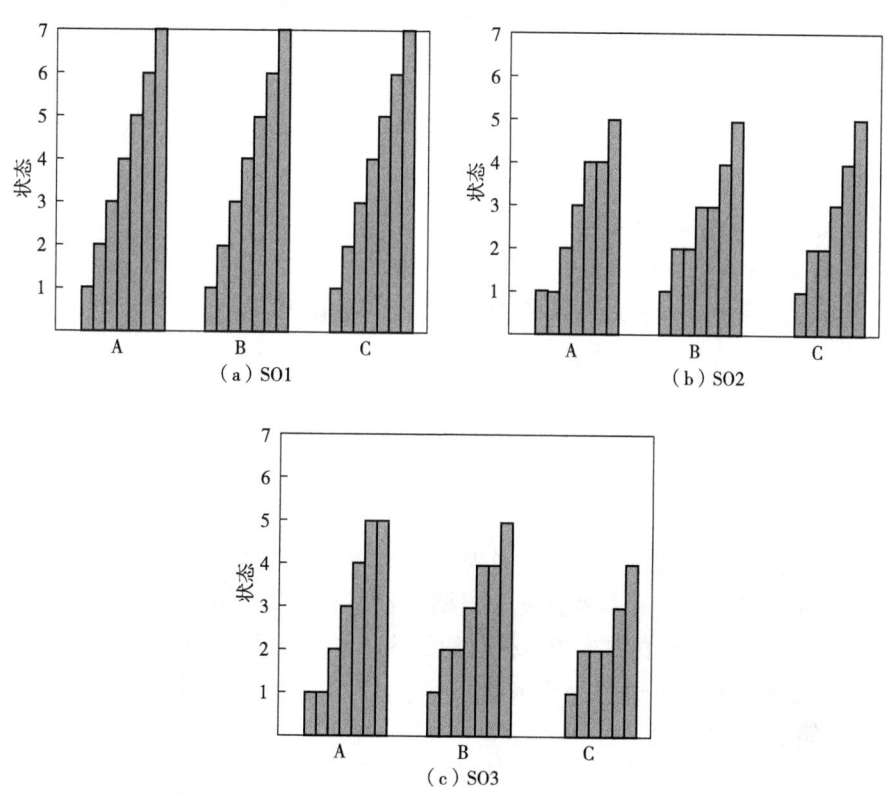

图 3.4　三个单目标模型的状态变化

3.2.5　期末惩罚成本表达形式的讨论

在 3.2.3 中期末惩罚成本使用了与基于起始状态的剥夺成本相同的函数。

为了验证这种表现方式的有效性，本部分将分析期末惩罚成本其他表现方式。例如，最小化所有受灾区中最大的期末惩罚成本、加入硬约束（hard constraint）以及两者的组合。

第一，用最小化所有受灾区最大的期末惩罚成本的表示方式取代最小化所有受灾区期末惩罚成本的总和，并且加入最小最大约束（3-14），记为 NLP1 模型。

$$(\text{NLP1}) \min \xi_1 \sum_{i=1}^{|N|} \sum_{t=1}^{T} c_i Y_{i,t} + \xi_2 \sum_{i=1}^{|N|} \sum_{t=1}^{T} \Gamma(S_{i,t}) + \xi_3 \Omega \quad (3\text{-}13)$$

s.t. （3-2）~（3-6）

$$\Theta(S_{i,T+1}) \leq \Omega, \quad \forall i = 1, 2, \cdots, |N| \quad (3\text{-}14)$$

第二，最小化所有受灾区期末惩罚成本的总和，但加入了额外的硬约束（3-16），该约束对期末状态强加上阈值 ε。其中，阈值可以根据实际场景和需求进行设置，记为 NLP2 模型。

$$(\text{NLP2}) \min \xi_1 \sum_{i=1}^{|N|} \sum_{t=1}^{T} c_i Y_{i,t} + \xi_2 \sum_{i=1}^{|N|} \sum_{t=1}^{T} \Gamma(S_{i,t}) + \xi_3 \sum_{i=1}^{|N|} \Theta(S_{i,T+1})$$

(3-15)

s.t. （3-2）~（3-6）

$$S_{i,T+1} \leq \varepsilon, \quad \forall i = 1, 2, \cdots, |N| \quad (3\text{-}16)$$

第三，结合最小最大约束和硬约束，相应的记为 NLP3 模型。

$$(\text{NLP3}) \min \xi_1 \sum_{i=1}^{|N|} \sum_{t=1}^{T} c_i Y_{i,t} + \xi_2 \sum_{i=1}^{|N|} \sum_{t=1}^{T} \Gamma(S_{i,t}) + \xi_3 \Omega \quad (3\text{-}17)$$

s.t. （3-2）~（3-6）

$$\Theta(S_{i,T+1}) \leq \Omega, \quad \forall i = 1, 2, \cdots, |N|$$

$$S_{i,T+1} \leq \varepsilon, \quad \forall i = 1, 2, \cdots, |N|$$

此外，另一种表现方式则是考虑了前文提到的期末惩罚成本的固定值方式，即给定期末状态一个阈值 ε，当期末状态超过这个阈值时，则在目标函数中计入一个固定惩罚成本 P。相应的记为 NLP4 模型。其中 ε 表示阈值，P 是预置惩罚成本，M 表示一个大数。$Z_{i,T+1}$ 为二元值，如果 $S_{i,T+1} > \varepsilon$，则 $Z_{i,T+1}$ 等于 1，否则为 0。

$$(\text{NLP4}) \min \xi_1 \sum_{i=1}^{|N|} \sum_{t=1}^{T} c_i Y_{i,t} + \xi_2 \sum_{i=1}^{|N|} \sum_{t=1}^{T} \Gamma(S_{i,t}) + \xi_3 \sum_{i=1}^{|N|} Z_{i,T+1} P$$

(3-18)

s.t. （3-2）~（3-6）

$$\varepsilon + 1 - S_{i,T+1} - M(1 - Z_{i,T+1}) \leq 0, \quad \forall i = 1, 2, \cdots, |N| \quad (3\text{-}19)$$

和上节一样，本节以算例 $\{3,1,7\}$ 为例，分别应用于三个模型，并通过非线性优化求解器进行直接求解。表 3.3 展示了三个模型求得的各个受灾区的最优决策、状态变化过程、期末状态。

表 3.3 不同期末惩罚成本形式求解结果对比

模型	决策	状态	期末状态	可达性成本	基于起始状态的剥夺成本	期末惩罚成本
NLP0	A: 1-0-0-1-0-0-1	0-0-1-2-2-3-4-4	(4, 5, 5)	1 700.00	3 791.74	3 588.91
	B: 0-0-1-0-1-0-0	0-1-2-2-3-3-4-5				
	C: 0-1-0-0-0-1-0	0-1-1-2-3-4-4-5				
NLP1	A: 0-1-0-1-0-0-0	0-1-1-2-2-3-4-5	(5, 5, 5)	1 500.00	3 791.74	4 518.34
	B: 1-0-0-0-0-1-0	0-0-1-2-3-4-4-5				
	C: 0-0-1-0-1-0-0	0-1-2-2-3-3-4-5				
NLP2	A: 0-0-1-1-0-0-1	0-1-2-2-2-3-4-4	(4, 5, 5)	1 700.00	3 791.74	3 588.91
	B: 1-0-0-0-0-1-0	0-0-1-2-3-4-4-5				
	C: 0-1-0-0-0-1-0	0-1-1-2-3-3-4-5				
NLP3	A: 1-0-0-1-0-0-0	0-1-1-2-2-3-4-5	(5, 5, 5)	1 500.00	3 791.74	4 518.34
	B: 0-1-0-0-0-1-0	0-1-2-2-3-4-4-5				
	C: 0-0-1-0-1-0-0	0-1-2-2-3-3-4-5				
NLP4	A: 0-1-0-0-0-1-0	0-1-1-2-3-3-4-5	(5, 5, 5)	1 500.00	3 791.74	4 518.34
	B: 0-0-1-1-0-0-0	0-1-2-2-2-3-4-5				
	C: 1-0-0-0-0-1-0	0-0-1-2-3-4-4-5				

表 3.3 的最后三列分别展示了从最优决策和最优状态路径求得的相应可达性成本、基于起始状态的剥夺成本和期末惩罚成本。同时，为了更清晰地展示结果，图 3.5 刻画了每个时间周期内每个受灾区的状态。如表 3.3 和图 3.5 所示，所有模型的基于起始状态的剥夺成本都是一样的，说明在计划周期里受灾区都能得到相同的服务。这些模型的不同主要体现在可达性成本和期末惩罚成本。NLP0 和 NLP2 模型的期末状态以及期末惩罚成本要优于其他两个模型，说明两个模型可以在计划周期末获得更好的服务。但是，要给 NLP2 模型设置合适的参数 ε 并不容易。并且，如果 ε 过小则会导致模型不存在可行解。因此，原始 NLP0 模型中期末惩罚成本的表现方式更加合理。

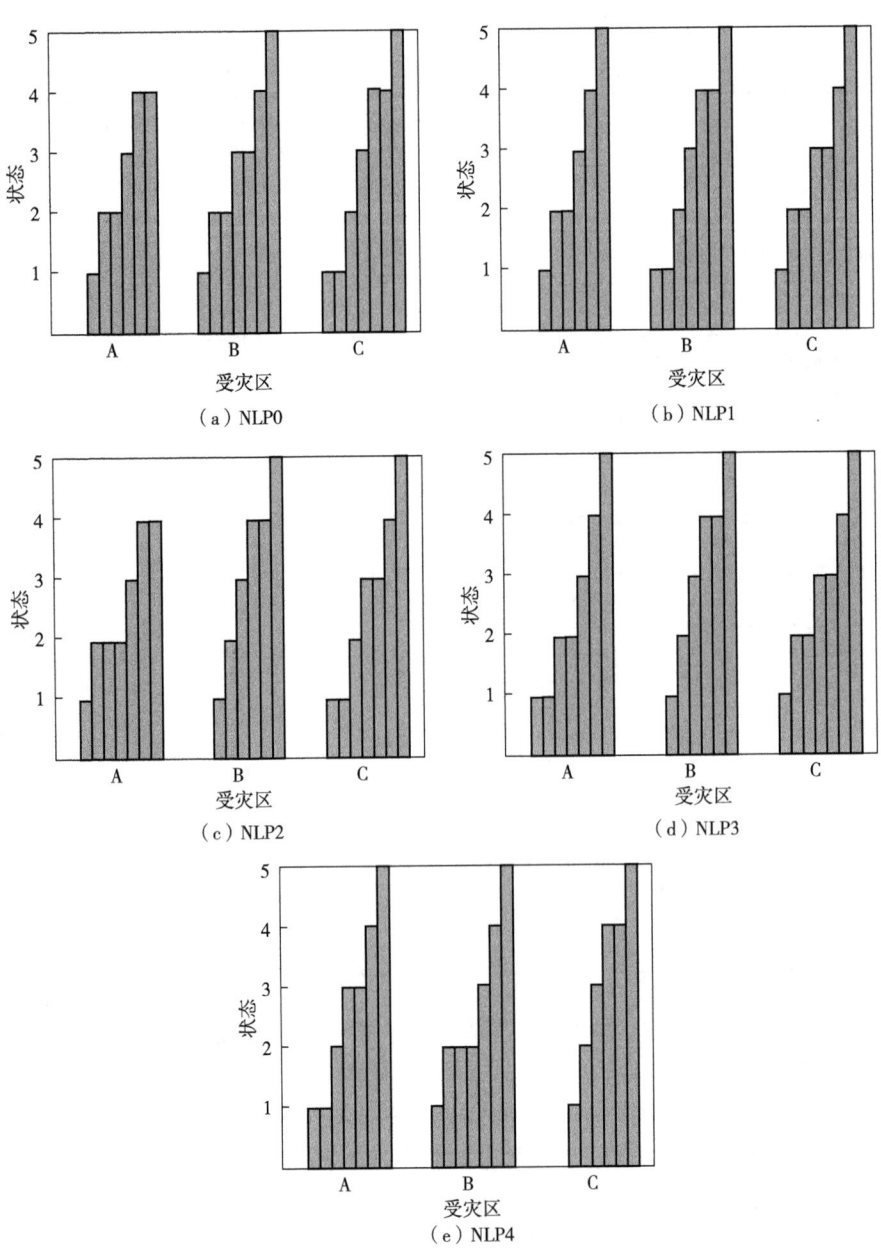

图 3.5 不同期末惩罚成本表现形式模型的状态变化示意图

3.3 动态规划算法

原始 NLP0 模型中的非线性目标函数使得模型很难精确求解。经过 3.2.4 和 3.2.5 的初始实验发现,非线性求解器直接求解效率不是很高,这点在下文的数值实验中会再次验证。因此,本节需要设计另外一个算法对模型进行精确求解。回顾本章研究的问题描述,满足马尔科夫性质,可以使用动态规划方法求解。本章先构造 NLP0 模型的等价动态规划模型,以避免直接处理非线性项,然后通过一个小算例演示精确求解算法的计算过程,最后对方法的复杂度进行理论分析。

3.3.1 等价动态规划模型

等价动态规划模型,如式(3-20)所示。其中 f_{T+1} 表示计划周期 T 期末的边界条件,即加权期末惩罚成本;f_t 表示从周期 t 到计划周期 T 期末的最优成本。使用反向(backward)方式求解模型(3-20)可以获得目标值 f_1。

$$\begin{cases} f_t(S_{1,t}, S_{2,t}, \cdots, S_{|N|,t}) = \min_{Y_t} \left\{ \xi_1 \sum_{i=1}^{|N|} c_i Y_{i,t} + \xi_2 \sum_{i=1}^{|N|} \varGamma(S_{i,t}) + f_{t+1}(S_{1,t+1}, \cdots, S_{|N|,t+1}) \right\} \\ \text{s.t. } (3-2) \sim (3-6) \\ f_{T+1}(S_{1,T+1}, S_{2,T+1}, \cdots, S_{|N|,T+1}) = \xi_3 \sum_{i=1}^{|N|} \varGamma(S_{i,T+1}) \end{cases}$$

(3-20)

3.3.2 演示算例

本节通过一个算例逐步演示动态规划模型的求解过程。该算例包含一个本地响应中心和三个受灾区 A,B,C。参考 Huang 等的研究,由于受到灾害的破坏,交通基础设施受到不同程度的损坏,因此灾害情况下的物资运输时间要比平时的物资运输时间长[①]。假设从本地响应中心到每个受灾区平常的物资运输时间分别为 2 小时、2.5 小时和 3 小时。那么在受灾后,物资运输时间假设变成双倍,分别为 4 小时、5 小时和 6 小时。另外,根据 Pérez-Rodríguez

---

① HUANG K, JIANG Y, YUAN Y, et al. Modeling multiple humanitarian objectives in emergency response to large-scale disasters [J]. Transportation research part E: logistics and transportation review, 2015 (75): 1-17.

和 Holguín-Veras 的假设，物资运输成本为每小时 50 美元[①]。因此，从本地响应中心到三个受灾区可达性成本分别为 200 美元、250 美元和 300 美元。参考 Pradhananga 等的研究，剥夺成本参数 a 和 b 分别设置为 2.04 和 0.24[②]。受灾区 A，B，C 的起始状态默认设置为 $(S_{A,1}, S_{B,1}, S_{C,1}) = (0, 0, 0)$。为了将计算过程演示清楚，同时又不陷入烦琐的细节，计划周期被设置为 2 个时间周期。计算过程如下所示。

步骤 1：计算边界条件。经过 2 个时间周期之后，计划周期（$t=3$）共有 35 种可能的期末状态，即 $(S_{A,3}, S_{B,3}, S_{C,3}) \in$ { (2, 2, 2)，(1, 1, 1)，(1, 2, 2)，(2, 1, 2)，(2, 2, 1)，(1, 1, 2)，(1, 2, 1)，(2, 1, 1)，(0, 2, 2)，(2, 0, 2)，(2, 2, 0)，(0, 1, 2)，(0, 2, 1)，(1, 0, 2)，(1, 2, 0)，(2, 0, 1)，(2, 1, 0)，(-1, 2, 2)，(2, -1, 2)，(2, 2, -1)，(0, 0, 2)，(0, 2, 0)，(2, 0, 0)，(0, 1, 1)，(1, 0, 1)，(1, 1, 0)，(-1, 1, 2)，(-1, 2, 1)，(1, -1, 2)，(1, 2, -1)，(2, -1, 1)，(2, 1, -1)，(-2, 2, 2)，(2, -2, 2)，(2, 2, -2) }。相应的计算得到加权期末惩罚成本（f_3^*），一部分结果展示见表 3.4。

步骤 2：对于时间周期（$t=2$），共有 10 种可能的状态，即 $(S_{A,2}, S_{B,2}, S_{C,2}) \in$ \in { (1, 1, 1)，(0, 1, 1)，(1, 0, 1)，(1, 1, 0)，(0, 0, 1)，(0, 1, 0)，(1, 0, 0)，(-1, 1, 1)，(1, -1, 1)，(1, 1, -1) }。每种状态的决策空间 $(Y_{A,2}, Y_{B,2}, Y_{C,2}) \in$ { (0, 0, 0)，(1, 0, 0)，(0, 1, 0)，(0, 0, 1)，(2, 0, 0)，(0, 2, 0)，(0, 0, 2)，(1, 1, 0)，(1, 0, 1)，(0, 1, 1) }。然后从时间周期 $t=2$ 到计划周期期末的最优成本可以通过公式 $\xi_1(c_A + c_B + c_C) + \xi_2(\Gamma_A(S_{A,2}) + \Gamma_B(S_{B,2}) + \Gamma_C(S_{C,2})) + f_3^*$ 计算得到。相应的计算结果见表 3.4 中间部分。

步骤 3：时间周期（$t=1$）的计算过程和步骤 2 基本一样，区别在于只有一个起始状态，即（0，0，0）。相应的计算结果见表 3.4 最后部分。

步骤 4：通过前向回溯的方式获得 Y_t 值、最优状态路径及最优值，即表 3.4 中粗体行显示的结果。该算例的最优运输方案为 { (0, 0, 0)，(0, 0, 0) }，该结果表示在每个时间周期根本不做任何服务。这个结果的原因在于计划周期太短，基于起始状态的剥夺成本和期末惩罚成本的作用还未体现出来。换

[①] PÉREZ-RODRÍGUEZ N, HOLGUÍN-VERAS J. Inventory-allocation distribution models for post-disaster humanitarian logistics with explicit consideration of deprivation costs [J]. Transportation science, 2015, 50 (4): 1261-1285.

[②] PRADHANANGA R, MUTLU F, POKHAREL S, et al. An integrated resource allocation and distribution model for pre-disaster planning [J]. Computers & industrial engineering, 2016 (91): 229-238.

言之,对于短时间周期,可达性成本可能会完全处于支配地位。

表3.4 动态规划算法求解过程

步骤	S_t	S_{t+1}	f_t	f_t^*	Y_t^*
1	(2, 2, 2)		1/3 × (84.55 + 84.55 + 84.55)	**84.55**	
	(1, 2, 2)		1/3 × (32.37 + 84.55 + 84.55)	67.16	
	(1, 1, 2)		1/3 × (32.37 + 32.37 + 84.55)	49.76	
	(0, 2, 2)		1/3 × (12.39 + 84.55 + 84.55)	60.50	
	(-2, 2, 2)		1/3 × (0 + 84.55 + 84.55)	56.37	
	……		……	……	
2	(1, 1, 1)	(2, 2, 2)	1/3 × 0 + 1/3 × (32.37 + 32.37 + 32.37) + 84.55	**116.92**	(0, 0, 0)
	(0, 1, 1)	(1, 2, 2)	1/3 × 0 + 1/3 × (12.39 + 32.37 + 32.37) + 67.16	92.87	(0, 0, 0)
	(0, 0, 1)	(1, 1, 2)	1/3 × 0 + 1/3 × (12.39 + 12.39 + 32.37) + 49.76	68.81	(0, 0, 0)
	(-1, 1, 1)	(0, 2, 2)	1/3 × 0 + 1/3 × (0 + 32.37 + 32.37) + 60.50	82.08	(0, 0, 0)
	……	……	……	……	……
3	(0, 0, 0)	(1, 1, 1)	1/3 × 0 + 1/3 × (12.39 + 12.39 + 12.39) + 116.92	**129.31**	(0, 0, 0)
	(0, 0, 0)	(0, 1, 1)	1/3 × 200 + 1/3 × (12.39 + 12.39 + 12.39) + 92.87	171.93	(1, 0, 0)
	(0, 0, 0)	(1, 0, 1)	1/3 × 250 + 1/3 × (12.39 + 12.39 + 12.39) + 92.87	188.60	(0, 1, 0)
	(0, 0, 0)	(1, 1, 0)	1/3 × 300 + 1/3 × (12.39 + 12.39 + 12.39) + 92.87	205.26	(0, 0, 1)
	(0, 0, 0)	(0, 0, 1)	1/3 × 450 + 1/3 × (12.39 + 12.39 + 12.39) + 68.81	231.21	(1, 1, 0)
	(0, 0, 0)	(0, 1, 0)	1/3 × 500 + 1/3 × (12.39 + 12.39 + 12.39) + 68.81	247.88	(1, 0, 1)
	(0, 0, 0)	(1, 0, 0)	1/3 × 550 + 1/3 × (12.39 + 12.39 + 12.39) + 68.81	264.55	(0, 1, 1)
	(0, 0, 0)	(-1, 1, 1)	1/3 × 400 + 1/3 × (12.39 + 12.39 + 12.39) + 82.08	227.80	(2, 0, 0)
	(0, 0, 0)	(1, -1, 1)	1/3 × 500 + 1/3 × (12.39 + 12.39 + 12.39) + 82.08	261.14	(0, 2, 0)
	(0, 0, 0)	(1, 1, -1)	1/3 × 600 + 1/3 × (12.39 + 12.39 + 12.39) + 82.08	294.47	(0, 0, 2)

3.3.3 计算复杂度分析

从3.3.2的算例可以看出,随着问题规模的增大,动态规划模型的状态空间呈指数增长。这种现象通常被称为动态规划方法的维度灾。下文通过分析该动态规划模型的计算复杂度研究状态规模的增长速度。

在计算动态规划模型复杂度前,有必要先估计决策空间 Y_C 的大小。即每个时间周期本地响应中心可选择的决策数量,此时容量为 C,受灾区为 $|N|$ 个。特别地,Y_C 用向量 $(Y_{1,t}, Y_{2,t}, \cdots, Y_{|N|,t})$ 表示。其中 $Y_{i,t}$ 为 0 到 C 的整数值,需要满足 $\sum_{i=1}^{|N|} Y_{i,t} \leq C$。所以 $|Y_C|$ 会随着 $|N|$ 和 C 的增加而急剧增长,可以用等式(3-21)表示。其中 $|Y_0|=1$ 表示本地响应中心不服务任何的受灾区,因为没有可用物资。

$$|Y_C| = \sum_{j=1}^{|E(1)|} |W(E_j(1))| + \sum_{j=1}^{|E(2)|} |W(E_j(2))| + \cdots + \sum_{j=1}^{|E(C)|} |W(E_j(C))|$$
(3-21)

等式(3-21)中的 $E(C)$ 表示总和为 C 时的所有整数组合。实际上,$E(C)$ 是给定物资容量为 C 时的物资分配模式组合,其大小可以用不等式(3-22)近似计算得到。例如,整数 4 可以按照五种不同方式进行切分:{4, 3+1, 2+2, 2+1+1, 1+1+1+1}。$E_j(C)$ 表示 $E(C)$ 中第 j($j=1, 2, \cdots, |E(C)|$)个物资分配模式。

$$|E(C)| \leq 1 + C_{C-1}^1 + C_{C-1}^2 + \cdots + C_{C-1}^{C-1}$$
$$= 1 + \frac{(C-1)!}{1!(C-2)!} + \frac{(C-1)!}{2!(C-3)!} + \cdots + \frac{(C-1)!}{(C-1)!0!} \quad (3-22)$$

等式(3-21)中的 $|W(E_j(C))|$ 表示在 $|N|$ 个受灾区中按照第 j 种物资分配模式 $E_j(C)$ 进行分配的方式数量。例如,本地响应中心的物资容量为 4,需要服务 3 个受灾区,如果物资分配模式为 {3+1},则分派方式包括 {(0, 1, 3), (0, 3, 1), (1, 0, 3), (1, 3, 0), (3, 0, 1), (3, 1, 0)}。$|W(E_j(C))|$ 可以通过不等式(3-23)近似计算得到。

$$|W(E_j(C))| \leq 1 \cdot |N| + C_{C-1}^1 \cdot \frac{A_{|N|}^2}{(|N|-2)!} + C_{C-1}^2 \cdot \frac{A_{|N|}^3}{(|N|-3)!} + \cdots +$$
$$C_{C-1}^{C-1} \cdot \frac{A_{|N|}^{C-1}}{(|N|-C+1)!}$$
$$= |N| + \frac{(C-1)!}{1!(C-2)!} \cdot \frac{|N|(|N|-1)}{(|N|-2)!} + \frac{(C-1)!}{2!(C-3)!} \cdot$$
$$\frac{|N|(|N|-1)(|N|-2)}{(|N|-3)!} + \cdots + \frac{(C-1)!}{(C-1)!0!} \cdot$$
$$\frac{|N|(|N|-1)\cdots(|N|-C+2)}{(|N|-C+1)!} \quad (3-23)$$

基于上文的分析，动态规划算法的计算复杂度可以从定理 3.1 得出。

定理 3.1：DP 的计算复杂度为 $O(|Y_C| \times \sum_{t=1}^{T} [(t-1) \cdot C + 1]^{|N|})$。

证明：动态规划模型的状态规模（S）可以用式（3-34）估算：

$$S = \sum_{t=1}^{T} \prod_{i=1}^{|N|} [(S_{i,1} - (t-1) \cdot 0 + (t-1) \cdot 1) - (S_{i,1} - (t-1) \cdot C + (t-1) \cdot 1) + 1]$$

$$= \sum_{t=1}^{T} [(0 - (t-1) \cdot 0 + (t-1) \cdot 1) - (0 - (t-1) \cdot C + (t-1) \cdot 1) + 1]^{|N|}$$

$$= \sum_{t=1}^{T} [(t-1) \cdot C + 1]^{|N|} \tag{3-24}$$

其中 $S_{i,1}$ 设为 0，表示时间周期 $t=1$ 期初的起始状态。$[(t-1) \cdot 1]$ 表示从周期 1 到周期 $t-1$，$t-1$ 个时间周期受灾区 i 的需求总量。如前文假设，每个受灾区在单个时间周期里的需求均为 1 个单位物资。$[S_{i,1} - (t-1) \cdot 0 + (t-1) \cdot 1]$ 表示受灾区 i 从时间周期 1 到周期 $t-1$，没收到任何物资的情况下，在周期 t 的期初状态。同样的，$[S_{i,1} - (t-1) \cdot C + (t-1) \cdot 1]$ 表示受灾区 i 从时间周期 1 到周期 $t-1$，收到 $(t-1) \cdot C$ 单位物资的情况下，在周期 t 的期初状态。实质上，这两个值分别代表了受灾区 i 接收到最少和最多物资两种极端情况下的状态。

对于每个状态，都有 $|Y_C|$ 个决策可以选择，从而转移到下一个状态。因此，DP 的计算复杂度为 $O(|Y_C| \times S) = O(|Y_C| \times \sum_{t=1}^{T} [(t-1) \cdot C + 1]^{|N|})$。

定理 3.1 表明，该动态规划模型状态规模是指数增长的。针对小规模问题，动态规划方法可以直接求解得到最优解。但对于中等或者大规模问题，则需要提供更加有效的求解算法。

3.4　近似动态规划算法

Powell 指出，近似动态规划（approximate dynamic programming algorithms，ADP）是克服动态规划维数灾的一个有力工具[①]。滚动算法（rollout algorithm）作为应用非常广泛的近似动态规划方法，适用于确定或者随机动态规划模型，

[①] POWELL W B. What you should know about approximate dynamic programming [J]. Naval research logistics，2009，56（3）：239-249.

最早由 Bertsekas 提出[1][2][3]。滚动算法的核心思想是使用近似函数来代替代价函数（cost-to-go function），而该近似函数一般是通过次优策略也即基础策略获得的[4][5]。也就是说，滚动算法是严重依赖于基础算法的策略改进迭代，但能保证结果优于基础算法。因此，不同的基础算法会得到不同的滚动算法。本书将采用贪婪算法（greedy algorithm，GE）作为基础算法，贪婪算法可以在短时间内快速得到局部最优解。

3.4.1 基础算法：贪婪算法

本节介绍基础算法的具体步骤，然后针对其计算复杂度给出相关定理。

3.4.1.1 算法描述

基础算法的基本思想是在每一步选择局部最优的决策，以期获得全局最优解。即在每个时间周期挑选成本最小的决策。算法流程如下所示。

步骤 1：当 $t=1$ 时，对于所有受灾区 i 设置初始状态 $S_{i,t}=0$，然后计算初始条件 $f_1(0, 0, \cdots, 0)$，进入步骤 2。

步骤 2：按照状态转移方程 $S_{i,t+1} = S_{i,t} - Y_{i,t} + D$ 产生时间周期 $t+1$ 的所有可能状态，进入步骤 3。

步骤 3：计算从时间周期 1 到 $t+1$ 的成本，即 $f_{t+1}(S_{1,t+1}, \cdots, S_{|N|,t+1}) = \xi_1 \sum_{i=1}^{|N|} c_i Y_{i,t} + \xi_2 \sum_{i=1}^{|N|} \Gamma(S_{i,t}) + f_t$，进入步骤 4。

步骤 4：选择最小成本 f_{t+1}^* 对应的决策 Y_t^*，记录相应的轨迹 $T_{t+1} = (S_1^*, Y_1^*, \cdots, S_{t+1}^*)$，其中 $S_{t+1}^* = (S_{1,t+1}^*, S_{2,t+1}^*, \cdots, S_{|N|,t+1}^*)S$，更新状态 S_t 为 S_{t+1}^*，进入步骤 5。

步骤 5：重复步骤 2 到步骤 4，直到 $t+1 = T+1$，进入步骤 6。

步骤 6：计算成本 $f_{T+1} = \xi_3 \sum_{i=1}^{|N|} \Theta(S_{i,T+1}) + f_T$，选择最小成本 f_{T+1}^* 对应的决策 Y_T^*，记录相应的轨迹 $T_{T+1} = (S_1^*, Y_1^*, \cdots, S_{T+1}^*)$，结束算法流程。

---

[1] BERTSEKAS D P, TSITSIKLIS J N, WU C. Rollout algorithms for combinatorial optimization [J]. Journal of heuristics，1997，3（3）：245-262.

[2] BERTSEKAS D P, CASTANON D A. Rollout algorithms for stochastic scheduling problems [J]. Journal of heuristics，1999，5（1）：89-108.

[3] BERTSEKAS D P. Rollout algorithms for constrainde dynamic programming [R]. Laboratory for Infomation and Decision Systems Report 2646，MIT，2005.

[4] ZHANG C, WU T, KIM K H, et al. Conservative allocation models for outbound containers in container terminals [J]. European journal of operational research，2014，238（1）：155-165.

[5] ZHANG C, WU T, ZHONG M, et al. Location assignment for outbound containers with adjusted weight proportion [J]. Computers & operations research，2014（52）：84-93.

上述基础算法过程可以通过图 3.6 直观表示出来。

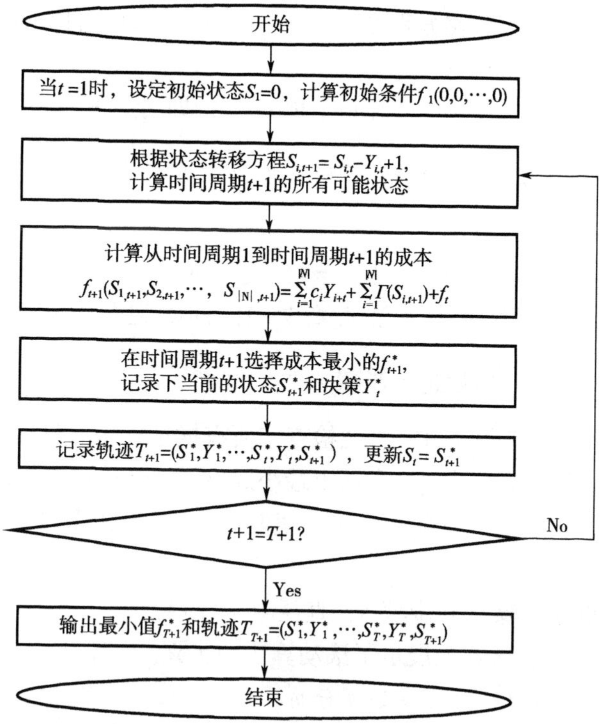

图 3.6 贪婪算法流程

3.4.1.2 基础算法计算复杂度分析

根据上述的算法描述,贪婪算法计算复杂度可以用定理 3.2 表示。

定理 3.2:基础算法的计算复杂度为 $O(T|Y_C|)$。

证明:正如描述基础算法基本思想时提到的,在每个时间周期,都是挑选最小成本的决策。而算法在每个时间周期产生 $|Y_C|$ 个状态,整个计划周期内共有 T 个时间周期。因此,基础算法的计算复杂度为 $O(T|Y_C|)$。

3.4.2 滚动算法

本部分介绍滚动算法的具体步骤,针对其计算复杂度给出相关定理。

3.4.2.1 算法描述

虽然贪婪算法比动态规划方法的直接求解速度快很多,但却不能保证得到全局最优解。为了提升贪婪算法的求解质量,引入滚动算法(rollout algorithm,RA),该算法迭代使用基础算法以得到更好的解。算法过程描述如下。

步骤1：当 $t=1$ 时对于所有受灾区 i 设置初始状态 $S_{i,t}=0$，然后计算初始条件 $f_1(0,0,\cdots,0)$。进入步骤2。

步骤2：根据状态转移方程 $S_{i,t+1}=S_{i,t}-Y_{i,t}+D$，计算时间周期 $t+1$ 的所有可能状态。进入步骤3。

步骤3：计算时间周期1到 $t+1$ 的成本，即 $f_{t+1}(S_{1,t+1},\cdots,S_{|N|,t+1}) = \xi_1 \sum_{i=1}^{|N|} c_i Y_{i,t} + \xi_2 \sum_{i=1}^{|N|} \Gamma(S_{i,t+1}) + f_t$。进入步骤4。

步骤4：调用基础算法。

步骤4.1：将所有候选状态 $S_{t+1}=(S_{1,t+1},S_{2,t+1},\cdots,S_{|N|,t+1})$ 当成贪婪算法的初始状态，运行贪婪算法直到 $T+1$。同时记录下相应的成本 $f_{T+1}=\xi_3 \sum_{i=1}^{|N|} \Theta(S_{i,T+1}) + f_T$。然后进入步骤4.2。

步骤4.2：重复步骤4.1，直至检查完所有候选状态。然后进入步骤4.3。

步骤4.3：从所有成本 f_{T+1} 中选出最小成本 f_{T+1}^* 以及对应的候选状态 S_{t+1}^*。记录轨迹 $T_{t+1}=(S_1^*,Y_1^*,\cdots,S_{t+1}^*)$，更新状态 S_t 为状态 S_{t+1}^*。然后进入步骤5。

步骤5：重复步骤2到步骤4，直至 $t+1=T+1$。

图3.7通过更加直观地展示了滚动算法的步骤。

3.4.2.2 滚动算法计算复杂度分析

根据滚动算法的描述，其计算复杂度可以通过定理3.3进行估计。

定理3.3：滚动算法的计算复杂度为 $O(T^2|Y_C|^2)$。

证明：如上文的描述，滚动算法从时间周期 $t=1$ 开始，然后从周期2到 $T+1$ 执行贪婪算法。第一个周期共产生了 $|Y_C|$ 个备选状态，每个备选状态执行一次贪婪算法。而贪婪算法的计算复杂度为 $O((T-1)|Y_C|)$，所以滚动算法中周期1的计算复杂度为 $O((T-1)|Y_C|^2)$。从时间周期2到 $T+1$，需要执行的贪婪算法次数分别为 $\{T-2,T-3,T-4,\cdots,1\}$。因此，滚动算法的计算复杂度可以通过式3-25计算得到：

$$O((T-1)|Y_C|^2+(T-2)|Y_C|^2+\cdots+1\cdot|Y_C|^2)$$
$$=O(\frac{T(T-1)}{2}|Y_C|^2)$$
$$=O(T^2|Y_C|^2) \tag{3-25}$$

3.4.3 替代滚动算法

如上文所述，不同的基础算法会对滚动算法的性能有不同的影响。为了验证前文所提出的滚动算法的性能，本节引入贪婪算法的替代版本，用 $\widetilde{GE}$ 表

3 多容量下的救灾物资分配问题研究

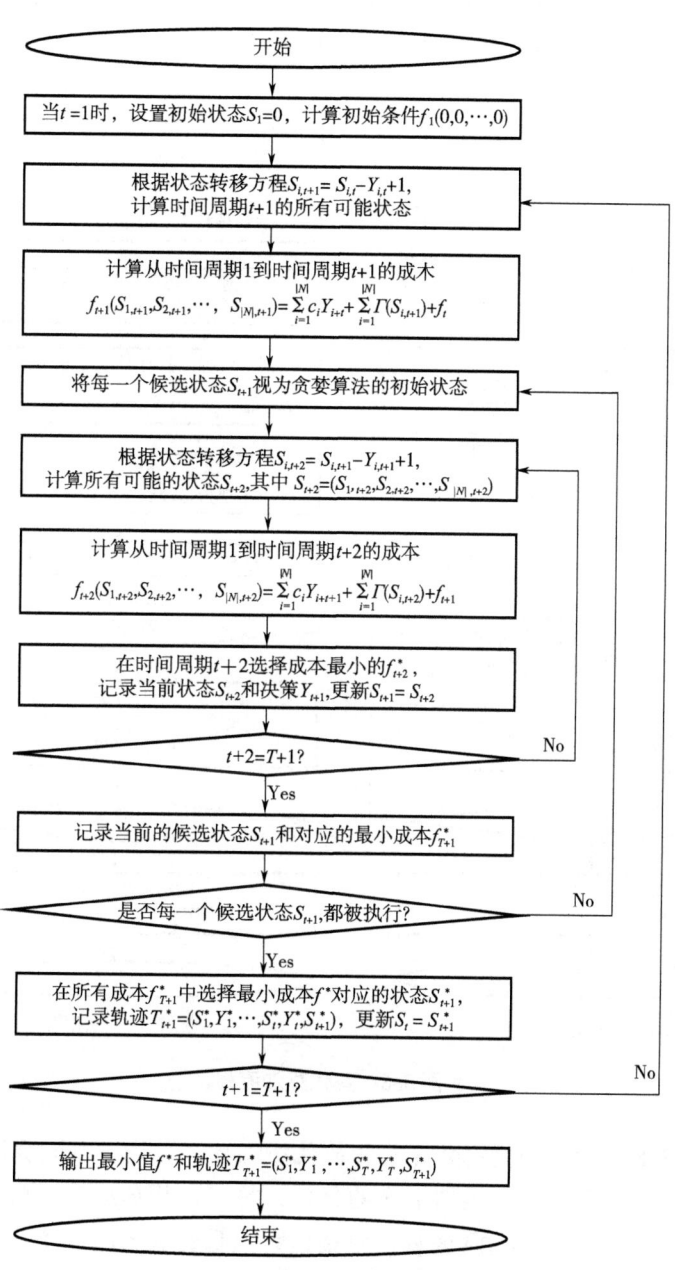

图 3.7 滚动算法流程

示。该替代版本的不同在于,将原算法中的"从每个时间周期里选择最小成本的决策",改成"每两个时间周期选择一次最佳决策"。相应地,也有基于滚动算法的替代滚动算法（alternative rollout algorithm，$\widetilde{RA}$）。替代贪婪算法和替代滚动算法的算法描述通过图3.8（a）和（b）给出。

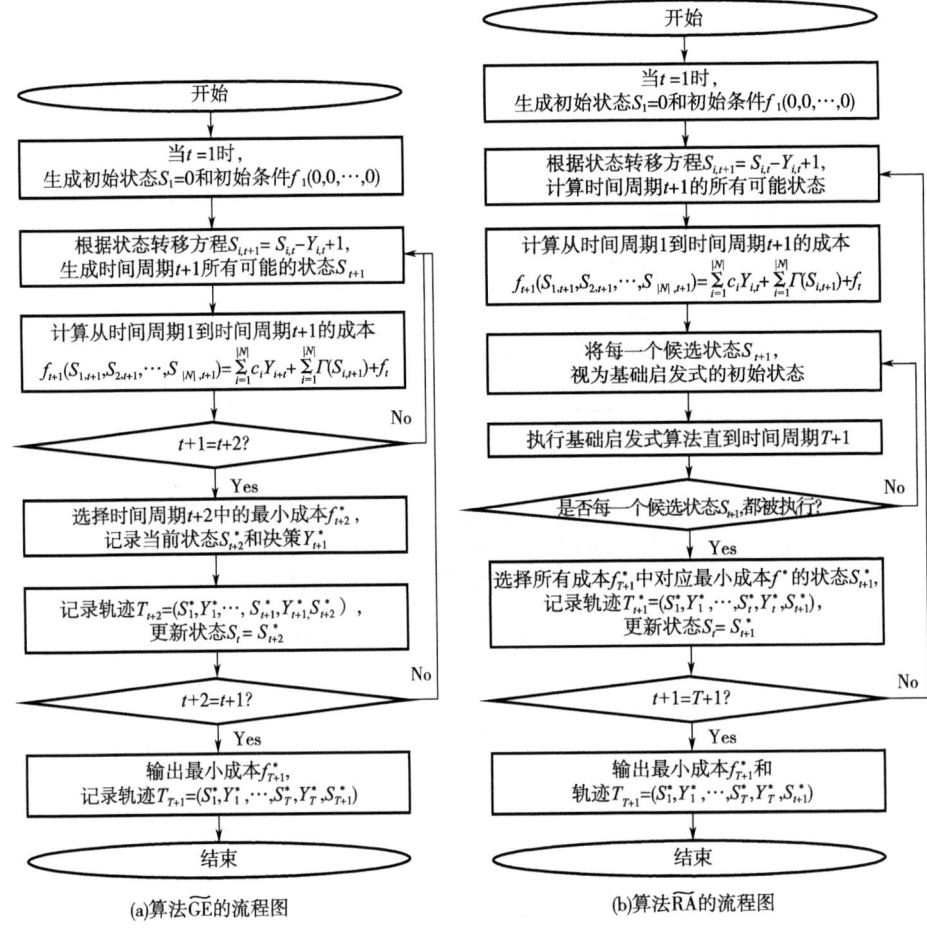

(a) 算法$\widetilde{GE}$的流程图　　(b) 算法$\widetilde{RA}$的流程图

图3.8　替代算法流程

如图3.8所示，替代贪婪算法和替代滚动算法分别比基础算法和滚动算法的算法复杂度都要高。类似上文的分析，替代贪婪算法的算法复杂度可以估计为$O(T|Y_C|^2)$，而$\widetilde{RA}$的算法复杂度可以估计为$O(T^2|Y_C|^3)$。替代算法复杂度比原始算法复杂度多一维（degree），因为替代算法中每两个时间周期有$|Y_C|^2$个备选状态，而不是原算法中的$|Y_C|$个备选状态。从分析可以看出，几种算法中基础算法是速度最快的，而$\widetilde{RA}$是最慢的。

3.5 数值实验和算法比较

通过数值实验对动态规划方法和启发式算法做进一步的比较分析。此外，对模型和算法中一些重要参数进行灵敏度分析。数值实验的设置是仿照 Holguín-Veras 等的研究，具体描述如下。根据 Pradhananga 等的研究，剥夺成本参数 a 和 b 分别被设置为 2.04 和 0.24①。可达性成本由 Huang 等和 Pérez-Rodríguez、Holguín-Veras 两份研究中推导得出。Huang 等指出，由于交通基础设施受到严重损坏，人道主义救援中的实际运输时间通常要比平常长。假设每个受灾区到本地响应中心平常的运输时间分别为 $\{2,2.5,3,3.5,4,4.5,5,5.5\}$ 小时②，相应的，本书研究的人道主义救援中的实际运行时间分别为 $\{4,5,6,7,8,9,10,11\}$ 小时。按照 Pérez-Rodríguez 和 Holguín-Veras 的假设，运输成本设置为每小时 50 美元③。因此，ACs 的值分别为 $\{200,250,300,350,400,450,500,550\}$ 美元。所有数值实验的代码均用 Matlab 8.6（R2015b）编写，运行环境为 CPU 3.1GHz，内存为 16.0G 的计算机。

3.5.1 DP 和求解器的比较

本节通过 Artelys Knitro 求解器直接求解模型，经过和动态规划算法的比较，结果体现了动态规划算法的优越性。Knitro 求解器求得的目标值和计算时间分别记录在表 3.5、表 3.6 和表 3.7 中。如表 3.5 所示，动态规划算法的目标值和求解器求得的完全一样。而如表 3.6 和表 3.7 的第二列所示，求解器所耗的时间远大于动态规划算法的求解时间。例如，对于案例 $\{3,2,12\}$，表示制定以 2 个物资容量服务 3 个受灾区的 12 个时间周期的分配方案，动态规划算法只需要 49.04 秒，而求解器则需要 9 060.10 秒。从求解时间的角度而言，动态规划算法要优于求解器。但是，动态规划算法在合理时间内无法求解大规模问题，即动态规划算法依然遭受维数灾问题。因此，之后的数值实验主要比较动态规划算法以及上文提出的启发式算法的性能。

---

① PRADHANANGA R, MUTLU F, POKHAREL S, et al. An integrated resource allocation and distribution model for pre-disaster planning [J]. Computers & industrial engineering, 2016 (91): 229-238.

② HUANG K, JIANG Y, YUAN Y, et al. Modeling multiple humanitarian objectives in emergency response to large-scale disasters [J]. Transportation research part E: logistics and transportation review, 2015 (75): 1-17.

③ PÉREZ-RODRÍGUEZ N, HOLGUÍN-VERAS J. Inventory-allocation distribution models for post-disaster humanitarian logistics with explicit consideration of deprivation costs [J]. Transportation science, 2015, 50 (4): 1261-1285.

表 3.5 动态规划算法与非线性求解器求解结果对比

算例	求解器的解				动态规划算法				Gap（求解器—动态规划算法）（%）			
	目标值	AC	SSDC	TPC	目标值	AC	SSDC	TPC	目标值	AC	SSDC	TPC
{3, 1, 6}	1 763.91	1 500	2 061.70	1 730.04	1 763.91	1 500	2 061.70	1 730.04	0.00	0.00	0.00	0.00
{3, 2, 3}	347.31	200	315.79	526.16	347.31	200	315.79	526.16	0.00	0.00	0.00	0.00
{3, 2, 6}	1 194.65	2 250	671.53	662.42	1 194.65	2 250	671.53	662.42	0.00	0.00	0.00	0.00
{3, 2, 9}	2 317.15	4 500	1 789.04	662.42	2 317.15	4 500	1 789.04	662.42	0.00	0.00	0.00	0.00
{3, 2, 12}	4 191.32	6 000	5 997.28	576.68	4 191.32	6 000	4 843.92	1 730.04	0.00	0.00	−19.23	200.00
{4, 1, 6}	3 139.01	1 550	3 701.44	4 165.59	3 139.01	1 550	3 701.44	4 165.59	0.00	0.00	0.00	0.00
{4, 2, 6}	1 878.18	3 300	1 451.32	883.23	1 878.18	3 300	1 451.32	883.23	0.00	0.00	0.00	0.00
{4, 3, 6}	1 656.36	3 300	785.85	883.23	1 656.36	3 300	785.85	883.23	0.00	0.00	0.00	0.00
{5, 1, 6}	4 620.64	1 700	5 560.79	6 601.13	4 620.64	1 700	5 560.79	6 601.13	0.00	0.00	0.00	0.00
{5, 2, 6}	2 729.80	3 450	2 567.75	2 171.65	2 729.80	3 450	2 567.75	2 171.65	0.00	0.00	0.00	0.00
{4, 1, 9}	23 068.61	2 400	32 052.91	34 752.91	23 068.61	2 400	32 052.91	34 752.91	0.00	0.00	0.00	0.00
{4, 1, 12}	—	—	—	—	191 722.23	3 300	291 576.23	280 290.46	—	—	—	—
{4, 2, 9}	—	—	—	—	5 083.94	4 850	6 236.24	4 165.59	—	—	—	—
{4, 2, 12}	—	—	—	—	16 546.52	6 600	27 305.52	15 734.04	—	—	—	—
{5, 1, 9}	—	—	—	—	43 281.44	2 600	59 321.47	67 922.84	—	—	—	—
{5, 1, 12}	—	—	—	—	420 379.01	3 450	568 516.60	689 170.43	—	—	—	—

续表

算例	求解器的解				动态规划算法的解				Gap（求解器—动态规划算法）（%）		
	目标值	AC	SSDC	TPC	目标值	AC	SSDC	TPC	AC	SSDC	TPC
{6, 1, 9}	—	—	—	—	67 057.97	2 700	87 163.59	111 310.32	—	—	—
{7, 1, 9}	—	—	—	—	91 367.16	2 900	116 503.68	154 697.79	—	—	—
{8, 1, 9}	—	—	—	—	117 013.75	3 200	149 755.99	198 085.27	—	—	—

$$\text{Gap} = \frac{\text{Obj}(\text{求解器}) - \text{Obj}(\text{动态规划})}{\text{Obj}(\text{动态规划})} \times 100\%$$

表 3.6 不同算法的状态规模与计算时间对比（小规模）

算例	Knitro	DP		GE		RA		$\widetilde{GE}$		$\widetilde{RA}$		计算时间比值			状态规模比值			
	秒	秒	Sta	秒	Sta	秒	Sta	秒	Sta	秒	Sta	Knitro	GE	RA	GE	RA	$\widetilde{GE}$	$\widetilde{RA}$
{3, 1, 6}	12.88	0.66	210	0.06	25	0.27	25	0.04	43	0.14	25	0.05	0.66	0.50	0.12	0.12	0.20	0.12
{3, 2, 3}	0.70	0.16	130	0.10	31	0.08	31	0.03	56	0.08	31	0.23	0.32	0.97	0.24	0.24	0.43	0.24
{3, 2, 6}	13.59	1.86	1 036	0.04	61	0.20	61	0.04	136	0.22	61	0.14	0.89	1.12	0.06	0.06	0.13	0.06
{3, 2, 9}	410.53	12.56	4 015	0.03	91	0.26	91	0.02	191	0.31	91	0.03	0.72	1.19	0.02	0.02	0.05	0.02
{3, 2, 12}	9 060.10	49.04	11 011	0.02	121	0.44	121	0.03	271	0.56	121	0.01	1.30	1.26	0.01	0.01	0.02	0.01
{4, 1, 6}	22.51	0.62	462	0.03	31	0.14	31	0.03	61	0.19	31	0.03	1.19	1.36	0.07	0.07	0.13	0.07
{4, 2, 6}	132.87	6.53	3 612	0.04	91	0.33	91	0.04	256	0.47	91	0.05	1.17	1.45	0.03	0.03	0.07	0.03
{4, 3, 6}	64.97	126.96	13 972	0.03	211	1.00	211	0.06	736	1.12	211	1.95	2.25	1.12	0.02	0.02	0.05	0.02

续表

算例	Knitro 秒	DP 秒	DP Sta	GE 秒	GE Sta	RA 秒	RA Sta	$\widetilde{GE}$ 秒	$\widetilde{GE}$ Sta	$\widetilde{RA}$ 秒	$\widetilde{RA}$ Sta	计算时间比值 Knitro	计算时间比值 GE	计算时间比值 RA	状态规模比值 GE	状态规模比值 RA	状态规模比值 $\widetilde{GE}$	状态规模比值 $\widetilde{RA}$
{5, 1, 6}	251.43	1.23	924	0.02	37	0.10	37	0.03	82	0.14	37	0.00	1.52	1.40	0.04	0.04	0.09	0.04
{5, 2, 6}	749.61	38.95	11 088	0.03	127	0.40	127	0.04	442	0.42	127	0.05	1.54	1.05	0.01	0.01	0.04	0.01
{5, 3, 6}	—	13011.05	57 862	0.03	337	2.37	337	0.13	1 555	3.59	337	—	3.94	1.51	0.01	0.01	0.03	0.01
{4, 1, 9}	5 647.51	5.57	2 002	0.02	46	0.14	46	0.02	86	0.18	46	0.00	1.06	1.27	0.02	0.02	0.04	0.02
{4, 1, 12}	—	137.18	6 188	0.02	61	0.19	61	0.02	121	0.20	61	—	1.09	1.05	0.01	0.01	0.02	0.01
{4, 2, 9}	—	89.80	18 832	0.02	136	0.51	136	0.03	356	0.51	136	—	1.40	1.00	0.01	0.01	0.02	0.01
{4, 2, 12}	—	1942.44	64 883	0.03	181	0.88	181	0.04	511	0.88	181	—	1.41	1.00	0.00	0.00	0.01	0.00

表 3.7　不同算法的状态规模与计算时间对比（中规模）

算例	Knitro 秒	DP 秒	DP Sta	GE 秒	GE Sta	RA 秒	RA Sta	$\widetilde{GE}$ 秒	$\widetilde{GE}$ Sta	$\widetilde{RA}$ 秒	$\widetilde{RA}$ Sta	计算时间比值 Knitro	计算时间比值 GE	计算时间比值 RA	状态规模比值 GE	状态规模比值 RA	状态规模比值 $\widetilde{GE}$	状态规模比值 $\widetilde{RA}$
{5, 1, 9}	—	24.15	5 005	0.02	55	0.13	55	0.02	115	0.14	55	—	1.32	1.04	0.01	0.01	0.02	0.01
{5, 1, 12}	—	518.81	18 564	0.02	73	0.21	73	0.03	163	0.22	73	—	1.30	1.01	0.00	0.00	0.01	0.00
{6, 1, 9}	—	49.30	11 440	0.02	64	0.16	64	0.02	148	0.16	64	—	1.45	0.99	0.01	0.01	0.01	0.01
{7, 1, 9}	—	169.42	24 310	0.02	73	0.18	73	0.02	185	0.19	73	—	1.17	1.08	0.00	0.00	0.01	0.00

续表

算例	Knitro	DP		GE		RA		$\widetilde{GE}$		$\widetilde{RA}$		计算时间比值					状态规模比值			
	秒	秒	Sta	秒	Sta	秒	Sta	秒	Sta	秒	Sta	Knitro	GE	RA	$\widetilde{GE}$	$\widetilde{RA}$	GE	RA	$\widetilde{GE}$	$\widetilde{RA}$
{8, 1, 9}	—	1039.09	48 620	0.02	82	0.22	82	0.03	226	0.22	82	—	1.47	1.00	—	—	0.00	0.00	0.00	0.00
{5, 2, 9}	—	4136.77	76 714	0.02	190	0.93	190	0.05	610	0.85	190	—	2.00	0.91	—	—	0.00	0.00	0.01	0.00
{6, 2, 9}	—	—	—	0.03	253	1.53	253	0.06	981	1.61	253	—	2.13	1.05	—	—	—	—	—	—
{7, 2, 9}	—	—	—	0.03	325	2.44	325	0.16	1 501	2.91	325	—	5.05	1.19	—	—	—	—	—	—
{8, 2, 9}	—	—	—	0.04	406	3.77	406	0.21	2 206	4.78	406	—	5.69	1.27	—	—	—	—	—	—
{5, 2, 12}	—	—	—	0.03	253	1.59	253	0.04	883	1.44	253	—	1.59	0.91	—	—	—	—	—	—
{4, 3, 9}	—	—	—	0.03	316	2.26	316	0.14	1 016	2.28	316	—	4.87	1.01	—	—	—	—	—	—
{4, 3, 12}	—	—	—	0.04	421	4.07	421	0.14	1 471	4.15	421	—	4.01	1.02	—	—	—	—	—	—
{5, 3, 9}	—	—	—	0.04	505	5.53	505	0.19	2 129	6.94	505	—	4.76	1.25	—	—	—	—	—	—
{5, 3, 12}	—	—	—	0.04	673	10.37	673	0.23	3 109	12.52	673	—	5.08	1.21	—	—	—	—	—	—
{5, 4, 9}	—	—	—	0.07	1 135	27.32	1 135	1.52	5 779	94.64	1 135	—	21.26	3.46	—	—	—	—	—	—
{5, 4, 12}	—	—	—	0.08	1 513	51.00	1 513	1.80	8 479	196.99	1 513	—	22.43	3.86	—	—	—	—	—	—
{6, 4, 9}	—	—	—	0.10	1 891	76.56	1 891	7.65	13 063	854.87	1 891	—	77.44	11.17	—	—	—	—	—	—
{7, 4, 9}	—	—	—	0.14	2 971	192.54	2 971	36.00	27 391	7 442.07	2 971	—	251.74	38.65	—	—	—	—	—	—
{8, 4, 9}	—	—	—	0.22	4 456	451.69	4 456	169.76	53 956	—	4 456	—	762.85	—	—	—	—	—	—	—

3.5.2 状态规模和计算时间的比较

状态规模是指当时间周期 t 从 1 到 $T+1$ 时状态 S_t 的总数,其中 $S_t = (S_{1,t}, S_{2,t}, \cdots, S_{|N|,t})$。小规模、中规模和大规模算例的计算结果分别如表 3.6、表 3.7、表 3.8 和表 3.9 所示。数值试验中小规模、中规模和大规模算例是通过部分或者全部变化 $|N|$、C、T 控制的。

表 3.6 和表 3.7 分别显示的是小规模、中规模算例的计算结果。如表 3.5 所示,动态规划算法的状态规模均呈指数增长的趋势,即使在受灾区数量很少的情况下,计算时间也随着 C 和 T 的变大而急剧增加。虽然动态规划算法能很好地求解小规模问题,但已经无法在合理的时间内求解大部分中等规模问题。例如,比 $\{5, 2, 9\}$ 规模更大的问题,已经不能在 3 600 秒内使用动态规划算法求解了。

相对于动态规划算法,所有启发式算法的状态规模增长相对缓慢,说明这些启发式算法可以有效地减少状态规模。实验中,基础算法可以在 0.1 秒内求解所有小规模算例,滚动算法则需要 3 秒,替代贪婪算法需要 0.2 秒,替代滚动算法需要 4 秒。对于中等规模算例,基础算法可以在 0.3 秒内完成求解,滚动算法和替代贪婪算法可以相对高效地求解。虽然 $\widetilde{RA}$ 算法求解时间随着 C 和 T 的增大而增加,特别是随着 C 增大而增加的速度更快,但其求解速度相对动态规划算法而言有很大优势。例如,对于算例 $\{5, 2, 9\}$,表示制定以 2 个物资容量服务 5 个受灾区的 9 个时间周期的分配方案,用替代滚动算法求解只需要 1 秒,而使用动态规划算法则需要花费 4 136.77 秒。

此外,表 3.8 和表 3.9 展示了四个启发式算法在求解大规模问题时的性能比较。如表 3.8 所示,四个启发式算法的性能与中规模、小规模的表现是一致的。基础算法在四者中速度是最快的,能在 1 秒内求解完所有算例。对于大部分算例,$\widetilde{GE}$ 的求解速度是高效的。虽然滚动算法和 $\widetilde{RA}$ 的求解速度会随着问题规模增大而下降,但滚动算法可以在相对较短时间内求解完成大部分算例,对于大部分算例而言,$\widetilde{RA}$ 也可以在可接受时间内完成求解。因此,就计算时间而言,基础算法、滚动算法、替代贪婪算法和替代滚动算法都优于动态规划算法。进一步,从表 3.6、表 3.7、表 3.8 和表 3.9 最后两列的结果可以看出,在计算效率(计算时间比值)上,基础算法和滚动算法分别优于替代贪婪算法和替代滚动算法。

表 3.8 不同算法的状态规模与计算时间对比（大规模 1）

算例	GE		RA		$\widetilde{GE}$		$\widetilde{RA}$		状态规模比值		计算时间比值	
	Sta	秒	Sta	秒	Sta	秒	Sta	秒	$\widetilde{GE}$-GE	$\widetilde{RA}$-RA	$\widetilde{GE}$-GE	$\widetilde{RA}$-RA
{6, 1, 12}	85	0.02	85	0.24	211	0.02	85	0.39	2.48	1.00	1.15	1.62
{7, 1, 12}	97	0.02	97	0.31	265	0.02	97	0.44	2.73	1.00	1.17	1.42
{8, 1, 12}	109	0.02	109	0.37	325	0.02	109	0.53	2.98	1.00	1.25	1.44
{9, 1, 12}	121	0.02	121	0.43	391	0.03	121	0.46	3.23	1.00	1.16	1.06
{10, 1, 12}	133	0.02	133	0.51	463	0.03	133	0.49	3.48	1.00	1.31	0.97
{6, 1, 18}	127	0.02	127	0.52	316	0.02	127	0.49	2.49	1.00	1.00	0.94
{7, 1, 18}	145	0.02	145	0.64	397	0.03	145	0.61	2.74	1.00	1.10	0.95
{8, 1, 18}	163	0.02	163	0.79	487	0.03	163	0.73	2.99	1.00	1.14	0.92
{9, 1, 18}	181	0.02	181	0.94	586	0.03	181	0.86	3.24	1.00	1.26	0.91
{10, 1, 18}	199	0.03	199	1.15	694	0.03	199	1.15	3.49	1.00	1.21	1.01
{6, 2, 12}	337	0.03	337	2.78	1 429	0.07	337	2.94	4.24	1.00	2.55	1.06
{7, 2, 12}	433	0.04	433	4.34	2 197	0.10	433	4.83	5.07	1.00	2.89	1.11
{8, 2, 12}	541	0.04	541	6.85	3 241	0.17	541	8.46	5.99	1.00	4.17	1.24
{9, 2, 12}	661	0.05	661	10.10	4 621	0.27	661	14.46	6.99	1.00	5.79	1.43

续表

算例	GE		RA		$\widetilde{GE}$		$\widetilde{RA}$		状态规模比值		计算时间比值	
	Sta	秒	Sta	秒	Sta	秒	Sta	秒	$\widetilde{GE}$-GE	$\widetilde{RA}$-RA	$\widetilde{GE}$-GE	$\widetilde{RA}$-RA
{10, 2, 12}	793	0.05	793	17.77	6 403	0.45	793	24.48	8.07	1.00	8.26	1.38
{6, 2, 18}	505	0.04	505	6.62	2 143	0.10	505	6.04	4.24	1.00	2.65	0.91
{7, 2, 18}	649	0.05	649	11.57	3 295	0.15	649	10.77	5.08	1.00	3.33	0.93
{8, 2, 18}	811	0.05	811	17.15	4 861	0.24	811	18.89	5.99	1.00	4.68	1.10
{9, 2, 18}	991	0.06	991	27.80	6 931	0.38	991	32.51	6.99	1.00	6.04	1.17

表 3.9 不同算法的状态规模与计算时间对比（大规模 2）

算例	GE		RA		$\widetilde{GE}$		$\widetilde{RA}$		状态规模比值		计算时间比值	
	Sta	秒	Sta	秒	Sta	秒	Sta	秒	$\widetilde{GE}$-GE	$\widetilde{RA}$-RA	$\widetilde{GE}$-GE	$\widetilde{RA}$-RA
{6, 3, 12}	1 009	0.06	1 009	27.65	6 049	0.65	1 009	37.94	6.00	1.00	10.94	1.37
{7, 3, 12}	1 441	0.08	1 441	52.86	11 017	1.75	1 441	217.23	7.65	1.00	22.46	4.11
{8, 3, 12}	1 981	0.10	1 981	88.34	19 009	4.72	1 981	823.77	9.60	1.00	45.46	9.33
{9, 3, 12}	2 641	0.13	2 641	164.33	31 351	12.25	2 641	3 608.64	11.87	1.00	95.50	21.96
{10, 3, 12}	3 433	0.17	3 433	275.42	49 765	30.11	3 433	9 010.42	14.50	1.00	172.84	32.72
{6, 3, 18}	1 513	0.08	1 513	52.56	9 073	0.97	1 513	90.64	6.00	1.00	12.15	1.72

续表

算例	GE		RA		$\widetilde{GE}$		$\widetilde{RA}$		状态规模比值		计算时间比值	
	Sta	秒	Sta	秒	Sta	秒	Sta	秒	$\widetilde{GE}$-GE	$\widetilde{RA}$-RA	$\widetilde{GE}$-GE	$\widetilde{RA}$-RA
{7, 3, 18}	2 161	0.11	2 161	107.59	16 525	2.71	2 161	503.47	7.65	1.00	25.01	4.68
{8, 3, 18}	2 971	0.16	2 971	218.67	28 513	7.14	2 971	1 860.56	9.60	1.00	43.37	8.51
{9, 3, 18}	3 961	0.20	3 961	386.63	47 026	18.42	3 961	6 666.69	11.87	1.00	91.89	17.24
{10, 3, 18}	5 149	0.25	5 149	624.08	74 647	45.01	5 149	—	14.50	1.00	183.62	—
{6, 4, 12}	2 521	0.12	2 521	140.09	19 279	9.19	2 521	—	7.65	1.00	73.76	—
{7, 4, 12}	3 961	0.18	3 961	345.02	40 591	43.06	3 961	—	10.25	1.00	236.85	—
{8, 4, 12}	5 941	0.28	5 941	789.05	80 191	203.70	5 941	—	13.50	1.00	718.89	—
{9, 4, 12}	8 581	0.42	8 581	2 109.58	150 151	2 056.30	8 581	—	17.50	1.00	4 841.13	—
{10, 4, 12}	12 013	0.59	12 013	3 573.05	268 555	9 394.87	12 013	—	22.36	1.00	15 951.42	—
{6, 4, 18}	3 781	0.18	3 781	450.26	28 918	15.66	3 781	—	7.65	1.00	86.38	—
{7, 4, 18}	5 941	0.43	5 941	1 115.26	60 886	68.52	—	—	10.25	—	159.23	—
{8, 4, 18}	8 911	0.44	8 911	2 074.80	120 286	322.10	—	—	13.50	—	730.58	—
{9, 4, 18}	12 871	0.66	12 871	5 322.62	225 226	1 994.89	—	—	17.50	—	3 030.16	—

3.5.3 求解质量的比较

为了研究解的质量，进一步比较各算法的目标值以及目标函数中各目标成本，比较结果如表 3.10 和表 3.11 所示。目标函数包含的成本有：可达性成本、基于起始状态的剥夺成本和期末惩罚成本。本节数值实验用到的算例和上一节一样。

表 3.10 中目标值列的数值显示出基础算法的目标值远大于动态规划算法的目标值（甚至达到 3.86 倍）。该结果说明基础算法并不能很好的近似最优解。相对而言，$\widetilde{GE}$ 算法的结果要比基础算法更好，能够更加接近动态规划算法的最优解。例如，对于算例 $\{3, 2, 12\}$，$\widetilde{GE}$ 算法目标值和动态规划算法目标值的差值是 197.03%，而基础算法目标值和动态规划算法目标值的差值则是 286.19%。

而从表 3.11 的结果可以看出，在目标值方面，滚动算法和 $\widetilde{RA}$ 要比基础算法和 $\widetilde{GE}$ 明显优越很多。在滚动算法求解的所有算例中，滚动算法目标值和动态规划算法目标值的最大差值为 18.14%，而替代滚动算法算法差值为 28.34%。尽管所有算例中 $\widetilde{RA}$ 的最大差值要比滚动算法的最大差值大，但对于大部分算例替代滚动算法和动态规划算法的差值要小于或者等于滚动算法和动态规划算法的差值，这说明 $\widetilde{RA}$ 算法并不差于滚动算法。

此外，从结果可以得到几个更重要的观察：第一，对于大部分算例，滚动算法和 $\widetilde{RA}$ 的结果都非常接近于精确算法、动态规划算法的结果，表明滚动算法和替代滚动算法的有效性；第二，滚动算法和替代滚动算法里单项成本可达性成本和动态规划算法求得的可达性成本的差值都是 0，表明在所有算例中，滚动算法和替代滚动算法与动态规划算法求解得到的可达性成本都是一样的；第三，滚动算法和替代滚动算法里单项成本期末惩罚成本和动态规划算法求得的期末惩罚成本的差值都是 0，表明在所有算例中，滚动算法和 $\widetilde{RA}$ 与动态规划算法求解得到的期末惩罚成本都是一样的。

所以，从目标值的质量（即动态规划算法最优值的差值）来说，滚动算法和 $\widetilde{RA}$ 分别要优于各自算法中的基础算法和替代贪婪算法。同时考虑求解速度和求解质量，相对于动态规划算法，滚动算法和 $\widetilde{RA}$ 算法可以在非常短的时间内求解得到非常有竞争性的结果。考虑到基础算法和 $\widetilde{GE}$ 只是滚动算法和 $\widetilde{RA}$ 算法构建复杂滚动算法结构里的基础算法，本章接下来的内容将聚焦于动态规划算法、滚动算法和替代滚动算法的对比。

3 多容量下的救灾物资分配问题研究

表3.10 贪婪算法与动态规划算法求解质量对比对比（%）

算例	目标值	Gaps（GE-DP）			Gaps（G̃E-DP）				Gaps（G̃E-GE）		
		AC	SSDC	TPC	目标值	AC	SSDC	TPC	目标值	AC	SSDC	TPC

算例	目标值	AC	SSDC	TPC	目标值	AC	SSDC	TPC	目标值	AC	SSDC	TPC
{3, 1, 6}	95.63	-50.00	146.59	161.17	54.98	-36.67	77.64	107.45	-20.78	26.67	-27.96	-20.57
{3, 2, 3}	0.81	-100.00	22.85	25.90	0.81	-100.00	22.85	25.90	0.00	0.00	0.00	0.00
{3, 2, 6}	86.19	-33.33	412.69	161.17	54.37	-24.44	266.11	107.45	-17.09	13.33	-28.59	-20.57
{3, 2, 9}	172.45	-33.33	538.40	582.10	115.94	-28.89	359.59	441.79	-20.74	6.67	-28.01	-20.57
{3, 2, 12}	286.19	-25.00	565.96	582.10	197.03	-21.67	380.50	441.79	-23.09	4.44	-27.85	-20.57
{4, 1, 6}	77.54	-51.61	103.08	102.90	40.38	-29.03	64.67	44.62	-20.93	46.67	-18.91	-28.72
{4, 2, 6}	95.54	-53.03	265.33	371.63	43.98	-33.33	148.47	161.17	-26.37	41.94	-31.99	-44.62
{4, 3, 6}	72.78	-27.27	438.85	120.88	48.10	-19.70	296.26	80.58	-14.28	10.42	-26.46	-18.24
{5, 1, 6}	66.54	-55.88	78.93	87.62	41.30	-35.29	53.36	50.85	-15.16	46.67	-14.29	-19.60
{5, 2, 6}	95.82	-50.72	201.24	203.97	52.12	-34.78	112.85	118.37	-22.31	32.35	-29.34	-28.16
{4, 1, 9}	105.49	-35.42	107.33	113.53	63.77	-22.92	67.97	65.88	-20.30	19.35	-18.98	-22.31
{4, 1, 12}	107.42	-27.27	96.01	120.88	67.72	-19.70	56.34	80.58	-19.14	10.42	-20.24	-18.24
{4, 2, 9}	197.71	-31.96	322.87	277.71	101.50	-22.68	158.22	161.17	-32.32	13.64	-38.94	-30.86
{4, 2, 12}	284.11	-26.52	308.75	371.63	137.15	-16.67	160.49	161.17	-38.26	13.40	-36.27	-44.62

99

续表

表 3.11 滚动算法与动态规划算法求解质量对比对比（%）

算例	目标值	Gaps (GE-DP)			Gaps ($\widetilde{\text{GE}}$-DP)				Gaps ($\widetilde{\text{GE}}$-GE)			
		AC	SSDC	TPC	目标值	AC	SSDC	TPC	目标值	AC	SSDC	TPC
{5, 1, 9}	68.67	-34.62	68.08	73.13	43.38	-25.00	40.22	48.75	-14.99	14.71	-16.58	-14.08
{5, 1, 12}	80.00	-24.64	86.00	75.57	41.63	-13.04	52.70	32.77	-21.31	15.38	-17.90	-24.38
{6, 1, 9}	52.16	-27.78	64.26	44.62	30.74	-20.37	33.58	29.75	-14.08	10.26	-18.68	-10.29
{7, 1, 9}	53.10	-32.76	60.21	49.36	27.75	-15.52	37.25	21.41	-16.56	25.64	-14.33	-18.72
{8, 1, 9}	51.89	-39.06	53.66	52.02	32.09	-23.44	35.80	30.19	-13.03	25.64	-11.62	-14.36

算例	目标值	Gaps (RA-DP)			目标值	Gaps ($\widetilde{\text{RA}}$-DP)			目标值	Gaps ($\widetilde{\text{RA}}$-RA)		
		AC	SSDC	TPC		AC	SSDC	TPC		AC	SSDC	TPC
{3, 1, 6}	1.59	0.00	4.08	0.00	2.20	0.00	5.64	0.00	0.60	0.00	1.50	0.00
{3, 2, 3}	0.00	0.00	0.00	0.00	0.00	0.00	0.00	0.00	0.00	0.00	0.00	0.00
{3, 2, 6}	5.46	0.00	29.16	0.00	5.04	0.00	26.91	0.00	-0.40	0.00	-1.75	0.00
{3, 2, 9}	18.14	0.00	70.48	0.00	16.36	0.00	63.55	0.00	-1.51	0.00	-4.07	0.00
{3, 2, 12}	10.03	0.00	26.03	0.00	28.34	0.00	73.56	0.00	16.64	0.00	37.71	0.00
{4, 1, 6}	0.00	0.00	0.00	0.00	0.00	0.00	0.00	0.00	0.00	0.00	0.00	0.00

续表

算例	Gaps (RA-DP)				Gaps ($\widetilde{RA}$-DP)				Gaps ($\widetilde{RA}$-RA)		
	目标值	AC	SSDC	TPC	目标值	AC	SSDC	TPC	AC	SSDC	TPC
{4, 2, 6}	8.26	0.00	32.05	0.00	1.14	0.00	4.44	0.00	0.00	−20.91	0.00
{4, 3, 6}	5.14	0.00	32.52	0.00	3.64	0.00	22.99	0.00	0.00	−7.19	0.00
{5, 1, 6}	0.00	0.00	0.00	0.00	0.00	0.00	0.00	0.00	0.00	0.00	0.00
{5, 2, 6}	2.45	0.00	7.80	0.00	0.39	0.00	1.25	0.00	0.00	−6.08	0.00
{4, 1, 9}	0.00	0.00	0.00	0.00	0.00	0.00	0.00	0.00	0.00	0.00	0.00
{4, 1, 12}	0.00	0.00	0.00	0.00	0.00	0.00	0.00	0.00	0.00	0.00	0.00
{4, 2, 9}	3.05	0.00	7.46	0.00	3.05	0.00	7.46	0.00	0.00	0.00	0.00
{4, 2, 12}	0.94	0.00	1.70	0.00	0.94	0.00	1.70	0.00	0.00	0.00	0.00
{5, 1, 9}	0.00	0.00	0.00	0.00	0.00	0.00	0.00	0.00	0.00	0.00	0.00
{5, 1, 12}	0.00	0.00	0.00	0.00	0.00	0.00	0.00	0.00	0.00	0.00	0.00
{6, 1, 9}	0.00	0.00	0.00	0.00	0.00	0.00	0.00	0.00	0.00	0.00	0.00
{7, 1, 9}	0.00	0.00	0.00	0.00	0.00	0.00	0.00	0.00	0.00	0.00	0.00
{8, 1, 9}	0.00	0.00	0.00	0.00	0.00	0.00	0.00	0.00	0.00	0.00	0.00

3.5.4 参数 c_i 的影响

如上文提到的，c_i 表示服务受灾区 i 的可达性成本，该参数的设置主要参考了 Huang 等和 Pérez-Rodríguez、Holguín-Veras 的研究。为了研究算法对 c_i 变化的敏感度，本节将 c_i 值分别乘以 0.1 和 10，产生额外的两组算例。对于算例 $\{|N|, C, T\}$，让 $LC_m = \{c_1, c_2, \cdots, c_{|N|}\}$，其中 $m=1, 2, 3$。即 c_i 分别从 $LC_1 = \{20, 25, 30, 35, 40, 45, 50, 55\}$，$LC_2 = \{200, 250, 300, 350, 400, 450, 500, 550\}$ 和 $LC_3 = \{2\,000, 2\,500, 3\,000, 3\,500, 4\,000, 4\,500, 5\,000, 5\,500\}$ 中取值，同时保持 LC_2 的值和前面的实验一样。由于本节主要研究 c_i 变化带来的影响，而避免其他因素的干扰，因此使用动态规划算法获取最优解，数值结果见表 3.12。从表 3.12 可以看出，随着 c_i 的增加，所有算例的基于起始状态的剥夺成本和期末惩罚成本都有增加的趋势。这是因为当 c_i 相对小的时候，系统会倾向于服务更多的受灾区，而当 c_i 相对较大时，服务受灾区的动力就会变小。

表 3.13 的结果验证了这个推断。表 3.13 的结果是基于 $\{3, 1, 6\}$ 和 $\{3, 2, 6\}$ 两个算例的求解结果。从表 3.13 中可以看出，随着 c_i 的增加，物资的运输次数确实会降低。

此外，当 c_i 变化时，滚动算法、替代滚动算法和动态规划算法的比较结果在表 3.14 和表 3.15 给出。从表 3.14 和表 3.15 中可以看出，两种算法的结果都对 c_i 的变化不敏感。即两种算法在 c_i 变化时依然可以在有效时间内得到非常接近于最优解的结果，进一步验证了两种算法的优势。

3.5.5 权重系数的影响

为了研究三个成本之间的权衡是否会给分配结果带来影响，目标函数中的权重 $\{\xi_1, \xi_2, \xi_3\}$ 分别取值 Weight 1 = $\{1/3, 1/3, 1/3\}$，Weight 2 = $\{2/3, 1/6, 1/6\}$，Weight 3 = $\{1/6, 2/3, 1/6\}$ 和 Weight 4 = $\{1/6, 1/6, 2/3\}$。该取值来源于 Huang 等的实验设置。算例结果如表 3.16 和表 3.17 所示。从表 3.16 和表 3.17 可以看出，当可达性成本的权重相对较小时（如 Weight 3，Weight 4），系统更倾向于服务更多的受灾区；相反地，当可达性成本的权重相对较大时（如 Weight 1），系统倾向于服务更少的受灾区。

表 3.12 当参数 c_i 变化时动态规划的求解结果（%）

算例	LC_1				LC_2				LC_3			
	目标值	AC	SSDC	TPC	目标值	AC	SSDC	TPC	目标值	AC	SSDC	TPC
{3, 1, 6}	1 313.91	150	2 061.70	1 730.04	1 763.91	1 500	2 061.70	1 730.04	4 976.02	7 500	2 909.71	4 518.34
{3, 2, 3}	139.53	150	171.48	97.12	347.31	200	315.79	526.16	350.12	0	387.94	662.42
{3, 2, 6}	391.00	300	619.35	253.64	1 194.65	2 250	671.53	662.42	4 951.97	7 500	2 837.56	4 518.34
{3, 2, 9}	967.15	450	1 789.04	662.42	2 317.15	4 500	1 789.04	662.42	12 594.60	30 000	3 265.45	4 518.34
{3, 2, 12}	2 391.32	600	4 843.92	1 730.04	4 191.32	6 000	4 843.92	1 730.04	20 739.38	52 500	5 199.80	4 518.34
{4, 1, 6}	2 674.01	155	3 701.44	4 165.59	3 139.01	1 550	3 701.44	4 165.59	7 027.25	11 000	4 057.31	6 024.45
{4, 2, 6}	888.18	330	1 451.32	883.23	1 878.18	3 300	1 451.32	883.23	6 940.39	11 000	3 796.73	6 024.45
{4, 3, 6}	449.39	485	629.33	233.83	1 656.36	3 300	785.85	883.23	6 933.73	11 000	3 776.75	6 024.45
{5, 1, 6}	4 110.64	170	5 560.79	6 601.13	4 620.64	1 700	5 560.79	6 601.13	9 149.40	11 000	6 490.22	9 957.96
{5, 2, 6}	1 694.80	345	2 567.75	2 171.65	2 729.80	3 450	2 567.75	2 171.65	9 062.53	24 000	6 229.64	9 957.96
{4, 1, 9}	22 348.61	240	32 052.91	34 752.91	23 068.61	2 400	32 052.91	34 752.91	30 268.61	33 000	32 052.91	34 752.91
{4, 1, 12}	190 732.23	330	291 576.23	280 290.46	191 722.23	3 300	291 576.23	280 290.46	201 622.23	40 500	291 576.23	280 290.46
{4, 2, 9}	3 628.94	485	6 236.24	4 165.59	5 083.94	4 850	6 236.24	4 165.59	18 705.84	66 000	7 165.67	8 451.85
{4, 2, 12}	14 566.52	660	27 305.52	15 734.04	16 546.52	6 600	27 305.52	15 734.04	36 346.52		27 305.52	15 734.04

续表

算例	LC₁				LC₂				LC₃			
	目标值	AC	SSDC	TPC	目标值	AC	SSDC	TPC	目标值	AC	SSDC	TPC
{5, 1, 9}	42 501.44	260	59 321.47	67 922.84	43 281.44	2 600	59 321.47	67 922.84	51 081.44	26 000	59 321.47	67 922.84
{5, 1, 12}	419 344.01	345	568 516.60	689 170.43	420 379.01	3 450	568 516.60	689 170.43	430 729.01	34 500	568 516.60	689 170.43
{6, 1, 9}	66 247.97	270	87 163.59	111 310.32	67 057.97	2 700	87 163.59	111 310.32	75 157.97	27 000	87 163.59	111 310.32
{7, 1, 9}	90 497.16	290	116 503.68	154 697.79	91 367.16	2 900	116 503.68	154 697.79	100 067.16	29 000	116 503.68	154 697.79
{8, 1, 9}	116 053.75	320	149 755.99	198 085.27	117 013.75	3 200	149 755.99	198 085.27	126 613.75	32 000	149 755.99	198 085.27

表 3.13 当参数 c_i 变化时两个选定实例的求解结果

算例	LC₁	LC₂	LC₃
{3, 1, 6}	A: 0-1-0-0-1-0	A: 1-0-0-0-0-1	A: 0-0-1-0-0-0
	B: 0-0-1-0-0-1	B: 0-1-0-1-0-0	B: 1-0-0-0-0-0
	C: 1-0-0-1-0-0	C: 0-0-1-1-0-0	C: 0-1-0-0-0-0
{3, 2, 6}	A: 0-1-1-1-0-0	A: 0-1-1-0-1-0	A: 1-0-0-0-0-0
	B: 1-1-0-1-0-1	B: 1-1-0-0-1-0	B: 1-0-0-0-0-0
	C: 1-0-1-0-1-1	C: 1-0-1-1-0-0	C: 0-1-0-0-0-0

表 3.14 当参数 c_i 变化时滚动算法和动态规划算法的求解结果差值（%）

算例	LC_1				LC_2				LC_3			
	目标值	AC	SSDC	TPC	目标值	AC	SSDC	TPC	目标值	AC	SSDC	TPC
{3, 1, 6}	0.00	0.00	0.00	0.00	1.59	0.00	4.08	0.00	0.00	0.00	0.00	0.00
{3, 2, 3}	1.81	0.00	4.42	0.00	0.00	0.00	0.00	0.00	0.00	0.00	0.00	0.00
{3, 2, 6}	0.65	0.00	1.22	0.00	5.46	0.00	29.16	0.00	0.00	0.00	0.00	0.00
{3, 2, 9}	0.26	0.00	0.42	0.00	18.14	0.00	70.48	0.00	0.52	0.00	6.00	0.00
{3, 2, 12}	0.11	0.00	0.16	0.00	10.03	0.00	26.03	0.00	13.65	0.00	163.37	0.00
{4, 1, 6}	0.00	0.00	0.00	0.00	0.00	0.00	0.00	0.00	0.00	0.00	0.00	0.00
{4, 2, 6}	2.61	0.00	5.58	0.00	8.26	0.00	32.05	0.00	0.00	0.00	0.00	0.00
{4, 3, 6}	0.00	0.00	0.00	0.00	5.14	0.00	32.52	0.00	0.00	0.00	0.00	0.00
{5, 1, 6}	0.00	0.00	0.00	0.00	0.00	0.00	0.00	0.00	0.00	0.00	0.00	0.00
{5, 2, 6}	0.00	0.00	0.00	0.00	2.45	0.00	7.80	0.00	0.87	0.00	2.47	0.00
{4, 1, 9}	0.00	0.00	0.00	0.00	0.00	0.00	0.00	0.00	0.13	0.00	0.27	0.00
{4, 1, 12}	0.00	0.00	0.00	0.00	3.05	0.00	7.46	0.00	3.57	0.00	27.93	0.00
{4, 2, 9}	0.00	0.00	0.00	0.00	0.94	0.00	1.70	0.00	17.55	0.00	70.07	0.00
{4, 2, 12}	0.00	0.00	0.00	0.00								

表 3.15 当参数 c_i 变化时替代滚动算法和动态规划算法的求解结果差值（%）

算例	LC_1 目标值	AC	SSDC	TPC	LC_2 目标值	AC	SSDC	TPC	LC_3 目标值	AC	SSDC	TPC
{5, 1, 9}	0.00	0.00	0.00	0.00	0.00	0.00	0.00	0.00	0.37	0.00	0.97	0.00
{5, 1, 12}	0.00	0.00	0.00	0.00	0.00	0.00	0.00	0.00	0.04	0.00	0.10	0.00
{6, 1, 9}	0.00	0.00	0.00	0.00	0.00	0.00	0.00	0.00	0.00	0.00	0.00	0.00
{7, 1, 9}	0.00	0.00	0.00	0.00	0.00	0.00	0.00	0.00	0.00	0.00	0.00	0.00
{8, 1, 9}	0.00	0.00	0.00	0.00	0.00	0.00	0.00	0.00	0.00	0.00	0.00	0.00
{3, 1, 6}	0.00	0.00	0.00	0.00	2.20	0.00	5.64	0.00	0.00	0.00	0.00	0.00
{3, 2, 3}	0.00	0.00	0.00	0.00	0.00	0.00	0.00	0.00	0.00	0.00	0.00	0.00
{3, 2, 6}	0.00	0.00	0.00	0.00	5.04	0.00	26.91	0.00	0.00	0.00	0.00	0.00
{3, 2, 9}	0.00	0.00	0.00	0.00	16.36	0.00	63.55	0.00	0.54	0.00	6.24	0.00
{3, 2, 12}	0.00	0.00	0.00	0.00	28.34	0.00	73.56	0.00	9.78	0.00	117.08	0.00
{4, 1, 6}	0.00	0.00	0.00	0.00	0.00	0.00	0.00	0.00	0.00	0.00	0.00	0.00

续表

算例	LC_1				LC_2				LC_3			
	目标值	AC	SSDC	TPC	目标值	AC	SSDC	TPC	目标值	AC	SSDC	TPC
{4, 2, 6}	0.00	0.00	0.00	0.00	1.14	0.00	4.44	0.00	0.00	0.00	0.00	0.00
{4, 3, 6}	2.61	0.00	5.58	0.00	3.64	0.00	22.99	0.00	0.00	0.00	0.00	0.00
{5, 1, 6}	0.00	0.00	0.00	0.00	0.00	0.00	0.00	0.00	0.00	0.00	0.00	0.00
{5, 2, 6}	0.00	0.00	0.00	0.00	0.39	0.00	1.25	0.00	0.00	0.00	0.00	0.00
{4, 1, 9}	0.00	0.00	0.00	0.00	0.00	0.00	0.00	0.00	0.00	0.00	0.00	0.00
{4, 1, 12}	0.00	0.00	0.00	0.00	3.05	0.00	7.46	0.00	3.59	0.00	28.14	0.00
{4, 2, 9}	0.00	0.00	0.00	0.00	0.94	0.00	1.70	0.00	17.56	0.00	70.13	0.00
{4, 2, 12}	0.00	0.00	0.00	0.00	0.00	0.00	0.00	0.00	0.37	0.00	0.97	0.00
{5, 1, 9}	0.00	0.00	0.00	0.00	0.00	0.00	0.00	0.00	0.04	0.00	0.10	0.00
{5, 1, 12}	0.00	0.00	0.00	0.00	0.00	0.00	0.00	0.00	0.00	0.00	0.00	0.00
{6, 1, 9}	0.00	0.00	0.00	0.00	0.00	0.00	0.00	0.00	0.00	0.00	0.00	0.00
{7, 1, 9}	0.00	0.00	0.00	0.00	0.00	0.00	0.00	0.00	0.00	0.00	0.00	0.00
{8, 1, 9}	0.00	0.00	0.00	0.00	0.00	0.00	0.00	0.00	0.00	0.00	0.00	0.00

表 3.16　权重参数 Weight 1，Weight 2 下动态规划算法的求解结果

算例	Weight 1				Weight 2			
	目标值	AC	SSDC	TPC	目标值	AC	SSDC	TPC
{3, 1, 6}	1 763.91	1 500	2 061.70	1 730.04	1 586.86	1 200	2 061.70	2 659.47
{3, 2, 3}	347.31	200	315.79	526.16	175.06	0	387.94	662.42
{3, 2, 6}	1 194.65	2 250	671.53	662.42	1 485.78	1 500	1 184.66	1 730.04
{3, 2, 9}	2 317.15	4 500	1 789.04	662.42	3 109.22	3 750	1 925.30	1 730.04
{3, 2, 12}	4 191.32	6 000	4 843.92	1 730.04	5 038.80	5 450	4 843.92	3 588.91
{4, 1, 6}	3 139.01	1 550	3 701.44	4 165.59	2 332.74	1 300	3 701.44	5 095.02
{4, 2, 6}	1 878.18	3 300	1 451.32	883.23	2 138.43	2 200	1 723.84	2 306.72
{4, 3, 6}	1 656.36	3 300	785.85	883.23	2 111.05	2 200	1 559.56	2 306.72
{5, 1, 6}	4 620.64	1 700	5 560.79	6 601.13	3 160.32	1 700	5 560.79	6 601.13
{5, 2, 6}	2 729.80	3 450	2 567.75	2 171.65	2 836.96	2 250	3 279.49	4 742.27
{4, 1, 9}	23 068.61	2 400	32 052.91	34 752.91	12 734.30	2 400	32 052.91	34 752.91
{4, 1, 12}	191 722.23	3 300	291 576.23	280 290.46	97 511.11	3 300	291 576.23	280 290.46
{4, 2, 9}	5 083.94	4 850	6 236.24	4 165.59	4 955.21	4 600	6 236.24	5 095.02
{4, 2, 12}	16 546.52	6 600	27 305.52	15 734.04	11 573.26	6 600	27 305.52	15 734.04
{5, 1, 9}	43 281.44	2 600	59 321.47	67 922.84	22 940.72	2 600	59 321.47	67 922.84
{5, 1, 12}	420 379.01	3 450	568 516.60	689 170.43	211 914.51	3 450	568 516.60	689 170.43
{6, 1, 9}	67 057.97	2 700	87 163.59	111 310.32	34 878.98	2 700	87 163.59	111 310.32
{7, 1, 9}	91 367.16	2 900	116 503.68	154 697.79	47 133.58	2 900	116 503.68	154 697.79
{8, 1, 9}	117 013.75	3 200	149 755.99	198 085.27	60 106.88	3 200	149 755.99	198 085.27

为了进一步验证这个结果，表 3.18 展示了算例 {3, 1, 6} 和 {3, 2, 6} 的决策结果。从表 3.18 可以看出，随着 ξ_1 的下降，物资的运输次数的确有所增加。

表 3.17　权重参数 Weight 3，Weight 4 下动态规划算法的求解结果

算例	Weight 3				Weight 4			
	目标值	AC	SSDC	TPC	目标值	AC	SSDC	TPC
{3, 1, 6}	1 912.81	1 500	2 061.70	1 730.04	1 746.98	1 500	2 061.70	1 730.04
{3, 2, 3}	294.91	750	191.46	253.64	321.22	950	171.48	201.46
{3, 2, 6}	908.93	2 450	619.35	526.16	772.32	3 000	619.35	253.64
{3, 2, 9}	2 053.10	4 500	1 789.04	662.42	1 489.79	4 500	1 789.04	662.42
{3, 2, 12}	4 517.62	6 000	4 843.92	1 730.04	2 960.68	6 000	4 843.92	1 730.04
{4, 1, 6}	3 420.22	1 550	3 701.44	4 165.59	3 652.30	1 550	3 701.44	4 165.59
{4, 2, 6}	1 664.75	3 300	1 451.32	883.23	1 380.70	3 300	1 451.32	883.23
{4, 3, 6}	1 173.63	4 050	629.33	474.44	1 062.23	4 600	629.33	286.01
{5, 1, 6}	5 090.72	1 700	5 560.79	6 601.13	5 610.89	1 700	5 560.79	6 601.13
{5, 2, 6}	2 648.77	3 450	2 567.75	2 171.65	2 450.73	3 450	2 567.75	2 171.65
{4, 1, 9}	27 560.76	2 400	32 052.91	34 752.91	28 910.76	2 400	32 052.91	34 752.91
{4, 1, 12}	241 649.23	3 300	291 576.23	280 290.46	236 006.34	3 300	291 576.23	280 290.46
{4, 2, 9}	5 660.09	4 850	6 236.24	4 165.59	4 624.76	4 850	6 236.24	4 165.59
{4, 2, 12}	21 926.02	6 600	27 305.52	15 734.04	16 140.28	6 600	27 305.52	15 734.04
{5, 1, 9}	51 301.45	2 600	59 321.47	67 922.84	55 602.14	2 600	59 321.47	67 922.84
{5, 1, 12}	494 447.81	3 450	568 516.60	689 170.43	554 774.72	3 450	568 516.60	689 170.43
{6, 1, 9}	77 110.78	2 700	87 163.59	111 310.32	89 184.14	2 700	87 163.59	111 310.32
{7, 1, 9}	103 935.42	2 900	116 503.68	154 697.79	123 032.48	2 900	116 503.68	154 697.79
{8, 1, 9}	133 384.87	3 200	149 755.99	198 085.27	157 549.51	3 200	149 755.99	198 085.27

表 3.18　参数权重变化时两个选定实例的求解结果

算例	Weight 1	Weight 2	Weight 3	Weight 4
{3, 1, 6}	A：1-0-0-0-0-1	A：0-0-1-1-0-0	A：0-0-1-0-0-1	A：1-0-0-0-0-1
	B：0-1-0-0-1-0	B：0-1-0-0-1-0	B：0-1-0-0-1-0	B：0-0-1-1-0-0
	C：0-0-1-1-0-0	C：1-0-0-0-0-0	C：1-0-0-1-0-0	C：0-1-0-0-1-0

续表

算例	Weight 1	Weight 2	Weight 3	Weight 4
{3, 2, 6}	A：0-1-1-0-1-0 B：1-1-0-1-0-0 C：1-0-1-1-0-0	A：0-1-1-0-0-0 B：1-0-1-0-0-0 C：1-1-0-0-0-0	A：1-1-0-1-1-0 B：1-0-1-1-0-0 C：0-1-0-1-0-0	A：0-1-1-1-1-0 B：1-1-0-1-0-1 C：1-0-1-0-1-1

实际上，虽然 c_i 的变化和权重的变化是不同的操作，但它们对目标值的影响却是一致的，即提高 c_i 与提高可达性成本的权重带来的效果是一样的。图 3.9 进一步说明了该结论。从图 3.9（a）可以看出，剥夺成本函数和不同的 c_i 相交于不同的点，这些点的横坐标随着 c_i 的增加而变大，相交点之前覆盖的时间周期也增多，这表示受灾区需要忍受的剥夺时间加长，这是因为系统倾向于当剥夺成本增长到一定大的值后，再以 c_i 的可达性成本为代价完成一次物资运输。而从图 3.9（b）中可以看出，c_i 与不同的剥夺成本函数（deprivation cost function，DCF）（体现在 SSDC 的权重 ξ_2）相交于不同的点。这些点的横坐标随着权重 ξ_2 的减少而变大。这其实是因为权重 ξ_2 的减少从另一个角度说即为 c_i 的增加。于是在图 3.9（a）中，随着 c_i 增加，系统服务越来越少的受灾区；相似的，在图 3.9（b）中，基于起始状态的剥夺成本和期末惩罚成本的权重下降时结果是一致的。

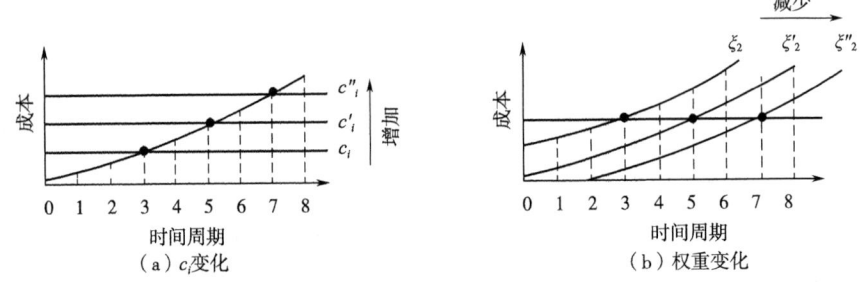

图 3.9 c_i 与不同剥夺成本函数的关系

此外，表 3.19 和表 3.20 分别展示了权重变化时滚动算法、$\widetilde{RA}$ 两种算法和动态规划算法的结果。该结果表明，两种算法对权重的变化并不敏感。

3 多容量下的救灾物资分配问题研究

表 3.19 不同权重下滚动算法和动态规划算法求解结果差值（%）

算例	Weight 1				Weight 2				Weight 3				Weight 4			
	AC	SSDC	TPC	目标值	AC	SSDC	TPC	目标值	AC	SSDC	TPC	目标值	AC	SSDC	TPC	目标值
{3, 1, 6}	0.00	4.08	0.00	1.59	0.00	0.00	0.00	0.00	0.00	0.00	0.00	0.00	0.00	4.08	0.00	0.80
{3, 2, 3}	0.00	0.00	0.00	0.00	0.00	0.00	0.00	0.00	0.00	0.00	0.00	0.00	0.00	0.00	0.00	0.00
{3, 2, 6}	0.00	29.16	0.00	5.46	0.00	0.00	0.00	5.84	0.00	12.85	0.00	5.84	0.00	127.85	0.00	17.09
{3, 2, 9}	0.00	70.48	0.00	18.14	0.00	62.94	0.00	6.50	0.00	4.45	0.00	2.58	0.00	70.48	0.00	14.11
{3, 2, 12}	0.00	26.03	0.00	10.03	0.00	147.43	0.00	23.62	0.00	1.64	0.00	1.17	0.00	26.03	0.00	7.10
{4, 1, 6}	0.00	0.00	0.00	0.00	19.23	5.93	−18.24	2.07	0.00	0.00	0.00	0.00	0.00	0.00	0.00	0.00
{4, 2, 6}	0.00	32.05	0.00	8.26	0.00	0.00	0.00	0.00	0.00	2.22	0.00	1.29	0.00	32.05	0.00	5.61
{4, 3, 6}	0.00	32.52	0.00	5.14	0.00	0.00	0.00	0.00	0.00	22.14	0.00	7.91	0.00	64.21	0.00	6.34
{5, 1, 6}	0.00	0.00	0.00	0.00	0.00	0.00	0.00	0.00	0.00	0.00	0.00	0.00	0.00	0.00	0.00	0.00
{5, 2, 6}	0.00	7.80	0.00	2.45	0.00	0.69	0.00	0.29	0.00	0.00	0.00	0.00	0.00	7.80	0.00	1.36
{4, 1, 9}	0.00	0.00	0.00	0.00	0.00	0.08	0.00	0.04	0.00	0.00	0.00	0.00	0.00	0.00	0.00	0.00
{4, 1, 12}	0.00	7.46	0.00	3.05	0.00	62.61	0.00	13.13	0.00	0.52	0.00	0.38	0.00	7.46	0.00	1.68
{4, 2, 9}	0.00	1.70	0.00	0.94	0.00	19.55	0.00	7.69	0.00	0.12	0.00	0.10	0.00	1.70	0.00	0.48

表 3.20 不同权重下 RA 和动态规划算法求解结果差值（%）

算例	Weight 1				Weight 2				Weight 3				Weight 4			
	目标值	AC	SSDC	TPC	目标值	AC	SSDC	TPC	目标值	AC	SSDC	TPC	目标值	AC	SSDC	TPC
{3, 1, 6}	2.20	0.00	5.64	0.00	0.88	0.00	4.08	0.00	0.00	0.00	0.00	0.00	1.11	0.00	5.64	0.00
{3, 1, 9}	0.00	0.00	0.00	0.00	0.00	0.00	0.00	0.00	0.00	0.00	0.00	0.00	0.00	0.00	0.00	0.00
{3, 2, 3}	5.04	0.00	26.91	0.00	0.09	0.00	0.64	0.00	5.84	0.00	12.85	0.00	3.90	0.00	29.17	0.00
{3, 2, 6}	16.36	0.00	63.55	0.00	3.75	0.00	36.35	0.00	2.58	0.00	4.45	0.00	39.86	0.00	199.17	0.00
{3, 2, 9}	28.34	0.00	73.56	0.00	4.17	0.00	26.03	0.00	1.17	0.00	1.64	0.00	20.06	0.00	73.56	0.00
{4, 1, 6}	0.00	0.00	0.00	0.00	0.00	0.00	0.00	0.00	0.00	0.00	0.00	0.00	0.00	0.00	0.00	0.00
{5, 1, 9}	0.00	0.00	0.00	0.00	0.00	0.00	0.00	0.00	0.00	0.00	0.00	0.00	0.00	0.00	0.00	0.00
{5, 1, 12}	0.00	0.00	0.00	0.00	0.00	0.00	0.00	0.00	0.00	0.00	0.00	0.00	0.00	0.00	0.00	0.00
{6, 1, 9}	0.00	0.00	0.00	0.00	0.00	0.00	0.00	0.00	0.00	0.00	0.00	0.00	0.00	0.00	0.00	0.00
{7, 1, 9}	0.00	0.00	0.00	0.00	0.00	0.00	0.00	0.00	0.00	0.00	0.00	0.00	0.00	0.00	0.00	0.00
{8, 1, 9}	0.00	0.00	0.00	0.00	0.00	0.00	0.00	0.00	0.00	0.00	0.00	0.00	0.00	0.00	0.00	0.00

续表

算例	Weight 1				Weight 2				Weight 3				Weight 4			
	目标值	AC	SSDC	TPC	目标值	AC	SSDC	TPC	目标值	AC	SSDC	TPC	目标值	AC	SSDC	TPC
{4, 2, 6}	1.14	0.00	4.44	0.00	0.00	0.00	0.00	0.00	1.59	0.00	2.74	0.00	5.61	0.00	32.05	0.00
{4, 3, 6}	3.64	0.00	22.99	0.00	0.06	0.00	0.49	0.00	2.00	0.00	5.58	0.00	5.76	0.00	58.37	0.00
{5, 1, 6}	0.00	0.00	0.00	0.00	0.49	0.00	0.00	0.00	0.00	0.00	0.00	0.00	0.00	0.00	0.00	0.00
{5, 2, 6}	1.81	0.00	5.78	0.00	0.29	0.00	2.56	0.00	0.00	0.00	0.00	0.00	1.01	0.00	5.78	0.00
{4, 1, 9}	0.00	0.00	0.00	0.00	0.04	0.00	0.69	0.00	0.00	0.00	0.00	0.00	0.00	0.00	0.00	0.00
{4, 1, 12}	3.05	0.00	7.46	0.00	7.34	0.00	0.08	0.00	0.47	0.00	0.64	0.00	1.68	0.00	7.46	0.00
{4, 2, 9}	0.94	0.00	1.70	0.00	7.69	0.00	35.01	0.00	0.12	0.00	0.15	0.00	0.48	0.00	1.70	0.00
{4, 2, 12}	0.00	0.00	0.00	0.00	0.00	0.00	19.55	0.00	0.00	0.00	0.00	0.00	0.00	0.00	0.00	0.00
{5, 1, 9}	0.00	0.00	0.00	0.00	0.00	0.00	0.00	0.00	0.00	0.00	0.00	0.00	0.00	0.00	0.00	0.00
{5, 1, 12}	0.00	0.00	0.00	0.00	0.00	0.00	0.00	0.00	0.00	0.00	0.00	0.00	0.00	0.00	0.00	0.00
{6, 1, 9}	0.00	0.00	0.00	0.00	0.00	0.00	0.00	0.00	0.00	0.00	0.00	0.00	0.00	0.00	0.00	0.00
{7, 1, 9}	0.00	0.00	0.00	0.00	0.00	0.00	0.00	0.00	0.00	0.00	0.00	0.00	0.00	0.00	0.00	0.00
{8, 1, 9}	0.00	0.00	0.00	0.00	0.00	0.00	0.00	0.00	0.00	0.00	0.00	0.00	0.00	0.00	0.00	0.00

3.5.6 容量的影响

通过三个小规模算例（$\{3, C, 6\}$，$\{4, C, 6\}$，$\{5, C, 6\}$）研究物资容量 C 对目标值的影响，其中 C 的取值范围为 1 到 $|N|$。表 3.21、表 3.22 和表 3.23 分别显示了动态规划算法（DP）、滚动算法（RA）和替代滚动算法（$\widetilde{RA}$）三种算法求解得到的目标值，以及单项成本结果。在实验中，$\{3, 1, 6\}$，$\{4, 1, 6\}$，$\{5, 1, 6\}$ 被称为基础算例。为清晰起见，表 3.21、表 3.22 和表 3.23 同时展示了每个算例计算结果与基础算例结果之间的比值。例如，算例 $\{3, 2, 6\}$ 结果与 $\{3, 1, 6\}$ 结果的比值，算例 $\{4, 3, 6\}$ 结果与 $\{4, 1, 6\}$ 结果的比值等。

表 3.21 不同容量 C 下动态规划算法求得的目标值和指标

算法	算例	成本				比 例			
		目标值	AC	SSDC	TPC	目标值	AC	SSDC	TPC
DP	$\{3, 1, 6\}$	1 763.91	1 500	2 061.70	1 730.04	1.00	1.00	1.00	1.00
	$\{3, 2, 6\}$	1 194.65	2 250	671.53	662.42	0.68	1.50	0.33	0.38
	$\{3, 3, 6\}$	1 134.50	2 450	427.34	526.16	0.64	1.63	0.21	0.30
	$\{4, 1, 6\}$	3 139.01	1 550	3 701.44	4 165.59	1.00	1.00	1.00	1.00
	$\{4, 2, 6\}$	1 878.18	3 300	1 451.32	883.23	0.60	2.13	0.39	0.21
	$\{4, 3, 6\}$	1 656.36	3 300	785.85	883.23	0.53	2.13	0.21	0.21
	$\{4, 4, 6\}$	1 613.60	3 500	593.84	746.97	0.51	2.26	0.16	0.18
	$\{5, 1, 6\}$	4 620.64	1 700	5 560.79	6 601.13	1.00	1.00	1.00	1.00
	$\{5, 2, 6\}$	2 729.80	3 450	2 567.75	2 171.65	0.59	2.03	0.46	0.33
	$\{5, 3, 6\}$	2 288.32	4 500	1 260.92	1 104.03	0.50	2.65	0.23	0.17

表 3.22 不同容量 C 下滚动算法求得的目标值和指标

算法	算例	成本				比 例			
		目标值	AC	SSDC	TPC	目标值	AC	SSDC	TPC
RA	$\{3, 1, 6\}$	1 791.94	1 500	2 145.79	1 730.04	1.00	1.00	1.00	1.00
	$\{3, 2, 6\}$	1 259.93	2 250	867.37	662.42	0.70	1.50	0.40	0.38
	$\{3, 3, 6\}$	1 159.47	2 450	502.26	526.16	0.65	1.63	0.23	0.30

续表

算法	算例	成本				比例			
		目标值	AC	SSDC	TPC	目标值	AC	SSDC	TPC
RA	{4, 1, 6}	3 139.01	1 550	3 701.44	4 165.59	1.00	1.00	1.00	1.00
	{4, 2, 6}	2 033.23	3 300	1 916.46	883.23	0.65	2.13	0.52	0.21
	{4, 3, 6}	1 741.56	3 300	1 041.45	883.23	0.55	2.13	0.28	0.21
	{4, 4, 6}	1 638.57	3 500	668.76	746.97	0.52	2.26	0.18	0.18
	{5, 1, 6}	4 620.64	1 700	5 560.79	6 601.13	1.00	1.00	1.00	1.00
	{5, 2, 6}	2 796.59	3 450	2 768.12	2 171.65	0.61	2.03	0.50	0.33
	{5, 3, 6}	2 431.12	4 500	1 689.33	1 104.03	0.53	2.65	0.30	0.17
	{5, 4, 6}	2 263.72	4 700	1 123.40	967.77	0.49	2.76	0.20	0.15
	{5, 5, 6}	2 170.20	4 700	842.83	967.77	0.47	2.76	0.15	0.15

表 3.23 不同容量 C 下替代滚动算法求得的目标值和指标

算法	算例	成本				比例			
		目标值	AC	SSDC	TPC	目标值	AC	SSDC	TPC
$\widetilde{RA}$	{3, 1, 6}	1 802.67	1 500	2 177.98	1 730.04	1.00	1.00	1.00	1.00
	{3, 2, 6}	1 254.87	2 250	852.20	662.42	0.70	1.50	0.39	0.38
	{3, 3, 6}	1 134.50	2 450	427.34	526.16	0.63	1.63	0.20	0.30
	{4, 1, 6}	3 139.01	1 550	3 701.44	4 165.59	1.00	1.00	1.00	1.00
	{4, 2, 6}	1 899.65	3 300	1 515.71	883.23	0.61	2.13	0.41	0.21
	{4, 3, 6}	1 716.58	3 300	966.53	883.23	0.55	2.13	0.26	0.21
	{4, 4, 6}	1 613.60	3 500	593.84	746.97	0.51	2.26	0.16	0.18
	{5, 1, 6}	4 620.64	1 700	5 560.79	6 601.13	1.00	1.00	1.00	1.00
	{5, 2, 6}	2 740.53	3 450	2 599.94	2 171.65	0.59	2.03	0.47	0.33
	{5, 3, 6}	2 359.28	4 500	1 473.80	1 104.03	0.51	2.65	0.27	0.17
	{5, 4, 6}	2 261.20	4 700	1 115.81	967.77	0.49	2.76	0.20	0.15

动态规划算法得到的目标值和单项成本的比值分别用图 3.10 直观展示。图 3.10（a）显示三组算例目标值的比值随着容量 C 增加而下降。进一步，当 C 不断增长，比值的下降速度变慢，即显示出容量的边际效应递减现象。图 3.10（b）显示，随着容量增加，动态规划算法求解得到的三组算例的可

达性成本比值逐渐增大,说明随着容量增加运输次数会变多。此外,随着容量增加,基于起始状态的剥夺成本和期末惩罚成本各自的比值都减小,说明物资的增多可以显著地降低灾民的痛苦以及不公平感,但同时仍然存在容量的边际效应递减现象。

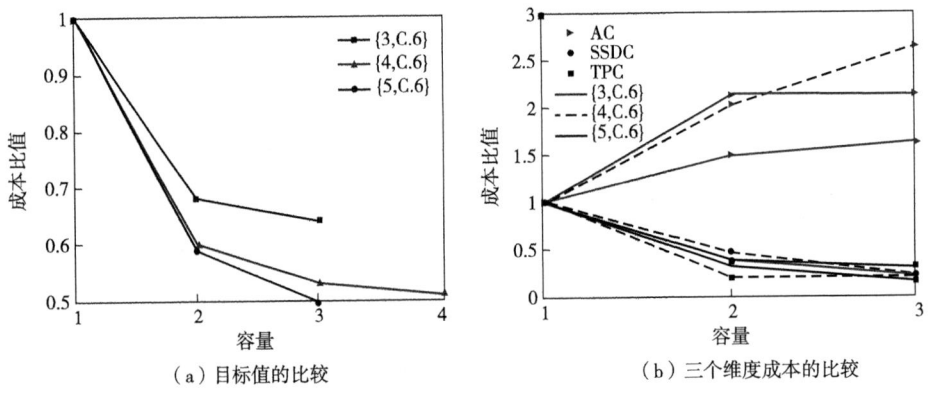

图 3.10 不同 C 变化下动态规划算法求解结果

3.6 小　　结

本章研究了多容量下的救灾物资分配问题,考虑人道主义物流中的三个性能指标:效率、有效性和公平性,并且通过三个单目标模型,从模型角度分析三个目标的必要性。为了克服动态规划算法的维数灾问题,设计了近似动态规划算法——基于贪婪算法的滚动算法,提出了替代贪婪算法、替代滚动算法。

从理论上分析了动态规划算法以及四个启发式算法的复杂度,并给出严格的数学证明。从算法复杂度的分析可以看出,动态规划算法复杂度最高,然后依次是替代滚动算法、滚动算法、替代贪婪算法、贪婪算法。数值实验显示,与动态规划算法直接求解方法相比,虽然替代贪婪算法、贪婪算法求解速度更快,但是两种滚动算法可以在较短的时间内求得满意解。也就是说,两种滚动算法不论在求解时间还是求解质量上,都能够满足对问题求解的需要,并且滚动算法能在更短时间求得和替代滚动算法一样的解。进一步,通过模型中一些重要因素的灵敏度分析,可以发现滚动算法和替代滚动算法对参数 c_i 和权重不敏感。滚动算法和替代滚动算法的求解结果显示,问题目标值对物资容量 C 有边际效应递减现象,即物资供应量到达一定程度之后,只有提供更多的物资才能达到与之前相同的效果。

4 容量可后续共享下的救灾物资分配策略研究

4.1 引　　言

在前两章的研究中，均假设救灾物资不具有"后续共享性"，即后续阶段不可以共享前面阶段的资源①。因为一方面，第2章研究的是在灾难初期物资十分匮乏的情况下，每个时间周期本地响应中心的物资容量十分有限，即使全部分配出去也不能满足所有受灾区的需求，所以不会有物资留存到后续阶段；第3章研究的是多容量的救灾物资分配问题，但是假设上一阶段的剩余救灾物资，不能留存到下一周期使用。例如，救灾物资为易腐物资的情况。

还有一种情况需要考虑，即物资聚集（material convergence），是指由于社会不停地捐赠物资，导致不同优先等级的救灾物资大量聚集在本地响应中心②③。在这种情况下，救灾物资具有"后续共享性"，即上一阶段剩余的物资，可以留存到下一周期使用，例如，水、床、帐篷或毯子等传统物资。在物资聚集的情况下，限制本地响应中心服务能力的约束不再是可以输出的资源数量，而是运输能力，例如，特殊的车辆不足、交通通行能力受限等。韩俊魁的研究指出，汶川大地震发生后，出现"物资堆积如山，灾民却不能按时得到所需物资"的情况④。这是因为民政救助站点过多，但是运载车辆数量不够，没有做出合理的物资分配规划。因此，本地响应中心是选择将救灾物资一次性分配出去，还是选择留存一部分物资以提高后续周期的服务能力，是值得深入研究的。

另外，在前两章的研究中，均假设受灾区在每个时间周期的需求是1个

---

① 叶永. 基于后续共享和信息更新的震后应急资源配置决策方法研究[D]. 杭州：浙江大学，2013.

② MARTELO M A J. Resource allocation problems during disasters: points of distribution planning and material convergence control [D]. Troy, NY: Rensselaer Polytechnic Institute, 2011.

③ HOLGUÍN-VERAS J, JALLER M, VAN WASSENHOVE L N, et al. Material convergence: impartant and understudied disaster phenomenon [J]. Natural hazards review, 2012, 15 (1): 1-12.

④ 韩俊魁. NGO参与汶川地震紧急救援研究[M]. 北京：北京大学出版社，2009.

单位的救灾物资。这个假设是基于 Sphere 的标准[①]，满足灾民每日最小需求的情况。在救灾初期资源极度匮乏的情况下，有限的物资只能保证灾民的最低需求，这个假设是合理的。造成物资极度匮乏的原因有很多，提前预置的物资在灾害中损坏，或者物资本身是易腐性的，不易存储，抑或者是急剧增长的需求导致这种供需极度不平衡。但在灾害情况下，灾民的需求是大量且多样的，在极度缺乏安全感的情况下，从灾民的角度出发，应该考虑需求大于1个单位物资的情况。

本部分首先针对本地响应中心容量的不同情况，提出了三种配送策略，即传统分配策略、灵活分配策略和容量可后续共享下的分配策略。接着，为了应对非线性整数规划模型，采用分段线性化方法对模型进行求解。为了考察三种分配策略的适用性，对模型的参数进行了灵敏度分析。以汶川地震的数据作为案例，验证三种分配策略的可行性和有效性。

4.2 数学建模

本章研究的救灾物资分配网络与前两章的研究相同。

4.2.1 符号定义

模型符号见表 4.1。

表 4.1 模型参数和变量符号

符号	意义及说明
输入参数	
$|N|$	受灾区（AAs）的数量，下标为 i
T	计划周期内的总时间周期数，下标为 t
L	每个时间周期的长度
$D_{i,t}$	时间周期 t 受灾区 i 的需求
C	每个时间周期本地响应中心的物资容量
c_i	从本地响应中心到受灾区 i 运输 1 个单位物资的单位可达性成本

[①] SPHERE PROJECT. Humanitarian charter and minimum standards in disaster response [R]. Geneva: Sphere Association, 2011.

续表

符号	意义及说明
a	剥夺成本参数
b	剥夺成本参数
ξ_1	目标函数中可达性成本（AC）的权重
ξ_2	目标函数中基于起始状态的剥夺成本（SSDC）的权重
ξ_3	目标函数中期末惩罚成本（TPC）的权重
决策变量	
$Y_{i,t}$	在周期 t 期初向受灾区 i 运送物资的数量
$S_{i,t}$	受灾区 i 在周期 t 期初的起始状态
$S_{i,T+1}$	受灾区 i 在周期 $T+1$ 的起始状态，也是周期 T 的期末状态
$\Gamma(S_{i,t})$	受灾区 i 在周期 t 以 $S_{i,t}$ 作为起始状态的剥夺成本
$\Theta(S_{i,T+1})$	受灾区 i 在周期 T 期末以 $S_{i,T+1}$ 为期末状态的期末惩罚成本

4.2.2 数学模型

根据前文的分析，本章基于传统分配策略、灵活分配策略、容量可后续共享三种分配策略，构建了三个救灾物资分配模型。

4.2.2.1 传统分配策略模型

传统分配策略，即每个周期本地响应中心的物资都必须全部分配出去，以确保最大可能地满足灾民的需求。这种情况一般是物资极度匮乏的情况，较适用于极度匮乏的医疗物资、食品物资等。每个周期本地响应中心可以分配的物资容量是确定且固定的，且上一周期没有分配出去的物资，不能留到下一周期继续使用。

第 2 章主要研究的是传统分配策略。与第 2 章 NLP 模型不同的是，本章构建的 IP1 模型考虑了受灾区的需求时变性。在 IP1 模型中，假设本地响应中心的物资容量 C 是一个常数，并且要求每个周期的物资容量都被完全分配出去，如约束（4-2）所示。

$$(\text{IP1}) \quad \min \xi_1 \sum_{i=1}^{N} \sum_{t=1}^{T} c_i Y_{i,t} + \xi_2 \sum_{i=1}^{N} \sum_{t=1}^{T} \Gamma(S_{i,t}) + \xi_3 \sum_{i=1}^{N} \Theta(S_{i,T+1}) \quad (4\text{-}1)$$

$$\text{s.t.} \sum_{i=1}^{|N|} Y_{i,t} = C, \quad \forall t = 1, 2, \cdots, T \tag{4-2}$$

$$S_{i,t+1} = S_{i,t} - Y_{i,t} + D_{i,t}, \quad \forall i = 1, 2, \cdots, |N|, \ t = 1, 2, \cdots, T \tag{4-3}$$

$$S_{i,1} = 0, \quad \forall i = 1, 2, \cdots, |N| \tag{4-4}$$

$$S_{i,t} \in \mathbb{Z} \quad \forall i = 1, 2, \cdots, |N|, \ t = 1, 2, \cdots, T+1 \tag{4-5}$$

$$Y_{i,t} \in \{0, 1, 2, \cdots\}, \quad \forall i = 1, 2, \cdots, |N|, \ t = 1, 2, \cdots, T \tag{4-6}$$

目标函数（4-1）最小化三种成本的加权和：可达性成本、基于起始状态的剥夺成本和期末惩罚成本。默认情况下，本部分采用权重系数 $\{\xi_1, \xi_2, \xi_3\} = \{1/3, 1/3, 1/3\}$，与前文分析一致。约束（4-2）体现的是传统分配策略，是 IP1 模型的关键约束，即每周期本地响应中心的物资容量 C 必须在当前周期完全分配出去。约束（4-3）是状态转移方程，考虑了受灾区灾民需求大于最小单位需求的情况。约束（4-4）定义了所有受灾区在灾难刚发生时的初始状态为 0。约束（4-5）和（4-6）定义了决策变量的可行域。

4.2.2.2 灵活分配策略模型

与传统分配策略的硬性约束相比，灵活分配策略考虑的情况是更多的决策选择。对于一些易腐物资，如血袋和药品，本应及时发放，但可能因为本地响应中心的运输能力有限只能部分分配出去。例如，血袋需要通过冷藏车运输，这些冷藏车可能不能在本地响应中心随时待命，从而导致在紧急情况下难以派送。因此，即使物资资源充足，本地响应中心的物资也不能完全被分配出去。并且，这类物资不具有"后续共享性"，即前一周期的剩余资源不允许在之后的周期使用。

前文第 3 章研究的问题主要是灵活分配策略。本章提出的 IP2 模型与第 3 章 NLP0 模型不同的是考虑了多单位的需求。IP2 模型假设本地响应中心的物资容量 C 是常数，不要求每个周期的物资容量 C 必须全部配送出去，但当期剩余的物资容量不能留存到之后使用。

$$(\text{IP2}) \min \xi_1 \sum_{i=1}^{|N|} \sum_{t=1}^{T} c_i Y_{i,t} + \xi_2 \sum_{i=1}^{|N|} \sum_{t=1}^{T} \Gamma(S_{i,t}) + \xi_3 \sum_{i=1}^{|N|} \Theta(S_{i,T+1}) \tag{4-7}$$

$$\text{s.t.} \quad (4\text{-}3) \sim (4\text{-}6)$$

$$\sum_{i=1}^{|N|} Y_{i,t} \leq C, \quad \forall t = 1, 2, \cdots, T \tag{4-8}$$

约束（4-8）是模型的关键约束，意味着不能违反本地响应中心的物资容量限制。

4.2.2.3 容量可后续共享的分配策略模型

传统分配策略和灵活分配策略都假设每个周期本地响应中心可分配的物

资容量是不变的,即上一周期的剩余物资不能累积到下一个周期使用,如需要冷藏的易腐物资。然而,灾难刚发生时,灾民对传统物资(如水、床、帐篷或毯子)的需求是大量的。随着物资聚集情况的发生,这些物资不再匮乏,反而可以储存以备之后使用。本书称这种策略为容量可后续共享的分配策略。这种策略会使分配问题变得更加复杂,如IP3模型所示。IP3模型不要求每个周期的物资必须全部配送出去,且当前期剩余的物资容量可以留存到之后使用。

$$(\text{IP3}) \min \xi_1 \sum_{i=1}^{|N|} \sum_{t=1}^{T} c_i Y_{i,t} + \xi_2 \sum_{i=1}^{|N|} \sum_{t=1}^{T} \Gamma(S_{i,t}) + \xi_3 \sum_{i=1}^{|N|} \Theta(S_{i,T+1}) \quad (4-9)$$

$$\text{s.t.} \ (4-3) \sim (4-6)$$

$$\sum_{k=1}^{t} \sum_{i=1}^{|N|} Y_{i,k} \leq t \cdot C_t, \ \forall t = 1, 2, \cdots, T \quad (4-10)$$

其中,C_t 表示本地响应中心在时间周期 t 的物资容量。

约束(4-10)是模型的关键约束,意味着周期 t 的可分配物资容量等于周期 t 由外部提供的物资容量与上一周期 $t-1$ 的剩余物资容量之和。与前两个模型IP1和IP2相比,IP3模型的决策空间增加了,导致模型求解的困难。因此,根据前两章的研究经验,本章采用分段线性化的方法对以上三个模型进行求解。

4.3 分段线性化方法

由于剥夺成本的引入导致上述三个模型中的目标函数均为非线性函数。正如Yu等所指出的那样,非线性模型虽然可以用非线性解算器Knitro直接求解,但从前文的复杂性分析以及预实验可以发现,直接使用Knitro等求解器求解的时间会非常长,对于中大规模问题通常不能在给定的时间内得到满意解[1]。因此,需要研究一种更有效的方法,以更好地满足解决实际问题的需要。

本书第2章采用分段线性化的方法求解NLP模型,大量的数据实验结果表明,该方法的求解效果和求解效率均很好。因此,本章采用分段线性化方法进行求解。但与前文不同的是,由于本章假设需求不再是最小单位,因此状态可能是负值。第2章的决策变量 $S_{i,t}$ 取值范围在非负整数空间,本章的决策变量的值域在整个实数轴。因此,本章的分段线性化方法较第2章需要

---

[1] YU L, YANG H, MIAO L, et al. Rollout algorithms for resource allocation in humanitarian logistics [J]. IISE transactions, 2019, 51 (8), 887-909.

做出适当的调整,分段线性化的函数值域变得更宽,如图4.1所示。

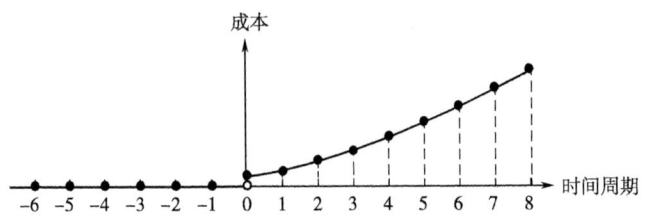

图4.1 分段线性化的目标函数

与第2章类似,本章采用分段线性化方法(PW),通过引入一组线性约束和0—1变量将模型转化成线性整数规划模型。

首先,引入非负变量 $M_{i,t}$ 和 $M_{i,T+1}$,分别令 $M_{i,t} = \alpha^{S_{i,t}}$ 和 $M_{i,T+1} = \alpha^{S_{i,T+1}}$,其中 $\alpha = e^{b \cdot L}$。然后令 $\lambda = e^a \cdot (e^{b \cdot L} - 1)$,非线性目标函数(4-1)转化为线性目标函数(4-11)。

$$\min \xi_1 \sum_{i=1}^{|N|} \sum_{t=1}^{T} c_i Y_{i,t} + \xi_2 \lambda \sum_{i=1}^{|N|} \sum_{t=1}^{T} M_{i,t} + \xi_3 \lambda \sum_{i=1}^{|N|} M_{i,T+1} \quad (4-11)$$

本章与第2章不同的是 $M_{i,t}^{\min}$ 和 $M_{i,t}^{\max}$ 的取值范围。假设 $M_{i,t}^{\min}$ 和 $M_{i,t}^{\max}$ 分别为 $M_{i,t}$ 最小值和最大值。将线性化区间长度固定为 L,可以发现无论 $S_{i,t}$ 取值如何,$M_{i,t}^{\min} = 0$,而 $M_{i,t}^{\max}$ 的取值则是与 $S_{i,t}$ 相关。$S_{i,t}$ 的最大值为 $(T+1) \cdot D$,对应的情况是受灾地区一直没有从本地响应中心接收到服务,其中 T 为计划时间范围,D 表示受灾区在每个时间周期的资源需求量。因此,$M_{i,t}^{\max} = \alpha^{(T+1)D}$。类似的,$S_{i,t}$ 的最小值为 $(T+1) \cdot (C-D)$,对应的情况是受灾区在每个时间周期都从本地响应中心接收到 C 单位资源。然后非负项 $M_{i,t}$ 可以替换成等式(4-12),而离散变量 $S_{i,t}$ 可以用等式(4-14)替代。同样的,$M_{i,T+1}^{\min}$ 和 $M_{i,T+1}^{\max}$ 分别表示 $M_{i,T+1}$ 的最小值和最大值。然后非负项 $M_{i,T+1}$ 可以替换成等式(4-13),而离散变量 $S_{i,T+1}$ 可以用等式(4-15)替代。约束(4-12)至(4-20)将非线性目标函数改变为线性函数。

具体模型如下:

$$M_{i,t} = \alpha^0 z_{i,t}^0 + \alpha^1 z_{i,t}^1 + \cdots + \alpha^{(T+1)D} z_{i,t}^{(T+1)D}$$
$$\forall i = 1, 2, \cdots, |N|, t = 1, 2, \cdots, T \quad (4-12)$$

$$M_{i,T+1} = \alpha^0 z_{i,T+1}^0 + \alpha^1 z_{i,T+1}^1 + \cdots + \alpha^{(T+1)D} z_{i,T+1}^{(T+1)D}$$
$$\forall i = 1, 2, \cdots, |N| \quad (4-13)$$

$$S_{i,t} = 0 \cdot z_{i,t}^0 + 1 \cdot z_{i,t}^1 + \cdots + (T+1)D \cdot z_{i,t}^{(T+1)D}$$
$$\forall i = 1, 2, \cdots, |N|, t = 1, 2, \cdots, T \quad (4-14)$$

$$S_{i,T+1} = 0 \cdot z_{i,T+1}^{0} + 1 \cdot z_{i,T+1}^{1} + \cdots + (T+1)D \cdot z_{i,T+1}^{(T+1)D}$$
$$\forall i = 1, 2, \cdots, |N|$$

(4-15)

$$z_{i,t}^{0} \leqslant y_{i,t}^{0}, z_{i,t}^{1} \leqslant y_{i,t}^{0} + y_{i,t}^{1}, \cdots, z_{i,t}^{(T+1)D-1} \leqslant y_{i,t}^{(T+1)D-2} + y_{i,t}^{(T+1)D-1}, z_{i,t}^{(T+1)D} \leqslant y_{i,t}^{(T+1)D-1}$$
$$\forall i = 1, 2, \cdots, |N|, t = 1, 2, \cdots, T+1$$

(4-16)

$$z_{i,t}^{0} + z_{i,t}^{1} + \cdots + z_{i,t}^{(T+1)D} = 1, \forall i = 1, 2, \cdots, |N|, t = 1, 2, \cdots, T+1$$

(4-17)

$$y_{i,t}^{0} + y_{i,t}^{1} + \cdots + y_{i,t}^{(T+1)D-1} = 1, \forall i = 1, 2, \cdots, |N|, t = 1, 2, \cdots, T+1$$

(4-18)

$$z_{i,t}^{0}, z_{i,t}^{1}, \cdots, z_{i,t}^{(T+1)D} \in \{0, 1\}, \forall i = 1, 2, \cdots, |N|, t = 1, 2, \cdots, T+1$$

(4-19)

$$y_{i,t}^{0}, y_{i,t}^{1}, \cdots, y_{i,t}^{(T+1)D-1} \in \{0, 1\}, \forall i = 1, 2, \cdots, |N|, t = 1, 2, \cdots, T+1$$

(4-20)

4.4 数值实验

验证动态规划算法和分段线性化方法的等价性，通过数值实验给出三种分配策略的对比分析。

4.4.1 等价性分析

为了验证分段线性化方法的有效性，本章分别采用动态规划算法和分段线性化方法求解模型 IP1，IP2，IP3。由于 IP3 模型的状态空间相较于前两个模型急剧增长，用动态规划求解会很耗费时间。本部分的目的在于对比分段线性化方法求解效果的准确性，因此只对比 IP1 模型和 IP2 模型的求解结果即可。求解结果见表 4.2。从表 4.2 中可以看出，相对动态规划算法，分段线性化方法的求解速度更快，全部算例都可以在 1 秒以内求解。从求解结果看，分段线性化方法的求解效果也很好，能达到与动态规划算法一样的精确解，算例的 Gap 均为 0。说明分段线性化方法可以针对不同模型达到和动态规划一样好的解。因此分段线性化方法的等价性得以验证。

本章采用的算例 $\{|N|, C, T\}$ 和前两章相同，但不同的是变为多个单位需求，并且不同受灾区的需求也有不同，用来考察算法的有效性。求解结果见表 4.3。

表 4.2 动态规划和分段线性化方法的比较（受灾区需求相同）

$\{|N|, C, T\}$	D_i	DP-IP1		PW-IP1		Gaps %	DP-IP2		PW-IP2		Gaps %	PW-IP3	
		目标值	秒	目标值	秒		目标值	秒	目标值	秒		目标值	秒
{3, 1, 6}	1, 1, 1	5.29E+03	0.64	5.29E+03	0.15	0.00	5.29E+03	0.66	5.29E+03	0.30	0.00	5.29E+03	0.15
{3, 2, 6}	1, 1, 1	3.86E+03	0.68	3.86E+03	0.13	0.00	3.58E+03	1.86	3.58E+03	0.26	0.00	3.58E+03	0.13
{3, 2, 9}	1, 1, 1	6.95E+03	5.58	6.95E+03	0.16	0.00	6.95E+03	12.56	6.95E+03	0.23	0.00	6.95E+03	0.18
{3, 2, 12}	1, 1, 1	1.26E+04	54.73	1.26E+04	0.22	0.00	1.26E+04	49.04	1.26E+04	0.33	0.00	1.26E+04	0.27
{4, 1, 6}	1, 1, 1, 1	9.42E+03	0.67	9.42E+03	0.12	0.00	9.42E+03	0.62	9.42E+03	0.22	0.00	9.42E+03	0.09
{4, 2, 6}	1, 1, 1, 1	5.63E+03	2.58	5.63E+03	0.11	0.00	5.63E+03	6.53	5.63E+03	0.25	0.00	5.63E+03	0.12
{4, 3, 6}	1, 1, 1, 1	5.67E+03	8.85	5.67E+03	0.14	0.00	4.97E+03	126.96	4.97E+03	0.18	0.00	4.97E+03	0.21
{5, 1, 6}	1, 1, 1, 1, 1	1.39E+04	1.31	1.39E+04	0.12	0.00	1.39E+04	1.23	1.39E+04	0.12	0.00	1.39E+04	0.13
{5, 2, 6}	1, 1, 1, 1, 1	8.19E+03	12.87	8.19E+03	0.13	0.00	8.19E+03	38.95	8.19E+03	0.19	0.00	8.19E+03	0.20
{5, 3, 6}	1, 1, 1, 1, 1	7.19E+03	196.31	7.19E+03	0.16	0.00	6.86E+03	13 011.05	6.86E+03	0.17	0.00	6.86E+03	0.25
{6, 1, 9}	1, 1, 1, 1, 1, 1	2.01E+05	43.73	2.01E+05	0.20	0.00	2.01E+05	49.30	2.01E+05	0.35	0.00	2.01E+05	0.19

续表

{|N|, C, T}	D_i	DP-IP1 目标值	DP-IP1 秒	PW-IP1 目标值	PW-IP1 秒	Gaps %	DP-IP2 目标值	DP-IP2 秒	PW-IP2 目标值	PW-IP2 秒	Gaps %	PW-IP3 目标值	PW-IP3 秒
{7, 1, 9}	1,1,1,1,1,1,1	2.74E+05	127.56	2.74E+05	0.28	0.00	2.74E+05	169.42	2.74E+05	0.37	0.00	2.74E+05	0.25
{8, 1, 9}	1,1,1,1,1,1,1,1	3.51E+05	851.00	3.51E+05	0.37	0.00	3.51E+05	1 039.09	3.51E+05	0.39	0.00	3.51E+05	0.36

表 4.3 动态规划和分段线性化方法的比较（受灾区需求不同）

{|N|, C, T}	D_i	DP-IP1 目标值	DP-IP1 秒	PW-IP1 目标值	PW-IP1 秒	Gaps %	DP-IP2 目标值	DP-IP2 秒	PW-IP2 目标值	PW-IP2 秒	Gaps %	PW-IP3 目标值	PW-IP3 秒
{4, 1, 6}	1, 1, 1, 2	2.76E+04	0.23	2.76E+04	0.15	0.00	2.76E+04	0.39	2.76E+04	0.13	0.00	2.76E+04	0.14
{4, 2, 6}	1, 1, 1, 2	1.15E+04	2.01	1.15E+04	0.11	0.00	1.15E+04	7.23	1.15E+04	0.09	0.00	1.15E+04	0.10
{4, 3, 6}	1, 1, 1, 2	7.73E+03	9.14	7.73E+03	0.14	0.00	7.73E+03	142.28	7.73E+03	0.13	0.00	7.73E+03	0.13
{5, 1, 6}	1, 1, 1, 2, 3	2.95E+06	0.40	2.95E+06	0.23	0.00	2.95E+06	0.83	2.95E+06	0.20	0.00	2.95E+06	0.24
{5, 2, 6}	1, 1, 1, 2, 3	2.12E+05	7.25	2.12E+05	0.21	0.00	2.12E+05	38.79	2.12E+05	0.18	0.00	2.12E+05	0.24
{5, 3, 6}	1, 1, 1, 2, 3	3.87E+04	185.60	3.87E+04	0.16	—	—	—	3.87E+04	0.13	—	3.87E+04	0.15
{5, 4, 6}	1, 1, 1, 2, 3	—	—	2.08E+04	0.19	—	—	—	2.08E+04	0.19	—	2.08E+04	0.21

续表

$\{|N|, C, T\}$	D_i	DP-IP1 目标值	DP-IP1 秒	PW-IP1 目标值	PW-IP1 秒	Gaps %	DP-IP2 目标值	DP-IP2 秒	PW-IP2 目标值	PW-IP2 秒	Gaps %	PW-IP3 目标值	PW-IP3 秒
{6, 3, 9}	1, 1, 1, 2, 3, 4	—	—	1.39E+09	0.99	—	—	—	1.39E+09	0.99	—	1.39E+09	1.06
{6, 4, 9}	1, 1, 1, 2, 3, 4	—	—	8.58E+07	0.70	—	—	—	8.58E+07	0.73	—	8.58E+07	0.66
{6, 5, 9}	1, 1, 1, 2, 3, 4	—	—	5.68E+06	0.93	—	—	—	5.68E+06	0.94	—	5.68E+06	1.10
{7, 3, 9}	1, 1, 1, 2, 3, 4	—	—	7.12E+12	1.84	—	—	—	7.12E+12	1.75	—	7.12E+12	2.19
{7, 4, 9}	1, 1, 1, 2, 3, 4, 5	—	—	4.13E+11	1.54	—	—	—	4.13E+11	1.60	—	4.13E+11	1.81
{7, 5, 9}	1, 1, 1, 2, 3, 4, 5	—	—	2.44E+10	1.43	—	—	—	2.44E+10	1.47	—	2.44E+10	1.14
{7, 6, 9}	1, 1, 1, 2, 3, 4, 5	—	—	1.86E+09	1.64	—	—	—	1.86E+09	1.51	—	1.86E+09	1.54
{8, 3, 9}	1, 1, 1, 2, 3, 4, 5, 6	—	—	3.88E+16	3.44	—	—	—	3.88E+16	3.28	—	3.88E+16	3.88
{8, 4, 9}	1, 1, 1, 2, 3, 4, 5, 6	—	—	2.21E+15	3.12	—	—	—	2.21E+15	3.00	—	2.21E+15	3.80
{8, 5, 9}	1, 1, 1, 2, 3, 4, 5, 6	—	—	1.28E+14	2.91	—	—	—	1.28E+14	2.83	—	1.28E+14	2.90
{8, 6, 9}	1, 1, 1, 2, 3, 4, 5, 6	—	—	9.49E+12	2.01	—	—	—	9.49E+12	2.05	—	9.49E+12	2.00
{8, 7, 9}	1, 1, 1, 2, 3, 4, 5, 6	—	—	1.19E+12	2.54	—	—	—	1.19E+12	2.56	—	1.19E+12	2.93

从表4.3中可以看出，对比动态规划算法，分段线性化方法的求解速度更快，全部算例都可以在3秒以内求解。因此，分段线性化方法的求解效率得以验证。

4.4.2 分配策略对比

为了对比三种配送策略，本部分将上述等价性实验的数值算例单独抽取出来，对比分段线性化方法求解三个模型的结果，结果见表4.4。从表4.4中可以看出，在实验性数据的对比下，三个模型求解结果大部分相同，只有个别算例的求解结果不同，如算例 {2, 2, 6}。上述数值实验虽然没有体现出三种分配策略的优劣，但是说明了三种分配策略并不完全相同，这可能与需求的设置相关。本部分采取真实案例的数据验证这个猜测，并分析对比三种分配策略的优劣。

表4.4 动态规划和分段线性化方法的比较（受灾区需求不同）

算例	需求 D_i	目标值 IP1	IP2	IP3	Gaps IP1–IP2	IP1–IP3	IP2–IP3
{3, 1, 6}	1, 1, 1	5.29E+03	5.29E+03	5.29E+03	0.00	0.00	0.00
{3, 2, 6}	1, 1, 1	3.86E+03	3.58E+03	3.58E+03	−7.08	−7.08	0.00
{3, 2, 9}	1, 1, 1	6.95E+03	6.95E+03	6.95E+03	0.00	0.00	0.00
{3, 2, 12}	1, 1, 1	1.26E+04	1.26E+04	1.26E+04	0.00	0.00	0.00
{4, 1, 6}	1, 1, 1, 1	9.42E+03	9.42E+03	9.42E+03	0.00	0.00	0.00
{4, 2, 6}	1, 1, 1, 1	5.63E+03	5.63E+03	5.63E+03	0.00	0.00	0.00
{4, 3, 6}	1, 1, 1, 1	5.67E+03	4.97E+03	4.97E+03	−12.35	−12.35	0.00
{5, 1, 6}	1, 1, 1, 1, 1	1.39E+04	1.39E+04	1.39E+04	0.00	0.00	0.00
{5, 2, 6}	1, 1, 1, 1, 1	8.19E+03	8.19E+03	8.19E+03	0.00	0.00	0.00
{5, 3, 6}	1, 1, 1, 1, 1	7.19E+03	6.86E+03	6.86E+03	−4.52	−4.52	0.00
{6, 1, 9}	1, 1, 1, 1, 1, 1	2.01E+05	2.01E+05	2.01E+05	0.00	0.00	0.00
{7, 1, 9}	1, 1, 1, 1, 1, 1, 1	2.74E+05	2.74E+05	2.74E+05	0.00	0.01	0.01
{8, 1, 9}	1, 1, 1, 1, 1, 1, 1, 1	3.51E+05	3.51E+05	3.51E+05	0.00	0.01	0.01
{4, 1, 6}	1, 1, 1, 2	2.76E+04	2.76E+04	2.76E+04	0.00	0.00	0.00
{4, 2, 6}	1, 1, 1, 2	1.15E+04	1.15E+04	1.15E+04	0.00	0.00	0.00

续表

算例	需求 D_i	目标值			Gaps		
		IP1	IP2	IP3	IP1-IP2	IP1-IP3	IP2-IP3
{4, 3, 6}	1, 1, 1, 2	7.73E+03	7.73E+03	7.73E+03	0.00	0.00	0.00
{5, 1, 6}	1, 1, 1, 2, 3	2.95E+06	2.95E+06	2.95E+06	0.00	0.00	0.00
{5, 2, 6}	1, 1, 1, 2, 3	2.12E+05	2.12E+05	2.12E+05	0.00	0.00	0.00
{5, 3, 6}	1, 1, 1, 2, 3	3.87E+04	3.87E+04	3.87E+04	0.00	0.00	0.00
{5, 4, 6}	1, 1, 1, 2, 3	2.08E+04	2.08E+04	2.08E+04	0.00	0.00	0.00
{6, 3, 9}	1, 1, 1, 2, 3, 4	1.39E+09	1.39E+09	1.39E+09	0.00	0.00	0.00
{6, 4, 9}	1, 1, 1, 2, 3, 4	8.58E+07	8.58E+07	8.58E+07	0.00	0.00	0.00
{6, 5, 9}	1, 1, 1, 2, 3, 4	5.68E+06	5.68E+06	5.68E+06	0.00	0.00	0.00
{7, 3, 9}	1, 1, 1, 2, 3, 4, 5	7.12E+12	7.12E+12	7.12E+12	0.00	0.00	0.00
{7, 4, 9}	1, 1, 1, 2, 3, 4, 5	4.13E+11	4.13E+11	4.13E+11	0.00	0.00	0.00
{7, 5, 9}	1, 1, 1, 2, 3, 4, 5	2.44E+10	2.44E+10	2.44E+10	0.00	0.00	0.00
{7, 6, 9}	1, 1, 1, 2, 3, 4, 5	1.86E+09	1.86E+09	1.86E+09	0.00	0.00	0.00
{8, 3, 9}	1, 1, 1, 2, 3, 4, 5, 6	3.88E+16	3.88E+16	3.88E+16	0.00	0.00	0.00
{8, 4, 9}	1, 1, 1, 2, 3, 4, 5, 6	2.21E+15	2.21E+15	2.21E+15	0.00	0.00	0.00
{8, 5, 9}	1, 1, 1, 2, 3, 4, 5, 6	1.28E+14	1.28E+14	1.28E+14	0.00	0.00	0.00
{8, 6, 9}	1, 1, 1, 2, 3, 4, 5, 6	9.49E+12	9.49E+12	9.49E+12	0.00	0.00	0.00
{8, 7, 9}	1, 1, 1, 2, 3, 4, 5, 6	1.19E+12	1.19E+12	1.19E+12	0.00	0.00	0.00

4.5 案例分析

本部分通过汶川大地震的数据研究三种配送策略的优劣。然后，通过对一些重要的参数进行灵敏度分析，提出一些管理学上的建议。

4.5.1 案例设计

2008年5月12日发生的汶川地震是全球50年来最强烈的地震。这次8.0

级的地震损坏了237个地区,造成69 227人死亡,导致374 643人受伤,失踪17 923人,近1 500万人被转移到临时庇护所①。汶川县是四川省受灾严重的10个县之一,是地震的震中;其他9个县分别是北川县、绵竹县、什邡县、青川县、毛县、安县、都江堰市、平武县、彭州县。参考Huang等的研究②,本书假设只有一个本地响应中心,即成都;四个受灾区,分别是都江堰市、汶川县、北川县和青川县,如图4.2所示。

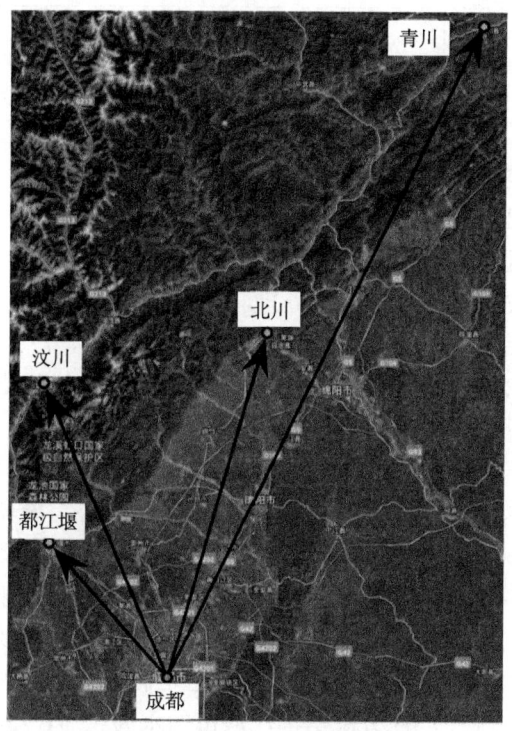

图 4.2 汶川地震救灾物流

4个受灾区距离成都的距离通过Google地图获得。受伤人口数据来自官方报道、在线新闻和《汶川地震灾害地图集》③,如表4.5第五列所示。

---

① 叶永. 基于后续共享和信息更新的震后应急资源配置决策方法研究 [D]. 杭州:浙江大学, 2013.

② HUANG K, JIANG Y, YUAN Y, et al. Modeling multiple humanitarian objectives in emergency response to large-scale disasters [J]. Transportation research part E: logistics and transportation review, 2015 (75): 1-17.

③ 汶川地震灾害地图集编委会. 汶川地震灾害地图集, 2008.

表 4.5　受灾区距离与需求

AAs	距离 (km)	速度 (30 km/h)	AC ($)	人口 (/人)	10% (/人)	需求 (kg)	需求 (kg)	车辆 (辆)	(辆)
都江堰	72.00	2.40	240.00	4 388	438.80	9 873.00	548.50	0.55	1
汶川	143.00	4.77	476.67	34 583	3 458.30	77 811.75	4 322.88	4.32	5
北川	154.00	5.13	513.33	26 916	2 691.60	60 561.00	3 364.50	3.36	4
青川	345.00	11.50	1 150.00	15 453	1 545.30	34 769.25	1 931.63	1.93	2

第一，距离的处理。车辆平时正常的行驶速度约为 60 公里/小时，四个受灾区到成都需要花费的时间分别为 {1.2, 2.38, 2.57, 5.75} 小时。但是在灾害情况下，由于地震的影响，道路可能损毁，导致行程时间变长。借鉴 Huang 等对于受灾道路行驶时间的处理，本章假设此时时速为 30 公里/小时。四个受灾区到成都需要花费的时间分别为 {2.40, 4.77, 5.13, 11.50} 小时。参考 Pérez-Rodríguez 和 Holguín-Veras[1] 假设救灾行驶费用为 100 美元/小时。因此，每个受灾区的可达性成本分别为 {240.00, 476.67, 513.33, 1 150.00} 美元，如表 4.5 第四列所示。

第二，对受灾区需求的预估。假设本地响应中心需要给受灾区灾民提供物资。根据 Sphere 的标准，每天每位灾民对水的最低需求量为 7.5 千克[2]。参考 Huang 等的研究，假设每个周期本地响应中心的物资容量能满足受灾区 10% 人口的需求[3]。例如，都江堰市共有灾民 4 388 人，那么，这个市每天对水的总需求为 4 388 × 7.5 = 32 910 千克。但是假设只有 10% 的需求可以被满足，即每天本地响应中心能分配给都江堰市的水为 32 910/10 = 3 291 千克。本书假设计划周期为 3 天，即 72 小时。那么救援关键期前 3 天，都江堰市对水的总需求为 3 291 × 3 = 9 873 千克，如表 4.5 右起第四列所示。参考 Sheu 的

---

[1] PÉREZ-RODRÍGUEZ N, HOLGUÍN-VERAS J. Inventory-allocation distribution models for post-disaster humanitarian logistics with explicit consideration of deprivation costs [J]. Transportation science, 2015, 50 (4): 1261-1285.

[2] SPHERE PROJECT. Humanitarian charter and minimum standards in disaster response [R]. Geneva: Sphere Association, 2011.

[3] HUANG K, JIANG Y, YUAN Y, et al. Modeling multiple humanitarian objectives in emergency response to large-scale disasters [J]. Transportation research part E: logistics and transportation review, 2015 (75): 1-17.

研究，将每周期的时间长度设置为 4 小时，即将计划周期分为 18 个时间段①。那么，都江堰市每个周期对水的需求为 9 873/18 = 548.5 千克，如表 4.5 右起第三列所示。在本书中，假设本地响应中心的物资容量是调度卡车运送救援物资的物资容量。借鉴 Pérez-Rodríguez 和 Holguín-Veras 的研究，假设卡车容量为 1 000 千克/辆②。因此，都江堰市每个周期对救灾车次的需求为 1。相应的，可以计算出汶川县、北川县和青川县的需求，如表 4.5 右起第一列所示。

基于上一节的案例，根据不同的分配策略，构建了三个模型 IP1，IP2，IP3。三个模型通过分段线性化方法求解。首先对本地响应中心的物资容量 C 进行灵敏度分析，然后，对受灾区的需求 D 进行实验，以期发现三种分配策略的优劣。

4.5.2 物资容量的影响

为了讨论本地响应中心的物资容量 C 对不同分配策略的影响，首先根据本地响应中心物资容量大小构建了四种情景，分别定义为稀缺、短缺、充足和过剩。稀缺为当每期本地响应中心的物资容量 C 能满足受灾区总需求的 0~50%时；短缺为满足总需求的 50%~100%时；充足为满足总需求的 100%~150%时；过剩为满足总需求的 150%~200%时。例如，根据表 4.5 所示，每个周期汶川县、都江堰市、北川县和青川县对救灾车次的总需求量是 12 个单位。因此，在稀缺情况下，本地响应中心的物资容量 C 为 0~6 个单位；而在短缺情况下，本地响应中心的物资容量 C 为 7~12 个单位。相似的，本地响应中心的物资容量 C 在充足的情况下为 13~18 个单位，在过剩的情况下为 19~24 个单位。

在以上四种情景下，采用分段线性方法求解三种分配策略模型，计算结果见表 4.6 和表 4.7。从表 4.6 和表 4.7 可以看出，当 C 增长时，三种策略的成本都呈下降趋势，但是下降速度逐渐减慢，意味着本地响应中心的物资容量呈现边际效应。为了更加清楚地显示这种效果，将详细结果绘制成图 4.3。从图 4.3 中可以清楚地看出，当本地响应中心的物资容量 C 增加时，目标值下降的速率越来越小，该结果表明，当物资容量达到一定程度之后，通过增加物资容量降低成本的难度越来越大。

---

① SHEU J B. An emergency logistics distribution approach for quick response to urgent relief demand in disasters [J]. Transportation research part E: logistics and transportation review, 2007, 43 (6): 687-709.

② PÉREZ-RODRÍGUEZ N, HOLGUÍN-VERAS J. Inventory-allocation distribution models for post-disaster humanitarian logistics with explicit consideration of deprivation costs [J]. Transportation science, 2015, 50 (4): 1261-1285.

表4.6 情景1、情景2下模型求解结果对比（PW）

情景	C	IP1 目标值	IP1 AC	IP1 SSDC	IP1 TPC	IP2 目标值	IP2 AC	IP2 SSDC	IP2 TPC	IP3 目标值	IP3 AC	IP3 SSDC	IP3 TPC
稀缺	1	2.57E+11	2 860.02	5.52E+09	2.51E+11	2.57E+11	2 860.02	5.52E+09	2.51E+11	2.57E+11	2 860.02	5.52E+09	2.51E+11
稀缺	2	1.47E+10	5 830.02	5.66E+08	1.41E+10	1.47E+10	5 830.02	5.66E+08	1.41E+10	1.47E+10	5 830.02	5.66E+08	1.41E+10
稀缺	3	8.41E+08	8 800.02	4.73E+07	7.94E+08	8.41E+08	8 800.02	4.73E+07	7.94E+08	8.41E+08	8 800.02	4.73E+07	7.94E+08
稀缺	4	5.09E+07	11 770.02	5.13E+06	4.57E+07	5.09E+07	11 770.02	5.13E+06	4.57E+07	5.09E+07	11 770.02	5.13E+06	4.57E+07
稀缺	5	4.41E+06	14 740.02	6.46E+05	3.75E+06	4.41E+06	14 740.02	6.46E+05	3.75E+06	4.41E+06	14 740.02	6.46E+05	3.75E+06
稀缺	6	7.28E+05	19 020.02	1.56E+05	5.53E+05	7.28E+05	19 020.02	1.56E+05	5.53E+05	7.28E+05	19 020.02	1.56E+05	5.53E+05
短缺	7	1.44E+05	23 300.02	3.63E+04	8.44E+04	1.44E+05	23 300.02	3.63E+04	8.44E+04	1.44E+05	23 300.02	3.63E+04	8.44E+04
短缺	7												
短缺	7 (alt)												

4 容量可后续共享下的救灾物资分配策略研究

表 4.7 情景 3、情景 4 下模型求解结果对比（PW）

情景	C	IP1				IP2				IP3			
		目标值	AC	SSDC	TPC	目标值	AC	SSDC	TPC	目标值	AC	SSDC	TPC
充足	13	39 369.20	38 130.02	220.89	1 018.29	34 816.74	31 430.02	506.44	2 880.28	34 816.74	31 430.02	506.44	2 880.28
	14	40 759.62	39 570.02	171.31	1 018.29	34 779.55	31 430.02	469.25	2 880.28	34 779.55	31 430.02	469.25	2 880.28
	15	42 187.23	41 010.02	158.91	1 018.29	34 767.16	31 430.02	456.86	2 880.28	34 767.16	31 430.02	456.86	2 880.28
	16	43 614.83	42 450.02	146.52	1 018.29	34 754.76	31 430.02	444.47	2 880.28	34 754.76	31 430.02	444.47	2 880.28
	17	45 054.83	43 890.02	146.52	1 018.29	34 754.76	31 430.02	444.47	2 880.28	34 754.76	31 430.02	444.47	2 880.28
	18	46 494.83	45 330.02	146.52	1 018.29	34 754.76	31 430.02	444.47	2 880.28	34 754.76	31 430.02	444.47	2 880.28
过剩	19	47 934.83	46 770.02	146.52	1 018.29	34 754.76	31 430.02	444.47	2 880.28	34 754.76	31 430.02	444.47	2 880.28
	20	49 374.83	48 210.02	146.52	1 018.29	34 754.76	31 430.02	444.47	2 880.28	34 754.76	31 430.02	444.47	2 880.28
	21	50 814.83	49 650.02	146.52	1 018.29	34 754.76	31 430.02	444.47	2 880.28	34 754.76	31 430.02	444.47	2 880.28
	22	52 254.83	51 090.02	146.52	1 018.29	34 754.76	31 430.02	444.47	2 880.28	34 754.76	31 430.02	444.47	2 880.28
	23	53 694.83	52 530.02	146.52	1 018.29	34 754.76	31 430.02	444.47	2 880.28	34 754.76	31 430.02	444.47	2 880.28
	24	55 134.83	53 970.02	146.52	1 018.29	34 754.76	31 430.02	444.47	2 880.28	34 754.76	31 430.02	444.47	2 880.28

从表4.6可以看出,在极度匮乏的情况下,三个配送策略的结果完全一样。而在短缺的情况下,IP1模型的结果与另外两个模型结果逐渐有差别。而从表4.7可以看出,当物资充足甚至是过剩的情况下,IP1的成本远大于IP2和IP3的成本。IP1与IP2和IP3的差别主要是因为可达性成本的增长,因为IP1要求本地响应中心的物资容量C每期必须完全送出去,这种情况下不惜以牺牲高额的可达性成本为代价。反观IP2和IP3,在四种情景下,求解结果都一样。因为当物资匮乏时,本地响应中心会把物资全部分配出去以满足灾民需求。而当物资过剩时,受灾区的需求也能用本期的物资满足,即使上一期有剩余,也不需要用到这一期。因此,显得IP2和IP3在求解结果上没有区别。为了更好地展示结果,将以上结果绘制成图4.4。

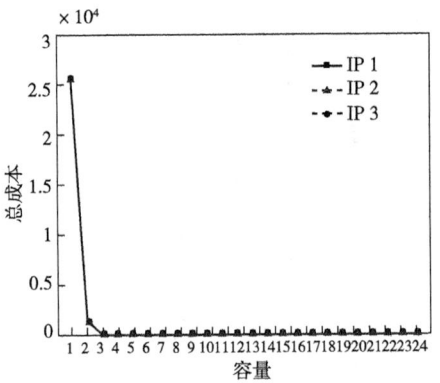

图4.3 物资容量变化时成本的边际效应

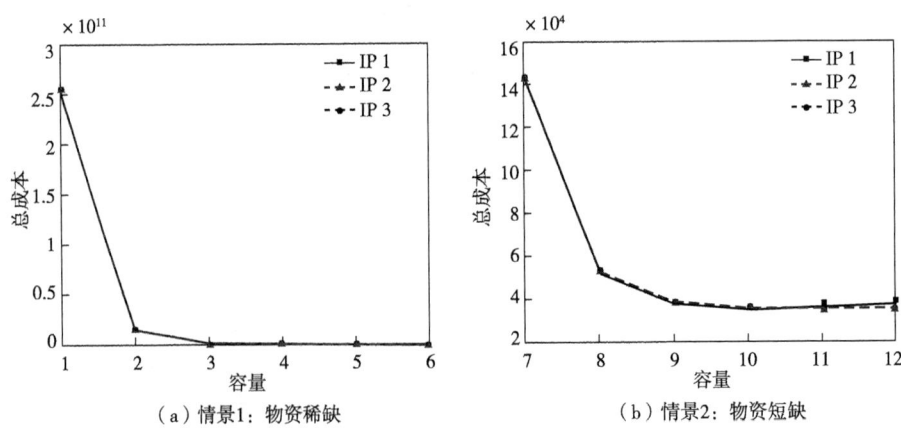

(a) 情景1:物资稀缺　　　　　　(b) 情景2:物资短缺

图4.4

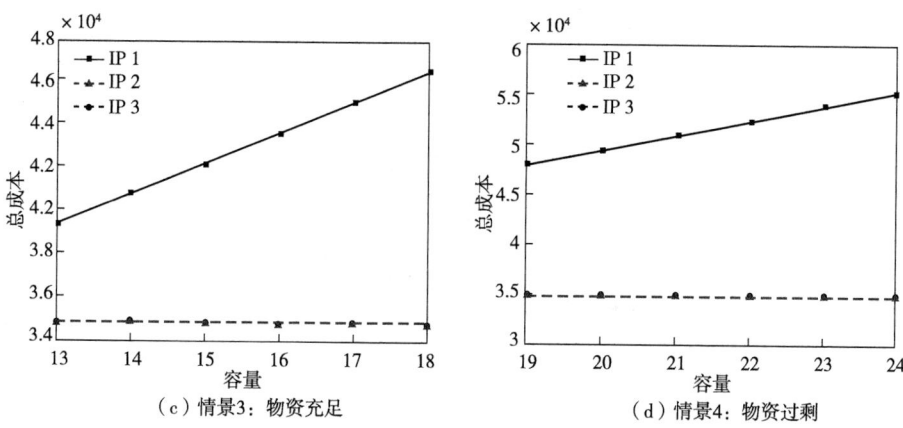

(c）情景3：物资充足 (d）情景4：物资过剩

图 4.4　模型 IP1，IP2，IP3 在四种情景下的差异

从整体趋势看，三种分配策略都有物资容量的边际效应。资源越充足，模型 IP1 与 IP2 和 IP3 的差异越大。上述两个结论由于数值数量级相差太大看不出具体变化，因此，本节按照四个情景，即稀缺、短缺、充足、过剩单独分析。

首先，表 4.8 展示了三个模型 IP1，IP2，IP3 在物资稀缺情况下求解结果的差异。从表 4.8 中可以看出，在物资稀缺的情况下，三个模型的求解结果没有差别。将结果绘制如图 4.5 所示，三个模型代表的三个策略求解结果完全一样。

表 4.8　情景1：物资稀缺下模型 IP1，IP2，IP3 的差异（%）

情景	IP1				IP2				IP3			
	目标值	AC	SSDC	TPC	目标值	AC	SSDC	TPC	目标值	AC	SSDC	TPC
1	0.00	0.00	0.00	0.00	0.00	0.00	0.00	0.00	0.00	0.00	0.00	0.00
2	0.00	0.00	0.00	0.00	0.00	0.00	0.00	0.00	0.00	0.00	0.00	0.00
3	0.00	0.00	0.00	0.00	0.00	0.00	0.00	0.00	0.00	0.00	0.00	0.00
4	0.00	0.00	0.00	0.00	0.00	0.00	0.00	0.00	0.00	0.00	0.00	0.00
5	0.00	0.00	0.00	0.00	0.00	0.00	0.00	0.00	0.00	0.00	0.00	0.00
6	0.00	0.00	0.00	0.00	0.00	0.00	0.00	0.00	0.00	0.00	0.00	0.00

表 4.9 展示了三个模型 IP1，IP2，IP3 在物资短缺情况下的求解结果差异。从表 4.9 中可以看出，在物资短缺的情况下，IP1 模型与其他两个模型的

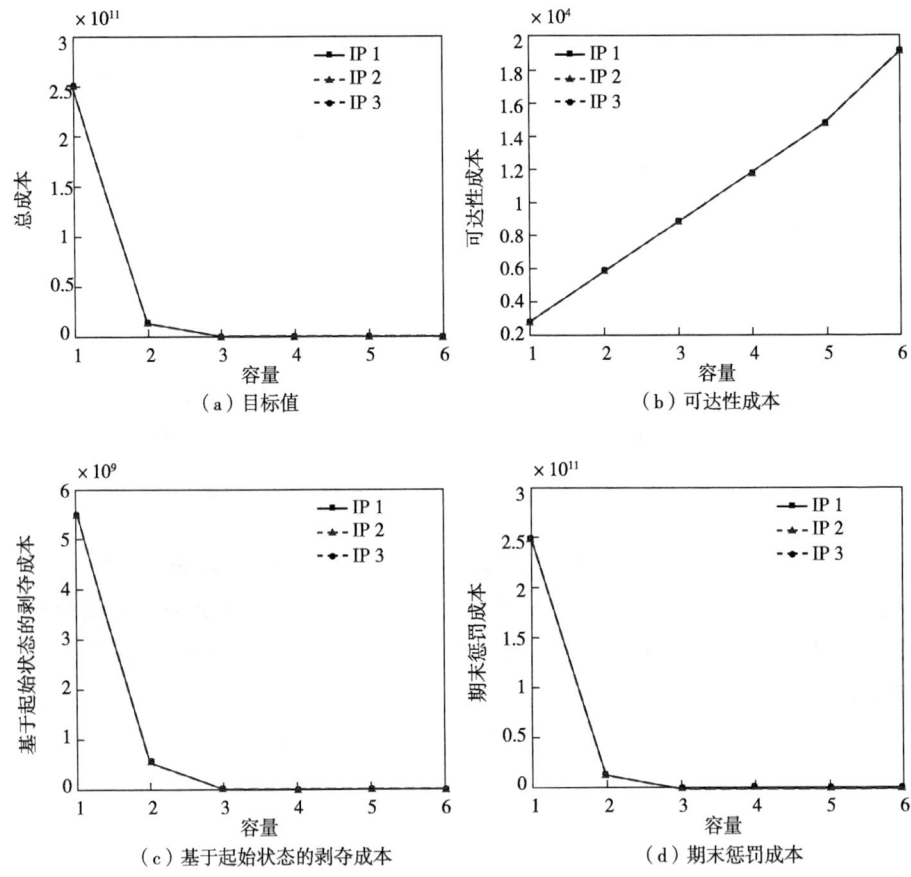

图 4.5 情景 1：物资稀缺

求解结果有了差异。将结果绘制如图 4.6 所示，可以看出造成这种差异的原因是可达性成本发生了变化。这是因为传统分配策略不顾可达性成本的增加，要把本地响应中心的物资容量全部分配出去。而灵活分配策略和容量可后续共享的分配策略在物资短缺情况下结果一致，分配策略更灵活。

表 4.9 情景 2：物资短缺下模型 IP1，IP2，IP3 的差异（%）

情景	IP1				IP2				IP3			
	目标值	AC	SSDC	TPC	目标值	AC	SSDC	TPC	目标值	AC	SSDC	TPC
7	0.00	0.00	0.00	0.00	0.00	0.00	0.00	0.00	0.00	0.00	0.00	0.00
8	0.00	0.00	0.00	0.00	0.00	0.00	0.00	0.00	0.00	0.00	0.00	0.00
9	0.00	0.00	0.00	0.00	0.00	0.00	0.00	0.00	0.00	0.00	0.00	0.00

续表

情景	IP1				IP2				IP3			
	目标值	AC	SSDC	TPC	目标值	AC	SSDC	TPC	目标值	AC	SSDC	TPC
10	-1.57	-4.47	0.00	45.46	0.00	0.00	0.00	0.00	-1.57	-4.47	0.00	45.46
11	-4.90	-10.84	23.59	182.85	0.00	0.00	0.00	0.00	-4.90	-10.84	23.59	182.85
12	-8.31	-14.34	68.43	182.85	0.00	0.00	0.00	0.00	-8.31	-14.34	68.43	182.85

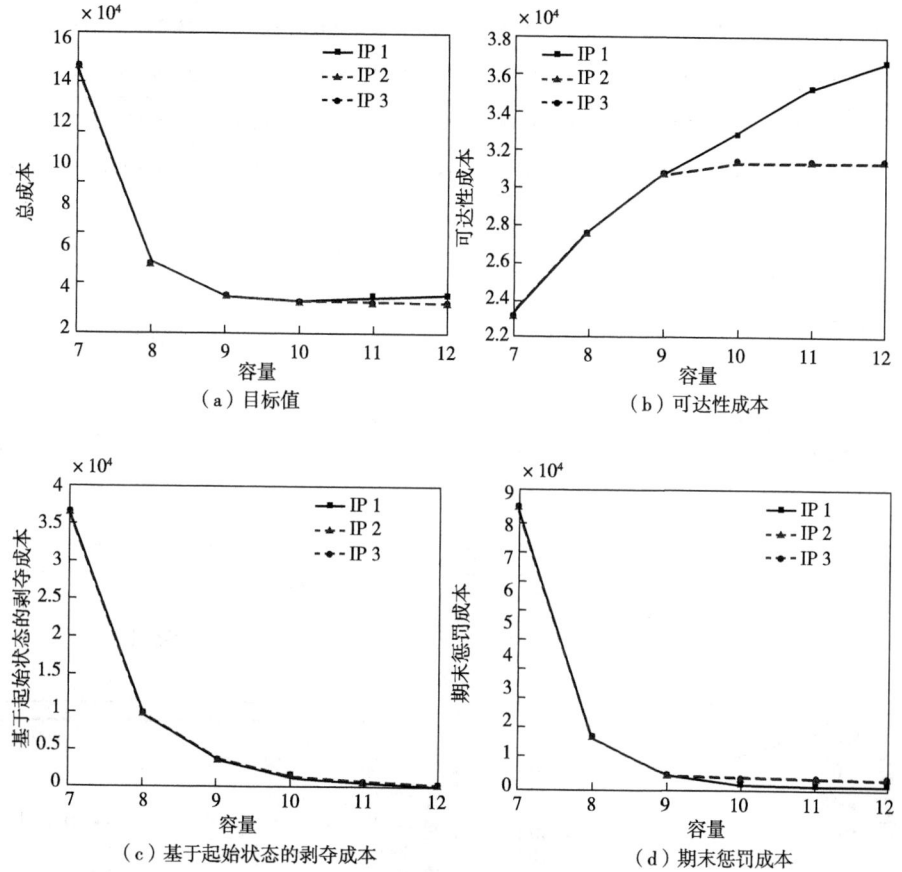

图 4.6 情景 2：物资短缺

表 4.10 展示了三个模型 IP1，IP2，IP3 在情景 3 情况下求解结果的差异。从表 4.10 中可以看出，在物资充足的情况下，IP1 模型与其他两个模型的求解结果差异进一步加大，将结果绘制如图 4.7 所示。当物资充足时，如果按照传统分配策略的要求全部分配物资，则会造成物资浪费，并不能充分发挥其作用，

而且会造成过高的运输成本。说明当物资充足时,已经不适宜选择传统分配策略。此时,灵活分配策略和容量可后续共享的分配策略结果仍然相同。

表 4.10 情景 3:物资充足下模型 IP1,IP2,IP3 的差异(%)

情景	IP1				IP2				IP3			
	目标值	AC	SSDC	TPC	目标值	AC	SSDC	TPC	目标值	AC	SSDC	TPC
13	-11.56	-17.57	129.27	182.85	0.00	0.00	0.00	0.00	-11.56	-17.57	129.27	182.85
14	-14.67	-20.57	173.92	182.85	0.00	0.00	0.00	0.00	-14.67	-20.57	173.92	182.85
15	-17.59	-23.36	187.49	182.85	0.00	0.00	0.00	0.00	-17.59	-23.36	187.49	182.85
16	-20.31	-25.96	203.35	182.85	0.00	0.00	0.00	0.00	-20.31	-25.96	203.35	182.85
17	-22.86	-28.39	203.35	182.85	0.00	0.00	0.00	0.00	-22.86	-28.39	203.35	182.85
18	-25.25	-30.66	203.35	182.85	0.00	0.00	0.00	0.00	-25.25	-30.66	203.35	182.85

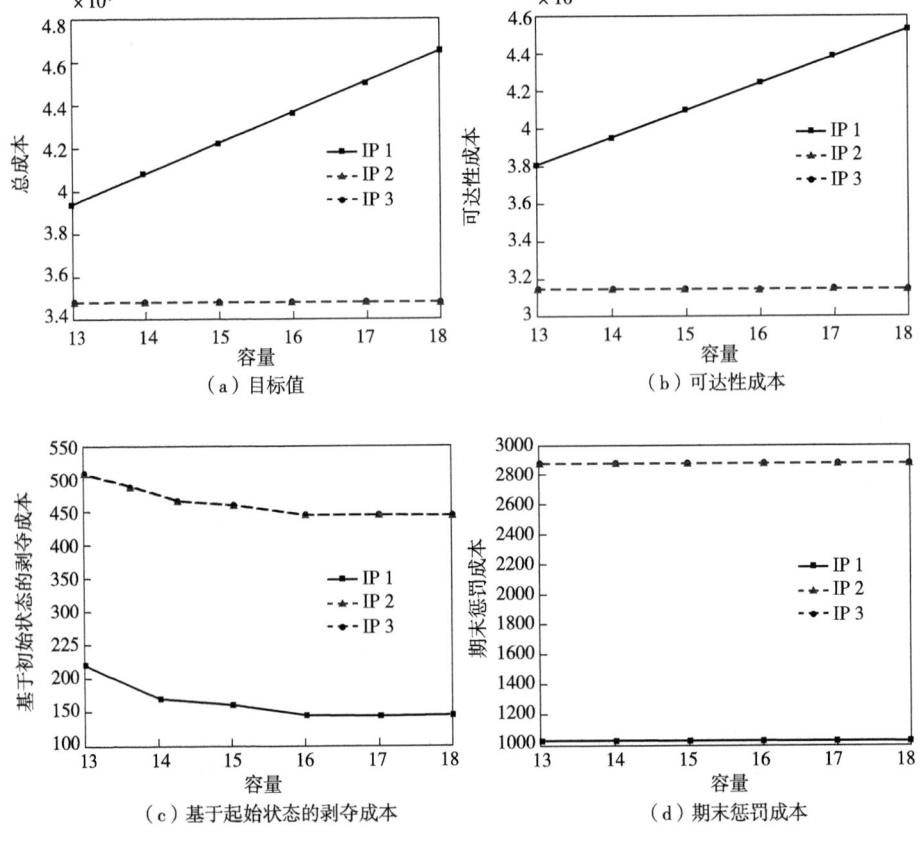

图 4.7 情景 3:物资充足

表 4.11 展示了三个模型 IP1，IP2，IP3 在情景 4 情况下求解结果的差异，将结果绘制如图 4.8 所示。从表 4.11 中可以看出，当物资过剩时，已经不适宜选择传统分配策略。此时，灵活分配策略和容量可后续共享的分配策略结果仍然相同，这是由于受灾区的需求相同造成的。

表 4.11 情景 4：物资过剩下模型 IP1，IP2，IP3 的差异（%）

情景	IP1				IP2				IP3			
	目标值	AC	SSDC	TPC	目标值	AC	SSDC	TPC	目标值	AC	SSDC	TPC
19	-27.50	-32.80	203.35	182.85	0.00	0.00	0.00	0.00	-27.50	-32.80	203.35	182.85
20	-29.61	-34.81	203.35	182.85	0.00	0.00	0.00	0.00	-29.61	-34.81	203.35	182.85
21	-31.61	-36.70	203.35	182.85	0.00	0.00	0.00	0.00	-31.61	-36.70	203.35	182.85
22	-33.49	-38.48	203.35	182.85	0.00	0.00	0.00	0.00	-33.49	-38.48	203.35	182.85
23	-35.27	-40.17	203.35	182.85	0.00	0.00	0.00	0.00	-35.27	-40.17	203.35	182.85
24	-36.96	-41.76	203.35	182.85	0.00	0.00	0.00	0.00	-36.96	-41.76	203.35	182.85

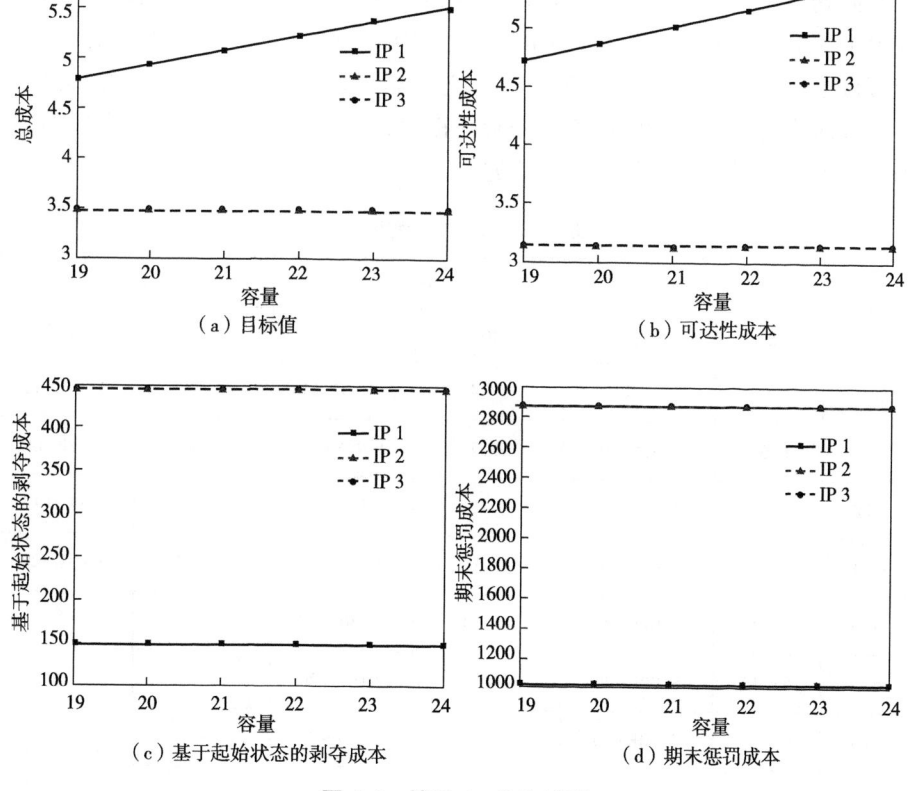

（a）目标值　（b）可达性成本　（c）基于起始状态的剥夺成本　（d）期末惩罚成本

图 4.8 情景 4：物资过剩

4.5.3 需求的影响

在本部分，将研究受灾区需求的变化对三种策略的影响，增大受灾区可满足需求的比例，从需求的10%到100%，结果见表4.12。

表4.12 四个受灾区的需求（%）

AAs	10	20	30	40	50	60	70	80	90	100
都江堰	1	2	3	3	3	4	4	5	5	6
汶川	5	9	13	18	22	26	31	35	39	44
北川	4	7	11	14	17	21	24	27	31	34
青川	2	4	6	8	10	12	14	16	18	20

在以上需求假设下，采用分段线性化方法分别求解模型 IP1、IP2、IP3，求解结果见表4.13。从表4.13中可以看出，由于需求的增大，三个模型的求解时间均增大，IP3 的求解速度较 IP1 和 IP2 慢很多，因为 IP3 的求解空间相较 IP1 和 IP2 大很多。随着需求的增大，IP1 的成本也在逐渐增加，并且在一定程度上增长趋势比 IP1 和 IP2 快。通过分析可以发现，需求的灵敏度分析和本地响应中心物资容量的灵敏度分析有相似之处，只是观察的角度有所不同，但是得到的结果是一致且符合预期的。

表4.13 不同需求的影响

D	IP1		IP2		IP3	
	秒	目标值	秒	目标值	秒	目标值
10%	7.06	38 053.15	7.14	34 891.11	6.78	34 891.11
20%	6.60	1.92E+08	7.52	1.92E+08	7.06	1.92E+08
30%	8.94	3.81E+16	8.42	3.81E+16	8.55	3.81E+16
40%	33.94	3.00E+20	21.27	3.72E+20	21.97	4.03E+20
50%	42.00	6.01E+20	36.60	5.29E+20	—	—
60%	62.25	8.00E+20	54.91	7.01E+20	—	—
70%	90.54	9.00E+20	84.01	8.21E+20	—	—

续表

D	IP1		IP2		IP3	
	秒	目标值	秒	目标值	秒	目标值
80%	115.17	9.00E+20	114.64	9.00E+20	—	—
90%	146.82	1.00E+21	142.84	1.00E+21	—	—
100%	193.23	1.11E+21	188.07	1.11E+21	—	—

4.6 小　　结

制定救灾物资分配策略时需要根据本地响应中心的物资容量的具体情况而定。相比较单阶段问题，多阶段问题存在物资后续共享性的情况，因此，多周期之间的物资容量权衡是一个复杂的问题。本部分通过考虑人道主义物流中常出现的三种分配策略，构建了三个非线性整数规划模型 IP1，IP2，IP3，采用分段线性化方法进行求解。本章采用真实案例数据，对三种分配策略的适用性进行了数值实验，以及对相关参数进行了灵敏度分析。

求解结果显示，分段线性化方法对三种模型的求解效果很好。实验发现，当本地响应中心的物资容量稀缺或短缺时，模型 IP1，IP2，IP3 代表的三种分配策略的总成本几乎相同，并且都呈现边际效应递减的现象。当本地响应中心的物资容量充足或过剩时，IP1，即传统分配策略的总成本逐渐增加，从情景3和情景4可以看出；而灵活分配策略和容量可后续共享的分配策略显示物资容量的边际效应递减现象。这意味着当本地响应中心缺乏资源时，不论是易腐物资还是正常物资，全部配送出去都是最佳的选择。当本地响应中心库存充足时，受限的不再是物资的数量而是运输物资容量，在这种情况下按需分配的策略更好。以上结论符合救灾物资分配的常识。

5 随机需求下的多容量救灾物资分配问题研究

5.1 引　　言

在灾害情况下，特别是灾害刚发生的时候，往往由于以下原因，导致需求难以获知。第一，由于灾难发生后本地响应中心的信息不完整，需求的确切位置不确定；第二，由于灾民大规模疏散撤离，受灾地区灾民的数量是变动的，避难所的灾民数量不确定；第三，由于灾民的流动，所需救济物资的种类、数量不确定；第四，由于交通网络的损毁、路网的中断，导致所能提供的物资不确定。这些不确定因素导致本地响应中心不能准确掌握受灾地区灾民的需求，严重影响本地响应中心的救灾决策，进而影响人道主义物流的救灾效果。因此，研究随机需求下的多容量救灾物资分配问题显得尤为重要。

本部分构建了随机非线性整数规划模型，因其特有的周期性质，将其转化为等价的随机动态规划模型。然后提出三种算法进行求解，分别是随机动态规划算法、近似动态规划算法、强化学习算法。本部分以汶川地震的真实数据为基础，以可能的物资需求量作为情景要素，构建情景和情景发生概率，再分别采用以上三种算法进行求解。

5.2　数学建模

本节对问题进行描述并提出假设，在此基础上构建非线性规划模型。

5.2.1　问题描述

本部分的救灾物资分配网络依然与前文研究的相同，基于上文对问题的描述，本章有以下假设：

（1）由具体的结果可知，传统分配策略适用于物资极度匮乏的情况，而灵活分配策略和容量可后续共享的分配策略在物资紧缺的情况下，表现一样。而当决策空间变大的时候，灵活分配策略在计算效率方面体现出优势。因此，考虑到灾后物资分配对求解效率的要求，本部分假设采用灵活分配策略。

（2）计划周期设置为 72 小时，并且将其划分成多个长度相等的时间周期。

（3）本部分假设在计划周期开始时，所有受灾区还未遭受到资源缺乏的痛苦，并且也没有物资储备。

（4）本部分假设到货提前期为 1 个时间周期。即假设本地响应中心在某时间周期期初选择的服务对象是受灾区 AA_1，那么 AA_1 将会在该时间周期的期末接收到救灾物资。

5.2.2 符号定义

模型参数和变量符号见表 5.1。

表 5.1 模型参数和变量符号

符号	意义及说明
输入参数	
$\|N\|$	受灾区（AAs）的数量，下标为 i
T	计划周期内的总时间周期数，下标为 t
L	每个时间周期的长度
C	每个时间周期本地响应中心的物资容量
c_i	从本地响应中心到受灾区 i 运输 1 个单位物资的单位可达性成本
a	剥夺成本参数
b	剥夺成本参数
ξ_1	目标函数中可达性成本（AC）的权重
ξ_2	目标函数中基于起始状态的剥夺成本（SSDC）的权重
ξ_3	目标函数中期末惩罚成本（TPC）的权重
Ω	所有可能需求的情景集合
ω	任意情景，$\omega \in \Omega$
$\rho(\omega)$	任意情景 ω 发生的概率，满足 $\sum_{\omega \in \Omega} \rho(\omega) = 1$
$D_{i,t}(\omega)$	在 ω 情景下，受灾区 i 在周期 t 的需求
决策变量	

续表

符号	意义及说明
$Y_{i,t}$	在周期 t 期初向受灾区 i 运送物资的数量
$S_{i,t}(\omega)$	受灾区 i 在 ω 情景下，在周期 t 期初的起始状态
$S_{i,T+1}(\omega)$	受灾区 i 在 ω 情景下，在周期 $T+1$ 起初的起始状态，也是周期 T 的期末状态
$\Gamma(S_{i,t}(\omega))$	受灾区 i 在 ω 情景下，在周期 t 以 $S_{i,t}$ 作为起始状态的剥夺成本
$\Theta(S_{i,T+1}(\omega))$	受灾区 i 在 ω 情景下，在周期 T 以 $S_{i,T+1}$ 为期末状态的期末惩罚成本

5.2.3 非线性规划模型

根据上节中的分析，不确定性是人道主义物流中的常见现象，尤其是需求的不确定性。本书通过构建情景的方式刻画需求的不确定性，每种情景都与事先确定的发生概率相关联。因此，将第 4 章研究的确定性 IP2 模型扩展为 IP4 随机模型。

$$\min \xi_1 \sum_{i=1}^{|N|} \sum_{t=1}^{T} c_i Y_{i,t} + \sum_{\omega} p(\omega) \left(\xi_2 \sum_{i=1}^{|N|} \sum_{t=1}^{T} \Gamma(S_{i,t}(\omega)) + \xi_3 \sum_{i=1}^{|N|} \Theta(S_{i,T+1}(\omega)) \right) \tag{5-1}$$

$$\text{s.t.} \quad \sum_{i=1}^{|N|} Y_{i,t} \leq C, \quad \forall t = 1, 2, \cdots, T \tag{5-2}$$

$$S_{i,t+1}(\omega) = S_{i,t}(\omega) - Y_{i,t} + D_{i,t}(\omega)$$
$$\forall i = 1, 2, \cdots, |N|, t = 1, 2, \cdots, T, \omega \in \Omega \tag{5-3}$$

$$S_{i,1}(\omega) = 0, \quad \forall i = 1, 2, \cdots, |N|, \omega \in \Omega \tag{5-4}$$

$$S_{i,t}(\omega) \in \mathbb{Z} \quad \forall i = 1, 2, \cdots, |N|, t = 1, 2, \cdots, T+1, \omega \in \Omega \tag{5-5}$$

$$Y_{i,t} \in \{0, 1, 2, \cdots\}, \quad \forall i = 1, 2, \cdots, |N|, t = 1, 2, \cdots, T \tag{5-6}$$

目标函数（5-1）最小化加权成本的期望值。在默认情况下，除非特殊说明，本部分采用权重系数 $\{\xi_1, \xi_2, \xi_3\} = \{1/3, 1/3, 1/3\}$，与前文分析一致。约束（5-2）意味着不能违反本地响应中心的物资容量，并且采用灵活分配策略。约束（5-3）是每个情景中的状态转移方程。约束（5-4）定义在每个情景中，计划周期开始时所有受灾区的起始状态为 0。约束（5-5）和（5-6）规定了决策变量的可行域。

5.3 动态规划算法

由于上述随机非线性整数规划模型的变量取的是离散的整数值，并且计划周期被处理为离散多周期，因此该模型依然可以采用动态规划的方法求解。不同的是，因为随机变量的引入，需要将模型改写为随机动态规划模型。

5.3.1 随机动态规划模型

$$\begin{cases} f_t(S_{1,t}(\omega), S_{2,t}(\omega), \cdots, S_{|N|,t}(\omega)) \\ = \sum_{\omega} p(\omega) \min_Y \left\{ \xi_1 \sum_{i=1}^{|N|} c_i Y_{i,t} + \xi_2 \sum_{i=1}^{|N|} \Gamma(S_{i,t}(\omega)) + f_{t+1}(S_{1,t+1}(\omega), \cdots, S_{|N|,t+1}(\omega)) \right\} \\ \text{s.t. } (5-2) \sim (5-6) \\ f_{T+1}(S_{1,T+1}(\omega), S_{2,T+1}(\omega), \cdots, S_{|N|,T+1}(\omega)) = \xi_3 \sum_{i=1}^{|N|} \Gamma(S_{i,T+1}(\omega)) \end{cases}$$

(5-7)

5.3.2 算法描述

动态规划算法的思路可以描述为：通过拆分问题，将待求解的问题分解为若干个子问题，按顺序求解子问题，使得问题能够以递推的方式解决。决策者的目标是在给定的计划周期内最小化预期的惩罚 $f_1(S_t)$。基于以上核心思想，借鉴 David Silver 对动态规划算法的描述，给出算法思路如图 5.1 所示。动态规划算法的状态转移要考察下一阶段的所有可能状态 S_{t+1} 的期望惩罚 $E_\omega[r(S_t) + f_{t+1}(S_{t+1})]$。

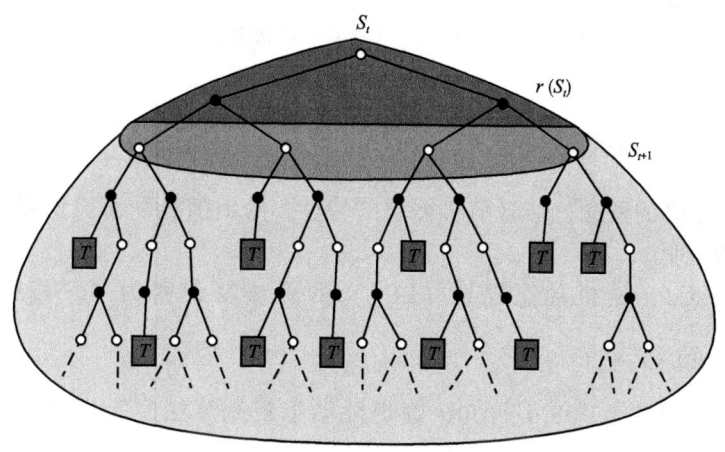

图 5.1 动态规划算法思路

基于上述算法思想的具体步骤如下，随机动态规划算法描述：

(1) 输入：算例参数 $\{|N|, C, T\}$，剥夺成本参数 a 和 b，概率 ρ 和

初始状态 S_0；

(2) 基于时间周期 T 和本地响应中心（LRC）的物资容量 C 生成决策空间 Y_C；

(3) 基于起始状态 S_0、时间周期 T、决策空间 Y_C、随机需求 $D_{i,t(\omega)}$，生成状态空间 φ；

(4) 基于期末状态 S_{T+1} 生成边界条件，即期末惩罚成本 $f_{T+1}(S_{T+1}) = \xi_3 \Theta(S_{T+1})$；

(5) for $t \leftarrow T$ to 1 do；

(6)   for $s \leftarrow 1$ to $|S_t(\omega)|$ do；

(7)   选择第 t 周期的任意状态 $S_t(\omega)$ 为起始状态，采取任意决策 Y，通过状态转移方程计算下一状态 $S_{t+1}(\omega)$；

(8)   计算从周期 t 到周期 $T+1$ 的成本：
$$f_t(S_t(\omega)) = \mathbb{E}_\omega \left[\xi_1 \sum_{t=1}^{T} \sum_{i=1}^{|N|} c_{i,t} Y_{i,t} + \xi_2 \sum_{i=1}^{|N|} \Gamma(S_{i,t}(\omega)) + f_{t+1}(S_{t+1}(\omega)) \right]$$

(9)   计算以状态 $S_t(\omega)$ 为起始状态的最小成本：
$$f_t(S_t(\omega))^* = \min_Y \{f_t(S_t(\omega))\}$$

(10)   记录当前最小成本 $f_t(S_t(\omega))^*$ 及其对应的状态 $S_t(\omega)$；

(11)   end

(12) end

(13) 求得给定情景需求 $D_{i,t}(\omega)$ 下，从周期 1 到周期 $T+1$ 的最小成本 $f_1(S_1(\omega))^*$。

5.3.3 算法复杂度分析

利用定义的概念，结合随机需求的特性，给出随机动态规划算法复杂度的定理和证明。

定理 5.1：随机动态规划（PDP）的算法复杂度为 $O(|\Omega| |Y_C| \times \sum_{t=1}^{T} [(t-1) \cdot C + 1]^{|N|})$。

证明：通过定理 3.1 可知，确定性动态规划算法复杂度为 $O(|Y_C| \times \sum_{t=1}^{T} [(t-1) \cdot C + 1]^{|N|})$。随机动态规划算法相较于确定性动态规划算法，需要重复运行 $|\Omega|$ 次，再求平均。因此，随机动态规划算法的算法复杂度为 $O(|\Omega| |Y_C| \times \sum_{t=1}^{T} [(t-1) \cdot C + 1]^{|N|})$。

5.4 近似动态规划方法

在第 3 章中,数值实验已经验证了滚动算法对于求解离散、动态的优化问题的优势,不仅求解效率高,而且求解效果也接近动态规划的精确解。因此,本节采用滚动算法求解。

鉴于基础算法的效率需求,参考第 3 章贪婪算法的表现,本节依然采取一步贪婪算法作为滚动算法的基础策略。

5.4.1 算法描述

滚动算法是一种策略迭代算法,核心思想是使用近似函数代替值函数(cost-to-go function),而该近似函数一般是通过次优策略,即基础策略获得[1][2]。滚动算法的思路可以通过图 5.2 表示。滚动算法的状态转移是通过重复使用基础策略(如贪婪算法)做决策。如图 5.2 所示,通过重复执行贪婪算法 ω 次,即挑选 ω 条从 S_{t+1} 开始的路径执行贪婪算法,得出值函数 $\mathbb{E}_\omega [r(S_t) + f_{t+1}(S_{t+1})]$,为下一步转移提供支持。

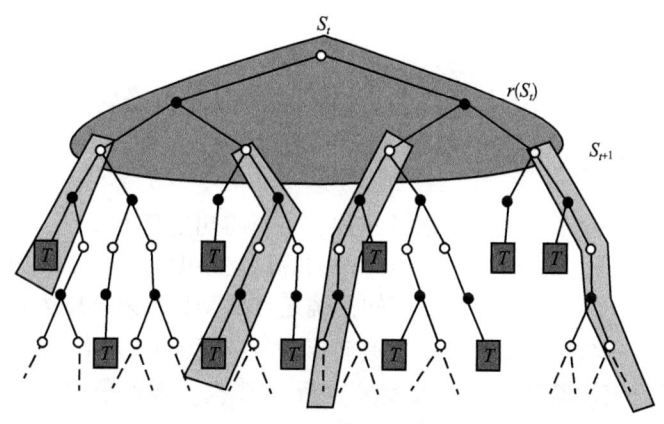

图 5.2　滚动算法思路

算法具体步骤如下,随机滚动算法描述:
(1) 输入:算例参数 $\{|N|, C, T\}$,剥夺成本系数 a 和 b,概率 ρ;

---

[1] ZHANG C, WU T, KIM K H, et al. Conservative allocation models for outbound containers in container terminals [J]. European journal of operational research, 2014, 238 (1): 155-165.

[2] ZHANG C, WU T, ZHONG M, et al. Location assignment for outbound containers with adjusted weight proportion [J]. Computers & operations research, 2014 (52): 84-93.

(2) 基于时间周期 T、本地响应中心物资容量 C，生成决策空间 Y_C；
(3) 初始化起始状态 $S_0 = 0$；
(4) 基于 S_0、T、Y_C、随机需求 $D_{i,t(\omega)}$，生成状态空间 φ；
(5) 以起始状态 S_0 开始滚动算法；
(6) for $t \leftarrow 1$ to $T+1$ do；
(7)   通过状态转移，得出所有可能的候选状态 $S_t(\omega)$；
(8)   for $s \leftarrow 1$ to $|S_t(\omega)|$ do；
(9)   以任意修行状态 $S_t(\omega)$ 为起始状态，执行贪婪算法；
(10)   for $t' \leftarrow t+1$ to $T+1$ do
(11)   采取任意决策 Y，通过状态转移方程计算下一状态 $S_{t'+1}(\omega)$；
(12)   计算从周期 1 到周期 t' 的期望成本
(13) $$f_t(S_t(\omega)) = \mathbb{E}_\omega \left[\xi_1 \sum_{t=1}^{T} \sum_{i=1}^{|N|} c_{i,t} Y_{i,t} + \xi_2 \sum_{i=1}^{|N|} \Gamma(S_{i,t}(\omega)) + f_{t+1}(S_{t+1}(\omega)) \right]$$
(14)   end
(15)   end
(16) end
(17) 输出以候选状态 $S_1(\omega)$ 开始滚动算法的最终成本 $f_1(S_1(\omega))$。

5.4.2 算法复杂度分析

根据上文中对随机滚动算法的描述，可以得出定理 5.2。

定理 5.2：随机滚动算法（PRA）的算法复杂度为 $O(|\Omega| T^2 |Y_C|^2)$。

证明：通过第 3 章定理 3.2 可知，确定性贪婪算法复杂度为 $O(T|Y_C|)$。通过第 3 章定理 3.3 可知，确定性滚动算法复杂度为 $O(T^2 |Y_C|^2)$。随机滚动算法相较于确定性滚动算法需要重复运行 $|\Omega|$ 次，再求平均。因此，随机滚动算法（PRA）的算法复杂度为 $O(|\Omega| T^2 |Y_C|^2)$。

5.5 强化学习算法

首先对强化学习算法进行简单的介绍，然后描述算法过程，并对其算法复杂度进行分析，进一步地探讨算法参数的设定。

5.5.1 强化学习建模

强化学习是机器学习的一个领域，是一种针对决策问题的通用框架。强调如何基于环境而行动,以取得最大化的预期利益①。其灵感来源于心理学的行为主义理论,即智能体如何在环境给予的奖励或惩罚的刺激下,逐步形成对刺激的预期,产生能获得最大利益的习惯性行为。根据周志华的描述,在运筹学与控制论领域,强化学习(Reinforcement Learning,RL)方面的研究又被称为近似动态规划(Approximate Dynamic Programming)②。因此,采用强化学习的方法求解上述不确定问题,并与随机动态规划、随机滚动算法进行比较,显得非常有意义。

强化学习模仿人类学习和解决问题的方式,即通过试错(trial-and-error)与环境交互进行直接建模。因此,强化学习问题的主要要素包括智能体(agent)和环境(environment)。其中智能体是进行决策和学习的角色,而环境是与智能体交互的,除智能体之外的所有成分的组合。如图 5.3 所示,一个强化学习模型的交互过程是连续的,智能体根据选择动作(action),环境对于动作做出响应,改变环境的当前状态,并且产生奖励值(reward),即智能体在整个过程中想要最大化的数值。

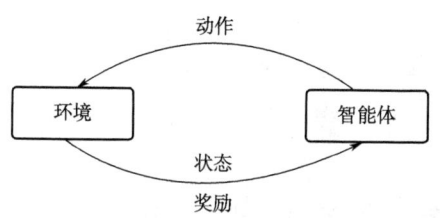

图 5.3　强化学习

具体说,智能体和环境在一串连续的离散时间点进行交互,$t=0,1,2,3,\cdots$。在每个离散时间点 t,一个智能体首先接收到一些环境的状态(state)$S_t \in S$,其中 S 是所有可能状态的集合。在此状态下选择一个动作 $A_t \in A(S_t)$,其中 A 是在状态 S_t 下所有可能动作的集合。之后,作为该动作的结果反馈,智能体会收到一个奖励值 $R_t \in R$,并且观测到当前环境状态转换到 S_{t+1}。

因为强化学习主要是针对于决策问题的框架,所以智能体最终是学习一个策略 π_t(policy),而策略是状态与每个可能被选择动作概率的映射。

本部分将需求不确定的多容量约束的救灾物资分配问题建模成强化学习

---

① SUTTON R S, BARTO A G. Reinforcement learning: an introduction (Vol.1, No.1) [M]. Cambridge: MIT Press, 1998.
② 周志华. 机器学习 [M]. 北京:清华大学出版社,2016.

模型。在该问题中，本地响应中心是上文中描述的智能体，受灾区是环境。本地响应中心需要做出服务受灾区的决策，导致受灾区状态的变化，从而产生奖励值。进而奖励值会影响本地响应中心的下一步决策。

5.5.2 强化学习算法描述

Q—学习算法（Q-learning，QL）作为一种经典的强化学习算法，是异策略（off-policy）算法。其核心思想是通过评估 ε-贪心策略，执行原始策略，即选择 Q 值最大的动作。借鉴 David Silver 对时序差分学习（temporal difference，TD）的描述，QL 算法的思路如图 5.4 表示。从图 5.4 中可以看出，QL 算法每步只以 ε 的概率随机挑选下一个状态，并且只往下看一步，通过 Q 值 $Q(S_t) + \alpha(r(S_t) + \gamma \max Q(S_{t+1}) - Q(S_t))$ 评估状态 S_{t+1}。

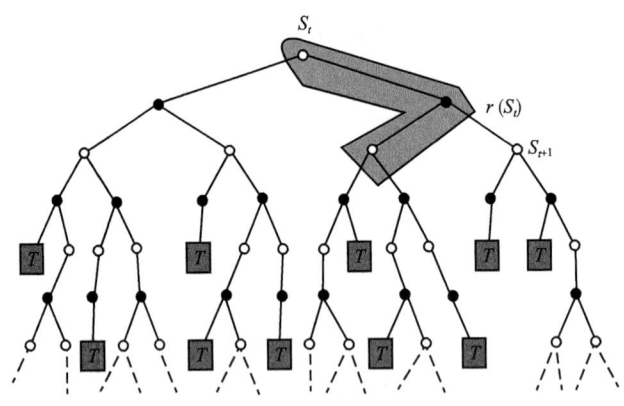

图 5.4 QL 算法思路

QL 算法具体步骤如下，即基于 ε-贪心策略的强化学习：

（1）输入：算例参数 $\{|N|, C, T\}$，剥夺成本参数 a 和 b，概率 ρ 和起始状态 S_0；

（2）折扣系数 γ，探索系数 ε，学习速度 α，迭代次数 K，充分大正数 M；

（3）基于时间周期 T 和本地响应中心物资容量 C 生成动作空间 Y_C；

（4）基于初始化起始状态 S_0、时间周期 T、决策空间 Y_C、可能的需求 D，生成状态空间 φ；

（5）初始化 Q 表，令 $Q_0 \leftarrow 0$；

（6）for $k \leftarrow 1$ to K do；

（7）　　生成随机需求 D；

（8）　　for $t \leftarrow 1$ to $T+1$ do

(9) | | 选择动作 $y_{k,t}$；
$$y_{k,t} \leftarrow \begin{cases} y \in \arg\max Q_{k,t}(S_t, Y_C) \text{ 以概率 } 1-\varepsilon \text{（利用）} \\ \text{随机选取动作 } y_{k,t} \text{ 以概率 } \varepsilon \text{（探索）} \end{cases}$$

(10) | | 观察下一个状态 S_{t+1} 及当前奖赏 r_k；
(11) | | if $t \leq T$ then
(12) | | | $S_{t+1} = S_t - y_{k,t} + D$；
(13) | | | $r_{k,t} = M - AC - SSDC$；
(14) | | else
(15) | | | $S_{t+1} = S_0$；
(16) | | | $r_{k,t} = M - TPC$；
(17) | | end
(18) | | 更新 $Q_{k,t+1}(S_t, y_{k,t}) \leftarrow Q_{k,t}(S_t, y_{k,t}) + \alpha(r_{k,t} + \gamma \max Q_{k,t}(S_{t+1}, Y_C) - Q_{k,t}(S_t, y_{k,t}))$；
(19) | | 更新 $S_t \leftarrow S_{t+1}$；
(20) | end
(21) end
(22) 给定情景需求 D 下，根据迭代终止后最终的 Q 表找到可行策略 $\{y_1, y_2, \cdots, y_{T+1}\}$。

5.5.3 强化学习算法复杂度分析

根据 QL 算法描述，可以得出定理 5.3。

定理 5.3：QL 算法的复杂度为 $O(KT|\Omega|)$。

证明：从周期 1 到周期 $T+1$，每个周期，QL 算法以 ε 的概率选择动作，直到规划期末。但为了算法收敛，需要执行 QL 算法 K 次。根据情景设置，需要重复运行 $|\Omega|$ 次，再求平均。因此，QL 的算法复杂度为 $O(KT|\Omega|)$。

5.5.4 强化学习算法设定

探讨算法参数设定、停止规则、搜索规则等。

5.5.4.1 参数设定

强化学习算法的收敛速度受参数影响，如折扣系数 γ、探索系数 ε、学习速度 α、迭代次数 K 等。收敛速度尤其受探索系数 ε 和学习速度 α 的影响。

(1) 如果探索系数 ε 越接近于1，意味着强化学习算法倾向于选择新的动作，挑选没有走过的路径。在这种情况下，强化学习算法有可能找到最优解，但是延长收敛时间。

(2) 如果学习速度 α 接近于1，意味着强化学习算法倾向于考虑最新的信息，而忽略历史经验。

因此，在实际应用强化学习算法时，需要对探索系数 ε 和学习速度 α 进行谨慎合理的挑选。

5.5.4.2 停止规则

在具体应用中，强化学习算法的停止规则有如下几种：

(1) 迭代次数（episode）限定。给定一个固定值 K 作为迭代次数，当迭代次数 K 达到这个数值时，算法停止。这种方法较易执行，但是对于算法是否最终收敛，需要多次验证 K 的取值。在给定 K 值情况下，算法是否取得最优值，没有保障。如果给定较大的迭代次数 K，算法耗费的时间增多，降低求解效率。如果问题对于求解精度要求不高，这种方法比较适用。

(2) 提前退出规则（early stopping）。连续 n 次，给定迭代间隔（例如，第1次与第50次迭代）之间的改善小于 θ，算法停止。也就是说，给定一个可以接受的足够小的阈值 θ，作为强化学习算法求得目标值与精确解的差值（gap）。如果连续 n 次迭代间隔的差值都小于阈值 θ，认为算法收敛，算法停止。这种方法较迭代次数限定的方法更能保证算法收敛，但是却不能保证算法运行时间。这种方法较适用于对于求解精度有要求的问题。

5.5.4.3 搜索规则

强化学习算法在具体应用中的搜索规则也有若干种：

(1) 最大值（max）规则。这是最简单有效的搜索方法，即每次迭代时，从当前 Q 表中选择 Q 值最高的动作执行。

(2) ε-贪心策略。根据周志华的介绍，ε-贪心策略是每次选择动作时，以 ε 的概率进行探索，即随机选择一个动作；以 $1-\varepsilon$ 的概率进行利用，即选择当前 Q 表中 Q 值最高的动作执行。

(3) Softmax 算法。根据周志华的介绍，Softmax 算法与 ε-贪心策略的不同是选择探索和利用的概率。Softmax 算法是基于 Boltzmann 分布选择搜索或者利用。

5.6 数值实验

本节将构建相应的数值实验，研究上述三种算法在求解本章问题的效果。

5.6.1 参数设定

以算例 {3, 1, 6} 为例，介绍 QL 算法的参数设定，特别指探索系数 ε 和学习速度 α。

5.6.1.1 探索系数

本节首先研究探索系数 ε 的取值对 QL 算法收敛速度的影响，即逼近 DP 目标值（objective）的快慢。保持其他参数不变（即折扣系数 $\gamma = 0.5$，学习速度 $\alpha = 0.5$，迭代次数（episode）$K = 10\,000$），探索系数 ε 分别取 {0.2, 0.5, 0.8}。采用 QL 算法对算例 {3, 1, 6} 进行求解，求解结果如图 5.5 所示。DP 算法求得最优解也在图 5.5 中显示，用来展示 QL 算法的收敛效果。从图 5.5 中可以看出，$\varepsilon = 0.2$ 时的收敛效果没有 $\varepsilon = 0.5$ 和 $\varepsilon = 0.8$ 时好，并且 $\varepsilon = 0.5$ 和 $\varepsilon = 0.8$ 在迭代次数达到 2 000 次后，收敛效果几乎相同，并且逼近精确解。

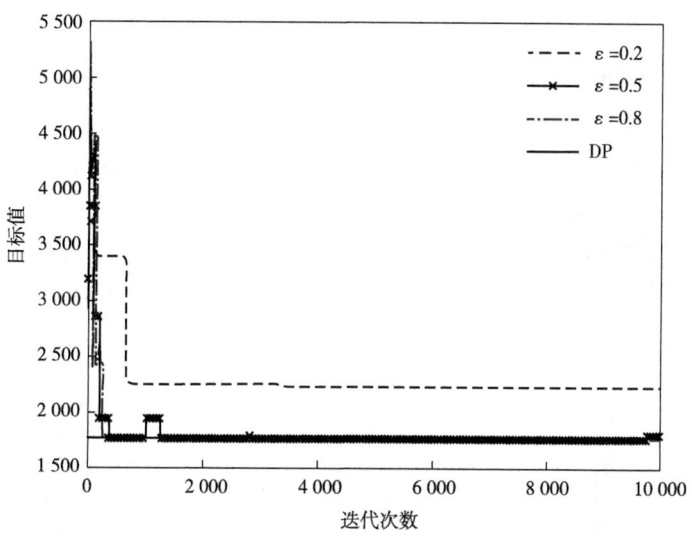

图 5.5　{3, 1, 6}，探索系数 ε, $K = 10\,000$

为了更清晰地观察三组数据的结果，将迭代次数限制为 2 000 次，再次观察探索系数 ε 分别取 {0.2, 0.5, 0.8} 的三组结果，如图 5.6 所示。从图 5.6 中可以看出，$\varepsilon = 0.8$ 时最早收敛到 DP 最优值，迭代次数大概需要 300 次；$\varepsilon = 0.5$ 时虽然在收敛后结果有所波动，但是几乎 800 次收敛；$\varepsilon = 0.2$ 时则需要在 1 300 次左右迭代收敛。

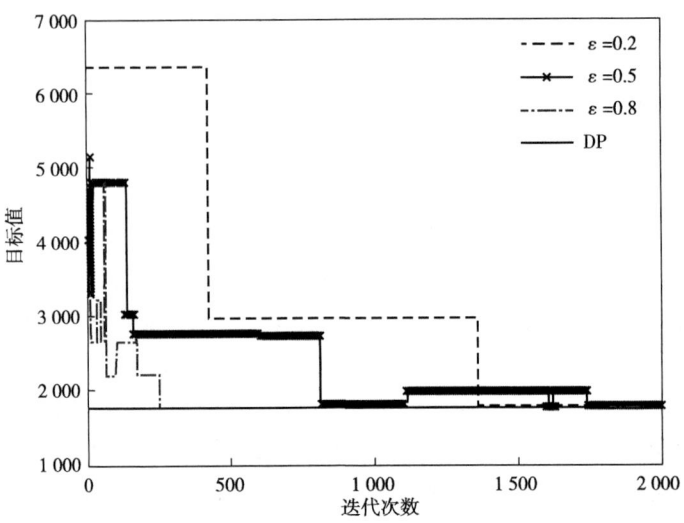

图 5.6 {3, 1, 6}，探索系数 ε，$K = 2\,000$

5.6.1.2 学习速度

研究学习速度 α 的取值对 QL 算法收敛速度的影响。保持其他参数不变（即 $\gamma = 0.5$，$\varepsilon = 0.5$，$K = 10\,000$），学习速度 α 分别取 {0.2, 0.5, 0.8}。采用 QL 算法对算例 {3, 1, 6} 进行求解，求解结果如图 5.7 所示。DP 算法求得最优解也在图 5.7 中显示，用来展示 QL 算法的收敛效果。从图 5.7 中可以看出，$\alpha = 0.2$ 时的收敛效果没有 $\alpha = 0.5$ 和 $\alpha = 0.8$ 时好，并且 $\alpha = 0.5$ 和 $\alpha = 0.8$ 在迭代次数达到 2 000 次后，均较好地逼近精确解，收敛效果较好。

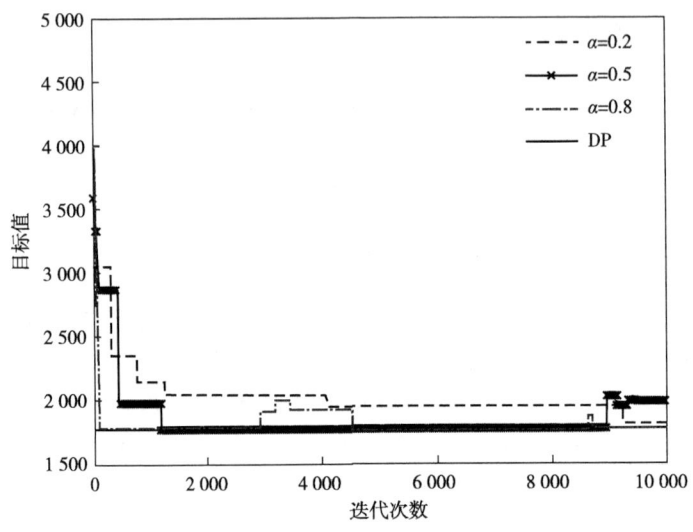

图 5.7 {3, 1, 6}，学习速度 α，$K = 10\,000$

为了更清晰地观察三组数据的结果,将迭代次数限制为 2 000 次,再次观察学习速度 α 分别取 {0.2, 0.5, 0.8} 的三组结果,如图 5.8 所示。从图 5.8 中可以看出,$\alpha = 0.8$ 时最早收敛到 DP 最优值,迭代次数大概需要 250 次;$\alpha = 0.5$ 时虽然在收敛后结果有所波动,但是几乎在 800 次收敛;$\alpha = 0.2$ 时则需要在 1 300 次左右迭代收敛。

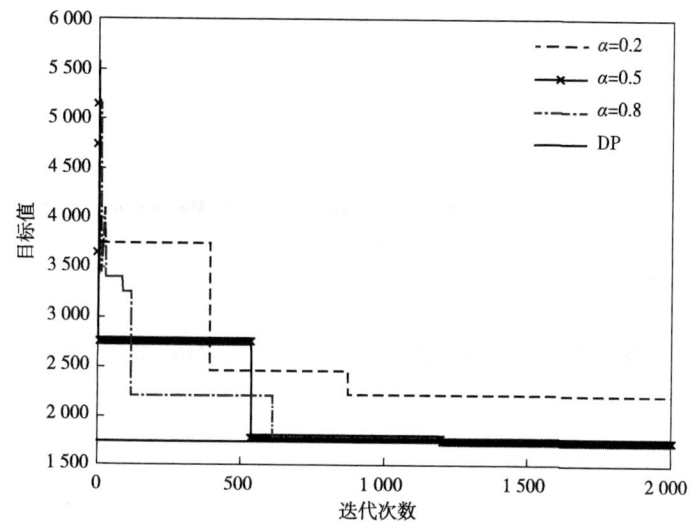

图 5.8 {3, 1, 6},学习速度 α,K = 2 000

综上所述,探索系数 ε 和学习速度 α 均是取值越大收敛效果越好。但是考虑到稳定性和求解效率,在下文中采取 $\varepsilon = 0.5$ 和 $\alpha = 0.5$ 的设定。

5.6.2 QL 算法停止规则比较

本部分以算例 {3, 1, 6} 和 {4, 1, 6} 为例,介绍 QL 算法停止规则的应用。首先采取迭代次数限定的停止规则进行数值实验。然后,采取提前退出的停止规则进行数值实验,比较两种停止规则的优劣。

5.6.2.1 迭代次数限定的停止规则

本节将两个算例的迭代次数(episode)均设为 10 000 次,分别运行至算法停止,运行结果如图 5.9 和图 5.10 所示。图中三角形线记录了 QL 算法在迭代 10 000 次期间每次迭代的目标值,因此又称为 Q 表中间值。图 5.9、图 5.10 中星号线显示的是 QL 算法在 10 000 次迭代后得出的最终目标值,称为 Q 表最终值。图 5.9、图 5.10 中十字线显示的是 DP 算法求得的最优值。

通过图 5.9 算例 {3, 1, 6} 和图 5.10 算例 {4, 1, 6} 的结果可以看

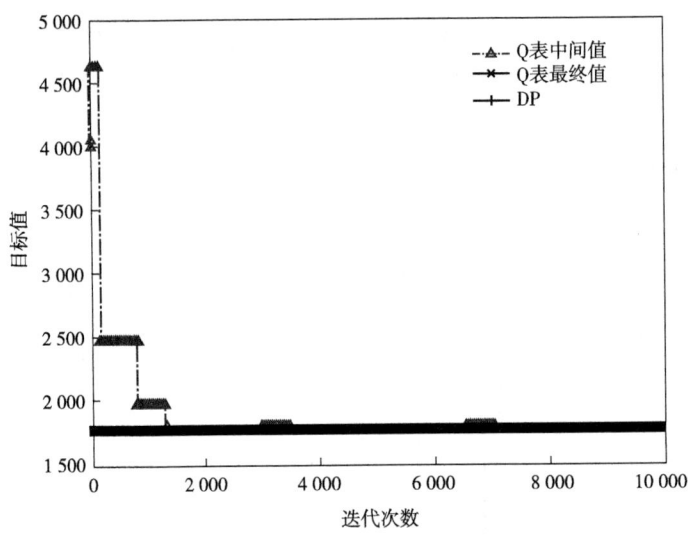

图 5.9　强化学习算法迭代 10 000 次停止规则 {3, 1, 6}

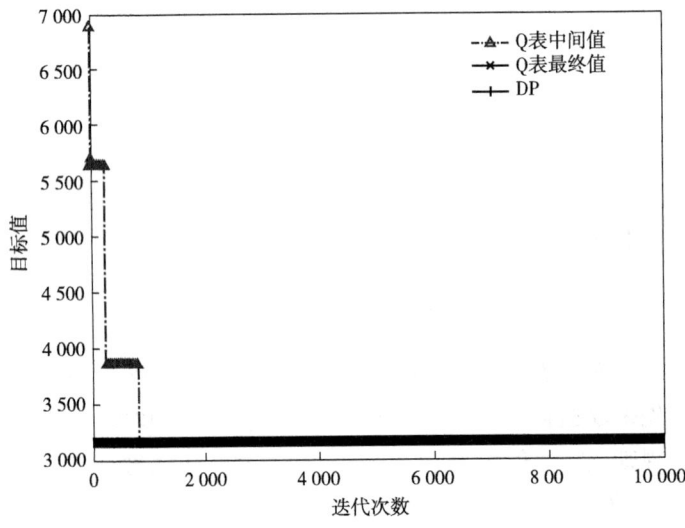

图 5.10　强化学习算法迭代 10 000 次停止规则 {4, 1, 6}

出，在迭代次数逐渐增加时，QL 算法的目标值逐渐向精确解逼近。当迭代次数达到 2 000 次以后，算例 {3, 1, 6} 和 {4, 1, 6} 的 QL 算法计算结果与 DP 算法的最优值几乎相同。在 {3, 1, 6} 和 {4, 1, 6} 两个算例的最终结果里，QL 算法与精确解的差值分别是 0.00% 和 0.53%。

由此可见，在两个算例里，迭代次数设定为 10 000 次，QL 算法可以收敛，并且能够很好地接近最优值。虽然 QL 算法在求解过程中目标值有震荡，但是当迭代次数达到 2 000 次后，几乎可以满足求解精度需求。

5.6.2.2 提前退出的停止规则

本部分对提前退出的停止规则进行了数值实验。在实验中，不设定迭代次数，而是通过检测 QL 算法的收敛情况判定算法停止。假设算法从 Episode 1 开始，每隔 50 次迭代（即 Episode 51）检测一次 QL 算法所得的目标值，记录下该值，并与 Episode 1 的目标值进行比较。当 Episode 51 与 Episode 1 的差值小于一个给定值 $\theta = 5\%$ 时，记为一次改善，即 $n=1$。以此类推，继续迭代，当记录到 $n=20$ 次改善时，停止算法，认为 QL 算法收敛。实验结果如图 5.11 和图 5.12 所示。

图 5.11、图 5.12 中三角形线记录了 QL 算法在迭代期间的 Q 表中间值，星号线显示的是 QL 算法的最终目标值，十字线显示的是 DP 算法的最优值。从图 5-11、图 5-12 中可以看出，算例 {3, 1, 6} 能够在约 1 100 次迭代内收敛，用时 68.04 秒。算例 {4, 1, 6} 能够在约 1 200 次迭代内收敛，用时 112.97 秒。在收敛效果方面，算例 {3, 1, 6} 通过 QL 算法求得的最优值与精确解的差值是 1.59%，而算例 {4, 1, 6} 的差值是 3.92%，说明在两个算例的实验下，QL 算法的收敛效果和收敛速度很好。

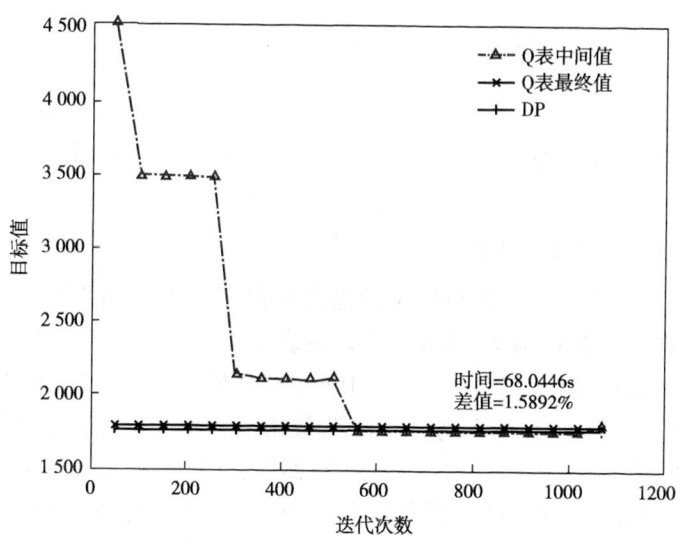

图 5.11 提前退出规则 {4, 1, 6}

分别对比算例 {3, 1, 6} 图 5.9 和图 5.11、算例 {4, 1, 6} 图 5.10 和

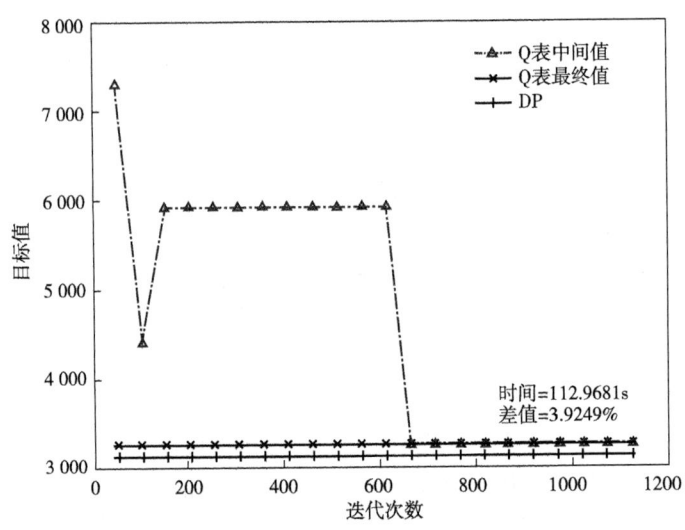

图 5.12 提前退出规则 {4, 1, 6}

图 5.12,可以看出,迭代次数越多,收敛效果越好,但相应耗费的时间也越多。通过设定合适的改善阈值 θ 可以有效减少计算时间,并且得到较满意的解。

5.6.3 确定性问题的三种算法比较

为了比较三种算法的可行性,首先在确定性需求(假设 $D=1$)的假设下,比较 DP、RA 和 QL。此时,情景 $|\Omega|=1$ 即可。QL 采用迭代次数限定的停止规则。

5.6.3.1 三种算法比较

DP、RA、QL 三种算法在确定性需求假设下的求解结果见表 5.2,这里 QL 的最大迭代次数设为 $K=2\,000$ 次。从表 5.2 中可以看出,在求解速度方面,RA 求解速度最快,其次是 QL,DP 求解最慢。QL 比较慢是因为迭代次数较多,导致求解效率并不高。从求解效果看,RA 能很好地逼近精确解。RA 与 DP 间最大的差值是 18.14%。比较而言,QL 近似效果不如 RA 好,虽然有个别算例能达到和 DP 一样好的最优值,如 {3, 1, 6} 和 {5, 1, 6},但大部分算例的求解结果与精确解之间的差值不够理想。

表 5.2 DP、RA、QL 确定性需求求解结果

算例	DP		RA		QL 2000		RA-DP	QL-DP
	秒	目标值	秒	目标值	秒	目标值	%	%
{3, 1, 6}	0.21	1 763.91	0.03	1 791.94	2.24	1 763.91	1.59	0.00
{3, 2, 3}	0.11	347.31	0.06	347.31	1.17	616.93	0.00	77.63
{3, 2, 6}	1.17	1 194.65	0.07	1 259.93	2.38	1 335.69	5.46	11.81
{3, 2, 9}	6.98	2 317.15	0.07	2 737.48	4.12	2 705.31	18.14	16.75
{3, 2, 12}	36.17	4 191.32	0.10	4 611.64	6.97	5 313.18	10.03	26.77
{4, 1, 6}	0.39	3 139.01	0.03	3 139.01	2.24	3 172.34	0.00	1.06
{4, 2, 6}	5.76	1 878.18	0.14	2 033.23	3.75	1 955.70	8.26	4.13
{4, 3, 6}	117.08	1 656.36	0.12	1 741.56	86.78	2 037.46	5.14	23.01
{5, 1, 6}	0.85	4 620.64	0.03	4 620.64	2.39	4 620.64	0.00	0.00
{5, 2, 6}	32.02	2 729.80	0.07	2 796.59	19.52	4 382.20	2.45	60.53
{4, 1, 9}	2.69	23 068.61	0.04	23 068.61	3.53	33 380.61	0.00	44.70
{4, 1, 12}	66.74	191 722.23	0.06	191 722.23	5.24	258 267.86	0.00	34.71
{4, 2, 9}	48.76	5 083.94	0.09	5 238.99	23.54	13 913.94	3.05	173.68
{4, 2, 12}	985.55	16 546.52	0.14	16 701.57	450.78	66 870.10	0.94	304.13
{5, 1, 9}	10.66	43 281.44	0.04	43 281.44	6.11	65 991.20	0.00	52.47
{5, 1, 12}	254.76	420 379.01	0.06	420 379.01	11.66	744 313.82	0.00	77.06
{6, 1, 9}	22.93	67 057.97	0.05	67 057.97	8.48	150 466.50	0.00	124.38
{7, 1, 9}	79.35	91 367.16	0.06	91 367.16	26.15	128 914.88	0.00	41.10
{8, 1, 9}	742.13	117 013.75	0.05	117 013.75	192.06	192 195.65	0.00	64.25

5.6.3.2 强化学习算法改进

为了改进 QL 算法的求解效果，将更改 QL 的最大迭代次数 K，取值分别为 2 000，5 000，8 000，求解结果见表 5.3。从表中可以看出，虽然增加了 QL 算法的迭代次数，但是求解时间上并没有增长太多，并且几乎都比 DP 算法求解速度快。增加迭代次数 K 的确可以改进 QL 的求解效果，与 5.6.2 的分析一致。

表 5.3　QL 改进求解结果

算例	DP		QL 2 000		QL 5 000		QL 8 000	
	秒	目标值	秒	%	秒	%	秒	%
{3, 1, 6}	0.21	1 763.91	2.24	0.00	7.72	0.00	9.10	0.00
{3, 2, 3}	0.11	347.31	1.17	77.63	2.86	69.74	4.70	69.74
{3, 2, 6}	1.17	1 194.65	2.38	11.81	6.46	11.36	9.13	8.06
{3, 2, 9}	6.98	2 317.15	4.12	16.75	10.11	4.83	13.92	10.64
{3, 2, 12}	36.17	4 191.32	6.97	26.77	14.61	7.56	20.34	17.04
{4, 1, 6}	0.39	3 139.01	2.24	1.06	5.54	1.59	9.24	17.84
{4, 2, 6}	5.76	1 878.18	3.75	4.13	7.21	4.01	10.45	1.49
{4, 3, 6}	117.08	1 656.36	86.78	23.01	94.41	14.65	95.69	17.16
{5, 1, 6}	0.85	4 620.64	2.39	0.00	5.81	16.04	9.19	16.04
{5, 2, 6}	32.02	2 729.80	19.52	60.53	23.32	48.20	26.80	8.40
{4, 1, 9}	2.69	23 068.61	3.53	44.70	8.71	24.21	13.69	38.83
{4, 1, 12}	66.74	191 722.23	5.24	34.71	12.13	16.77	18.89	32.93
{4, 2, 9}	48.76	5 083.94	23.54	173.68	29.48	22.58	34.48	21.97
{4, 2, 12}	985.55	16 546.52	450.78	304.13	443.99	90.33	455.60	41.31
{5, 1, 9}	10.66	43 281.44	6.11	52.47	9.66	22.33	14.57	34.85
{5, 1, 12}	254.76	420 379.01	11.66	77.06	17.44	44.83	23.81	23.52
{6, 1, 9}	22.93	67 057.97	8.48	124.38	12.58	32.67	17.64	17.15
{7, 1, 9}	79.35	91 367.16	26.15	41.10	29.75	50.89	34.96	17.80
{8, 1, 9}	742.13	117 013.75	192.06	64.25	187.91	86.11	198.43	50.88

为了更好地展示这种改进，将 QL 与 DP 目标值的差值绘制在图中，如图 5.13 所示，圆点表示 QL（2 000 次迭代次数）与 DP 目标值差值；类似的，星号表示的是 QL（5 000 次迭代次数）与 DP 目标值差值；三角形表示的是 QL（8 000 次迭代次数）与 DP 目标值差值。从图 5.13 可以看出，圆点标记的线代表的差值几乎高于星号和三角形标记的线，说明迭代次数越多，QL 的求解效果越好。

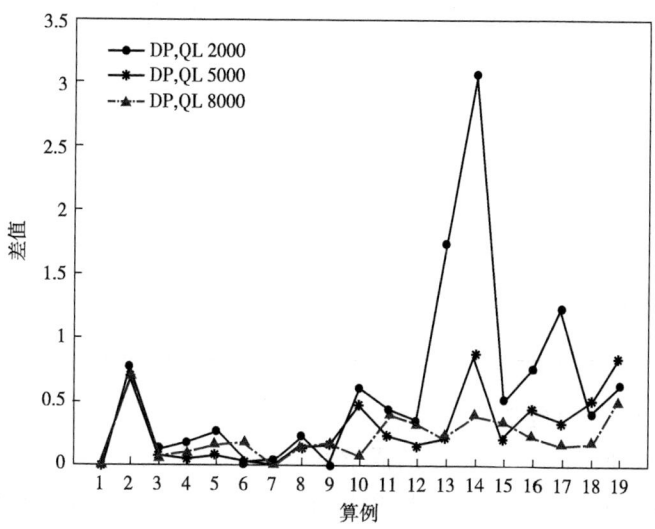

图 5.13 DP 和 QL 2 000 次，QL 5 000 次、QL 8 000 目标值对应的差值

5.6.4 不确定性问题的三种算法比较

研究的初衷是救灾物资分配过程中的不确定性因素，尤其是需求不确定问题。因此，通过情景构建的方法，刻画需求的不确定，并且采取上文提出的三种算法进行求解。

5.6.4.1 情景构建

在第 4 章的研究中，已经借鉴汶川大地震的数据对受灾地区灾民的需求进行了数据处理，结果见表 5.4。本部分将受灾区的受灾程度分为轻微、中等、重灾三种情景。在三种情况下，将受灾区灾民的需求分为三个等级。轻微受灾情况下，假设灾民的需求不强烈，对应的需求设为低需求（low，L）；中等受灾情况下，假设灾民的需求较为强烈，对应的需求设为中等需求（medium，M）；重灾受灾情况下，假设灾民的需求紧急且强烈，对应的需求设为高需求（high，H）。

Huang 等的研究中假设只有 10% 的受灾区灾民需求可以被满足[①]。借鉴这种思路，假设需要满足 20% 受灾区的需求为中等需求，需要满足 30% 的受灾区的需求为高需求。相应的，可以求出三种情况下对应的三种需求，见表 5.4。

---

① HUANG K, JIANG Y, YUAN Y, et al. Modeling multiple humanitarian objectives in emergency response to large-scale disasters [J]. Transportation research part E: logistics and transportation review, 2015 (75): 1-17.

表 5.4　不同情境下受灾区的需求

AAs	物资（单位）		
	L（10%）	M（20%）	H（30%）
都江堰	1	2	3
汶川	5	9	13
北川	4	7	11
青川	2	4	6

5.6.4.2　数值结果

假设每个周期每个受灾区的需求都是随机地在低、中、高三种需求中取得。如果算例为 $\{3,1,6\}$，那么共有 $3^6=729$ 个情景。随机选取 100 个情景作为一组数据，100 个情景的发生概率均为 $p_s^3=(0.1,\cdots,0.1)$。分别让 DP、RA、QL 以 100 组数据为需求进行求解，然后求在 100 组随机需求下的平均值，记录这个数值为算法求得的目标值。一共选取 10 组实验，即运行 10 次，每次随机选取 100 组需求数据，相当于每个算法运行 1 000 次，得到 10 个目标值，求得的结果见表 5.5。从表 5.5 中可以看出，随机滚动算法的求解效果很好，能够达到与随机动态规划相同的精确解。而强化学习算法求得的解质量次优，与随机动态规划的最优值之间的差值较大。

表 5.5　DP、RA、QL 2 000 次不确定性需求求解结果

组	DP		RA		QL 2000		RA-DP	QL-DP
	目标值	秒	目标值	秒	目标值	秒	%	%
1	1 657 802.41	0.18	1 657 803.28	0.01	2 295 041.76	2.17	0.00	38.44
2	1 447 556.20	0.18	1 447 556.78	0.01	2 010 958.16	2.19	0.00	38.92
3	1 613 848.18	0.18	1 613 849.34	0.01	2 213 157.51	2.15	0.00	37.14
4	1 453 528.86	0.19	1 453 529.15	0.01	2 088 552.93	2.17	0.00	43.69
5	1 997 367.61	0.18	1 997 368.48	0.01	2 354 360.82	2.13	0.00	17.87
6	1 678 766.19	0.19	1 678 767.06	0.01	2 315 313.17	2.15	0.00	37.92
7	1 782 273.02	0.18	1 782 273.60	0.01	2 026 165.75	2.18	0.00	13.68

续表

组	DP		RA		QL 2000		RA-DP	QL-DP
	目标值	秒	目标值	秒	目标值	秒	%	%
8	1 824 861.16	0.19	1 824 861.45	0.01	2 134 861.22	2.17	0.00	16.99
9	1 547 673.25	0.19	1 547 673.83	0.01	2 007 928.33	2.19	0.00	29.74
10	1 986 743.79	0.18	1 986 744.37	0.01	2 538 224.59	2.14	0.00	27.76

在表5.5中，强化学习表现不好，因为强化学习的迭代次数选择的是2 000次，迭代次数偏少。增大强化学习的迭代次数为5 000次，再运行10组实验，每组实验随机选取100个需求情景。再对100个随机需求所得算法解进行平均，求得算法的目标值，见表5.6。从表5.6可以看出，随机换了10组实验，随机滚动算法的求解效果依然很好，能够达到精确解。而随着迭代次数的增大，强化学习的逼近效果也比2000次迭代好。

表5.6 DP、RA、QL 5 000次不确定性需求求解结果

组	DP		RA		QL 5 000		RA-DP	QL-DP
	目标值	秒	目标值	秒	目标值	秒	%	%
1	1 601 587.42	0.19	1 601 588.00	0.01	1 705 013.32	5.29	0.00	6.46
2	1 966 146.08	0.18	1 966 146.65	0.01	2 005 377.47	5.34	0.00	2.00
3	1 706 430.65	0.18	1 706 430.94	0.01	1 772 134.70	5.34	0.00	3.85
4	1 651 602.23	0.18	1 651 602.80	0.01	1 735 379.57	5.32	0.00	5.07
5	1 733 844.49	0.18	1 733 845.07	0.01	1 780 971.54	5.27	0.00	2.72
6	1 696 239.43	0.19	1 696 239.72	0.01	1 917 336.60	7.41	0.00	13.03
7	2 415 476.84	0.48	2 415 477.70	0.01	2 496 384.39	5.77	0.00	3.35
8	1 516 222.47	0.20	1 516 223.34	0.01	1 576 068.37	5.36	0.00	3.95
9	1 616 843.00	0.18	1 616 843.87	0.01	1 659 941.41	5.39	0.00	2.67
10	1 946 835.26	0.20	1 946 835.84	0.01	1 982 154.47	5.30	0.00	1.81

进一步，按照相同的方法，又实验了强化学习迭代次数为8 000次的实验，结果见表5.7。结果与5 000次迭代次数实验相同。

表 5.7 DP、RA、QL 8 000 不确定性需求求解结果

组	DP 目标值	秒	RA 目标值	秒	QL 8 000 目标值	秒	RA-DP %	QL-DP %
1	1 512 793.83	0.24	1 512 794.41	0.02	1 558 671.30	10.62	0.00	3.03
2	1 929 644.63	0.21	1 929 644.92	0.01	1 966 474.65	12.33	0.00	1.91
3	1 994 480.03	0.20	1 994 480.90	0.01	2 012 723.40	10.57	0.00	0.91
4	1 763 332.28	0.18	1 763 332.57	0.01	1 857 246.00	10.23	0.00	5.33
5	2 175 913.45	0.18	2 175 914.03	0.01	2 236 285.95	10.04	0.00	2.77
6	1 605 830.32	0.18	1 605 830.90	0.01	1 631 685.97	10.54	0.00	1.61
7	2 004 984.81	0.18	2 004 985.68	0.01	2 063 657.26	11.24	0.00	2.93
8	1 560 641.05	0.19	1 560 641.91	0.04	1 574 693.64	10.50	0.00	0.90
9	1 413 338.91	0.20	1 413 340.36	0.01	1 463 150.65	11.03	0.00	3.52
10	2 296 481.88	0.39	2 296 482.17	0.01	2 336 506.68	10.59	0.00	1.74

为了更好地比较这种改进趋势,将 DP 和 QL 2 000 次,5 000 次,8 000 次迭代次数的结果绘图,如图 5.14 所示。随着迭代次数的增大,三角形标记的线显示的 8 000 次迭代次数的求解结果与 DP 最优值的差值,比另两条线的差值更低,求解效果更好。

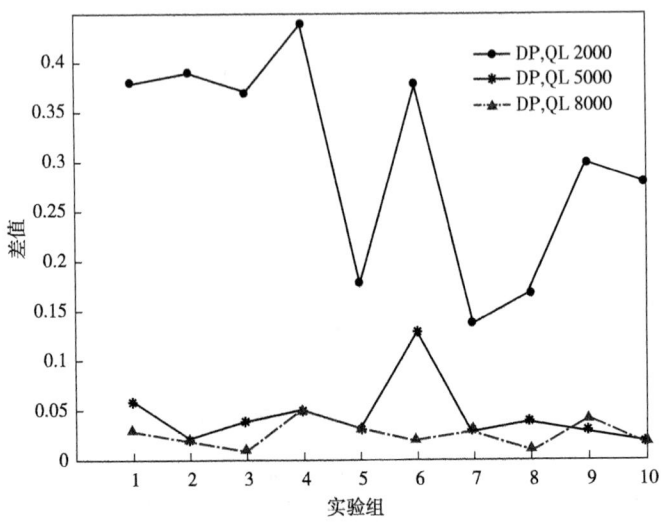

图 5.14 动态规划和强化学习 2 000 次、强化学习 5 000 次、强化学习 8 000 次目标值对应的差值

5.7 小　　结

在救灾物资分配的过程中，存在很多不确定的因素。其中，受灾地区灾民需求的不确定是最常见的。

本部分构建了随机非线性整数规划模型、随机动态规划模型描述不确定性。为了有效求解模型，提出了三种算法：随机动态规划算法、随机滚动算法和强化学习算法。分别对三种算法的思想进行了描述，对三种算法的复杂度进行了分析论证。通过数值实验结果可以发现，不论需求是确定的还是随机的，滚动算法的求解效果最好，能得到和动态规划一样好的解。相较于随机动态规划算法和随机滚动算法，强化学习算法求解效果最不准确。但是在反复迭代之下，强化学习算法是可以收敛的，并且足够大的迭代次数后，可以达到不错的近似效果。强化学习算法的另一个优点是在灾后人道主义物流的急切需求下，可以时时为本地响应中心的决策者提供应对策略。虽然这种策略不一定达到最优解，但是随着时间的迭代，强化学习算法可以给出相对满意的解。

6 结论与展望

6.1 总 结

救灾物资分配是人道主义物流中必不可缺少的一环。该问题涉及人道主义物流的多个方面,不仅需要考虑本地响应中心物资容量的大小,还需要考虑受灾地区灾民的需求,进而综合考虑灾民的痛苦,以及灾民感受到的救灾服务水平等。本书综合考虑了人道主义物流中的三个性能指标:效率、有效性和公平性,并且采用可达性成本、基于起始状态的剥夺成本和期末惩罚成本分别刻画三个指标。

(1) 第 2 章研究了单位容量下的救灾物资分配问题,构建了多周期、多目标的非线性整数规划模型及其等价动态规划模型,并采用动态规划算法进行直接求解。通过观察大量中小规模问题的最优解,归纳总结出一种简单的启发式分配模式——循环配送策略,并且通过定理证明论证了该分配模式的适用条件。定理和数值实验均表明,当受灾地区的可达性成本在一定范围内时,可以使用该模式快速实现分配方式。本章提出了分段线性化方法用于求解不满足使用 CDA 分配模式的大规模问题,使得模型更具有实际应用性。大量的数值实验表明该方法求解效率和求解质量很高。

(2) 第 3 章研究了多容量下的救灾物资分配问题。为了解决动态规划维数灾问题,设计了基于贪婪算法的滚动算法。同时用理论和数值实验两种方式分析了动态规划算法以及启发式算法的计算复杂度。数值实验显示,与动态规划直接求解方法相比,滚动算法和改进的滚动算法不论在求解时间还是求解质量上,都能够满足对问题求解的需要,并且滚动算法能在更短时间求得和改进的滚动算法一样的解。通过对模型中重要因素进行灵敏度分析,发现滚动算法和改进的滚动算法对参数 c_i 和权重不敏感。滚动算法和改进的滚动算法的求解结果显示,问题目标值对物资容量 C 有边际效应,即物资供应量到达一定程度之后,想要达到同样的效果需要的供应量要更多。

(3) 第 4 章研究了容量可后续共享下的救灾物资分配策略。根据本地响应中心的物资容量,提出了三种配送策略,即传统分配策略、灵活分配策略和容量可后续共享的分配策略。为了考察分配策略的适用性,对模型的参数进行了灵敏度分析。最后,采用汶川地震的数据作为案例,验证三种分配策略的可行性和有效性。数值实验表明,在资源极度匮乏的情况下,三种策略的求解结果一样;但当物资容量逐渐增加时,灵活分配策略和容量可后续共享的分配策略比传统分配策略有优势;但灵活分配策略和容量可后续共享的分配策略在求解结果上差异不大。

(4)第5章研究了随机需求下的多容量救灾物资分配问题,提出了三种算法求解随机非线性整数规划模型:随机动态规划算法、近似动态规划算法、强化学习算法。最后,以汶川地震的数据为基础,构建了不同的情景,分别采用三种算法进行求解。数值实验表明,滚动算法在求解效率上优于动态规划算法和强化学习算法。在求解质量上,滚动算法能够很好地接近动态规划的最优解。强化学习算法虽然在求解效率上不如滚动算法,但比动态规划算法好,并且可以实时提供可行解。强化学习算法在求解质量上受迭代次数的影响,随着迭代次数的增加,能够趋近动态规划的最优值。

6.2 主要创新点

本书主要的创新有:

(1)本书在进行救灾物资分配时,考虑了人道主义物流的三个性能指标:效率、有效性和公平性。并且根据最新研究和实际情况,采取了更能刻画客观现实的可达性成本、剥夺成本,以及由于分配不公平导致的惩罚成本三个指标。之前的研究很少考虑灾民的痛苦,本书显性地将灾民痛苦视为人道主义物流的有效性度量,作为人道主义物流的一个性能指标。并且为了避免由于引入这种有效性指标导致的复杂性,本书将该连续函数离散化为一个基于起始状态的函数,从而可以应用精确方法进行求解。

(2)本书针对单位容量的物资分配问题,通过观察动态规划的最优解,归纳总结出一种最优循环配送策略,并且给出适用条件。本书在理论上论证了适用条件的可行性。

(3)本书综合考虑了人道主义物流中可能发生的情况,提出三种物资分配策略,即传统分配策略、灵活分配策略、容量可累积物资分配策略。

(4)本书首次将近似动态规划算法,即基于贪心启发式的滚动算法,应用于人道主义物流中。本书通过理论分析和综合数值研究验证了该算法的优越性。

（5）本书首次将强化学习方法应用于人道主义物流中，强化学习算法的优势是可以实时为决策者提供有效解，给救灾物资分配研究提供了新的思路。

6.3 研究展望

人道主义物流涉及十分广泛的内容，本书对本地响应中心救灾物资容量在不同情况下应当如何合理配置调度物资进行了相关研究，在将来的研究中，可以从以下方面做进一步的探讨：

（1）本书参考已有文献，假设到货提前期 L 是固定已知值，即从本地响应中心决定分配策略之后，到受灾区接收到救灾物资的时间是一个时间周期。在本书的研究中，对不同的 L 值进行了相关分析。而实际的救灾中，提前期往往是不确定的，因此在后续研究中，可以进一步研究随机 L 值对分配策略的影响。

（2）本书中剥夺成本函数的刻画是基于 Holguín-Veras 等的研究。本书采用的是没有滞后性效应的剥夺成本函数，即假设当受灾区灾民收到救灾物资后，他们的心理痛苦就会消失或者减少。Holguín-Veras 等的研究提出了另一种剥夺成本的情况——有滞后效应的剥夺成本。即受灾区灾民即使收到了救灾物资，但他们经历的痛苦是无法抹去的，他们的健康状态也会有残留效应。某种程度上说，这种假设更加合理。但目前学术界还没有针对滞后效应的剥夺成本提出有效的函数表达式。因此在今后的研究中，可以对剥夺成本的滞后效应进行深入的研究。

（3）本书中假设本地响应中心的物资容量 C 是一个已知值。实际中，由上一级配送给本地响应中心的物资是不确定的。本书第 4 章从侧面考虑了这种不确定供应的情况。在今后的研究中，可以对本地响应中心供应物资的不确定性进行深入研究。

致　谢

　　本书是由作者在清华大学读博期间的研究成果汇聚成稿，是在博士导师缪立新老师的悉心指导和联合导师张灿荣老师的无私帮助下完成的。

　　在这里，首先要感谢读者对作者的支持与包容，也非常感谢薛捷编辑对本书的出版给予的支持。还要感谢首都经济贸易大学管理工程学院大数据与智慧交通研究中心张军老师、尚华艳老师、刘经纬老师对出版本书的指导与帮助。感谢国家自然科学基金项目（71901154，71971144）对本书的支持。

　　最后，我要感谢我的父亲于国远老师在案例补充方面对本书的大力支持。由于时间仓促，作者水平有限，书中难免存在欠妥之处，欢迎并恳请读者朋友们给予批评与指正，可以通过邮箱联系作者（yulina@cueb.edu.cn）。